離散時代的如水哲學

如水哲學

李宇森 著

On Diaspora Agency

Redefining Internationalism

政治主體與國際主義

目
次

──名家推薦──

大量香港人的離散處境，在華人世界並非唯一但仍屬獨特的經驗。李宇森先生思考這種離散經驗，發展出離散群體一種新模式的政治哲學。他的思考新穎深刻，整個架構和個別論證條理分明，卻又與現實緊密相連。這是一本值得細讀的重要哲學著作。

──**錢永祥**（《思想》雜誌總編輯）

本書以香港人近年經驗為起點，否想「離散」作為政治思想形態的基進敘事，立論前設不落俗套（不停留在一國一族），在論說不同問題意識時密集扣連，效果令人驚喜。

作者探討以「如水」思維為本的離散政治，強調敘事的關鍵作用，提醒讀者在宏大敘事沒落、離散社群紛紛跌盪於流離與連結的當下，可想像跨地域「敘事共同體」的前路，追求各地跨國族「離散主體」在歷史斷層中所見的解放精神。

作為移民城市，香港處於充滿多重離散因子和敘事的現今世，讓我們於記憶和主體的離合中期待一種「新難民」走入歷史，成為新的主人。

年輕學者擺脫固有框架，努力尋求自主的新可能，本就是一則可喜的敘事：思想讓記憶重新基進，身份不再懷舊。

——**陳清僑**（文化研究學者）

全球化和新自由主義的失衡發展，觸發極端民族主義、保護主義，以及主權大於一切的國家主義回朝。在當今新式帝國主義、新式殖民主義和威權主義的交織下，無論是巴勒斯坦、烏克蘭、羅興亞或香港的離散群體，皆無法獨善其身，在種種暴力和意識形態壓迫下負隅頑抗。李宇森的新作，對極端的民族主義以至狹隘的本土主義當頭棒喝，而且道器兼備，從全球經濟、生態公義以至真誠的解殖反帝出發，邀請讀者打破簡化二元的思維，推動離散群體在視野、思想和行動上的進步，實在醍醐灌頂。在世道紛亂、個體和集體政治情緒不安躁動的時代，宇森以身作則，以理性和筆耕回應時代，的確難能可貴。我衷心向每位關心香港以至全球秩序前景的朋友推薦本書。

——**黎恩灝**（美國喬治城大學亞洲法中心研究員
《在夾縫中抵抗：從依法治國與司法抗爭的比較經驗看香港》作者）

推薦序一 ——

陳健民
中央研究院社會學研究所客座研究員

　　黃之鋒曾慨嘆二〇一四年雨傘運動「無功而還」，但在傘後的憂鬱中，新生代在「民主回歸論」徹底破滅後，苦苦思索本土主義與勇武抗爭如何在民運的廢墟中重拾抗爭的意志。在二〇一六年魚蛋革命中，本土勇武的青年以磚頭和肉身迎擊國家機器，雖獲得不少理解和尊重，卻無法牽動廣泛的民心。但人們沒有停止思考。在二〇一九年反送中運動，大家目睹傘後幾年來的沉澱，竟醞釀出「如水」的理念，避免了在雨傘運動中大臺的內耗、佔領與退場的糾纏、和理非與勇武的矛盾。

　　Manuel Castells 在《Networks of Outrage and Hope》一書中，總結許多「網路社會運動」（networked social movement）帶來巨大的文化改變，卻無法撼動制度。那麼，反送中運動算是異例 —— 它迫使政府收回修例法案、促成反對派在二〇一九區議會大勝，亦令全球民主國家重新檢視對華政策。亦是因為該運動發

揮驚人的能量，令中共不惜付出沉重的代價進行全面鎮壓，造成超過四十萬人如難民般離散各地。

但香港人不會因為這場悲劇而停止思考，青年學者李宇森的《離散時代的如水哲學：政治主體與國際主義》便是一個重要的思旅標記。他視離散為一種身份，討論「敘事」作為這身份形成的動態過程，但其終點並非本土主義所指向的國族的建構。他希望港人看見離散現象正在當代大規模發生，是資本主義的掠奪性、民主的倒退、國族的衝突、氣候變遷等綜合因素所造成；而各國右翼排外民族主義的興起，令這些政治、經濟、氣候難民狹在故國與他鄉之間，無處安頓。

李宇森認為港人既有祖先地域流動的歷史，又經過二〇一九如水抗爭的洗禮，如果能夠順應世道，更新眼光看離散的身分，反而可為香港以至這個世代帶來未曾想像的貢獻。要能這樣，港人必須養成對資本主義的批判、跨越國族藩籬的合作和對其他受苦的族群和物種的關切。

他這樣說：「我卻認為，只有當香港陷於離散的遭遇，當一國兩制的鳥籠民主普選終於顯露其虛幻之真身，當主權在民不能再化約為民族主權國家模式時，解放與希望才真的出現。這希望

不在於固守在一時一地的立國夢，而是如何與千百年來的離散潮流融合，成為推動歷史變革的新力量，在民族國家之外尋求政治的新可能。」

這是我在離散港人群體中讀過最樂觀、最有抱負的一段話。但離散港人最熱烈討論的是在海外如何保存「真香港」；而矢志超越文化認同、邁向民族建國的，會檢討過去港獨運動失敗的因由；極少港人會結連自身與其他族群（更不要說物種）的苦難，共同對抗厄運。有時我想，香港人不要再建起另一個無形的唐人街已是萬幸。

那麼，書寫得如此精緻的《離散時代的如水哲學》有何意義？會否落得國際主義左膠的罵名？作者自己很清楚，只靠理念不足以改變世界，這書的影響力還要看政治經濟條件的變化。但單是看見作者如此用心閱讀、思考、為抗爭運動尋求出路，那已是一個帶著希望的故事。

推薦序二 ——

羅永生
香港嶺南大學文化研究系退休副教授

　　筆者在二〇二〇年首次為李宇森的新書《主權在民論》寫推薦序，繼後在二〇二二年，他接著出版了《主權神話論》。今年二〇二四，李宇森又推出新著《離散時代的如水哲學》。短短四年之內，作者已迅速完成了「否想主權三部曲」的系列，證明了他用功之深，涉獵之廣，實在可喜可賀。

　　這三本書所寫下的，既是作者從他龐大的閱讀計劃中獲取的豐富心得，也是他對香港問題貼身關注和思考的成果。第一部《主權在民論》以一種「共情的批判」的角度，檢視二〇一九年的反修例運動。他認為，自二〇一四年雨傘運以來，香港出現了一股強烈追求政治自主的動力，遠超於過往只為爭取普選方案或加快民主化進度。他研判這股動力是出於一種追求「主權在民」的意志。他通過對盧梭和施密特思想的梳理，找出「主權在民」在西方政治思想的淵源，也同時檢視了這些思想的局限和問題。

與此同時，他也考察了這期間香港本土派各種主張背後所依據的不同民族主義思想，批判地指出這些民族建國路徑的局限，與「主權在民」理想之間的異同。

第二部《主權神話論》則更進一步，開展他命名為「否想主權」的計劃。他從較為唯物主義的角度，取徑自歷史和政治經濟學，拆解全球各種物質條件和制度，如何佈置一個使帝國支配仍然存在的國家主權體系，又分析它如何與資本的秩序交錯運行。他認為當這兩種支配性的秩序仍然主導，主權在民的理想仍然只能是理想，真正容讓人民自治和自決的世界，依然是遙不可及。

二〇一九年的運動被殘酷鎮壓，在香港落實主權在民的意志受到嚴重挫折，進入一個大量港人選擇流亡或移居外國的「離散時代」。李宇森今年新出版這本《離散時代的如水哲學》，承接之前兩本書對主權國家模式的批判。它以「離散」為經，以「敘事」為緯，最後更把香港二〇一九年抗爭者發展出來的「如水」理念與「離散」的當下處境連結，勾勒出他稱之為「如水哲學」的構想。他認為，香港需要進一步去了解所謂「後主權」的新思想，走出民族主義的範式。我們在面對港人不斷離散的現實時，亦不應讓自身的政治及文化實踐，被「錫安主義」式的「復國想像」所圍限。相反地，他認為離散時代的來臨，反而是一個契

機，讓我們重置自己的受壓經驗於「解殖」的脈絡下，以透徹地了解自身的困局。而要走出這困局，就需要重新探索國際主義的想像和實踐。在全球都逼切地尋求「生態公義」時代脈絡下，香港人應繞過各種缺乏反思能力的迷思，擴大與全球各種正義力量的連結，重塑香港人的政治主體觀。

李宇森認為，離散時代的來臨，認識敘事的重要性至為關鍵，因為敘事既可以被權力機關用以馴化人民，也可以被追求自主的抗爭者，用作為抵抗和實踐的工具。敘事承擔了集體的記憶，既是主體性鞏固的條件，也是建立關聯性和關係性的手段。香港今日的當權者，把「說好香港故事」作為指令和工作目標，力圖要把曾經反叛的香港社會「常態化」。他們架設了「中華民族偉大復興」以及「香港由治及興」的宏大敘事，旨在掩蓋和遮抹社會不滿和為正義發聲的小故事。不過，作者更認為，我們不應以有問題的宏大敘事去取代另一種有問題的宏大敘事。他認為，在帝國主義和金融資本主義秩序的宰制底下，應透過敘事去建立跨越地域或國族的敘事共同體，推動新的抗爭政治視野，建立新的國際主義政治主體，方為正道。

究其實，作者在理論層面上探討敘事的重要地位之時，他的著作亦可以被為一種意味深長的關於香港經驗的新敘事。三部

曲寫作的舖排，由《主權在民論》直面新時代香港人的主權意志，到《主權神話論》縷述實現主權在民意志時，大家所面對的宏觀困境。再到我們都被逼進入離散時代，作者緊貼時代步伐，但拒絕將之敘為悲劇式的「香港淪陷」故事。相反地，作者堅持不為時代主流所綁架，反而是往往逆流而上提出「不合時宜」的批評。在本土思潮由進步主義滑向民粹主導的年代，政治評論上充斥著「離地」與「貼地」的二元對立，貶斥前者和高揚後者，把反思和辯論的空間高度壓縮。然而，三部曲中細密而嚴謹的哲思，卻是理真氣壯地「離地」，甚至可謂是不食人（類世）間的煙火。

另外，在「民主潮流浩浩蕩蕩」的盲目樂觀主義進步史觀遇到重大挫敗，在「離散」被廣泛地敘述為傷感和創傷的此刻，作者卻不忘指出，香港的個案只是全球範圍內（甚至是人類世背景下）流離現象普遍出現的個別例子。再者，他也把危機演繹為契機，將離散視作一個重要的歷史契機，讓香港人回過頭來確認，香港一直以來都是流亡者和移居者的目的地，也是世界性自願或不自願離散者的中轉站，逼使我們如何重認香港歷史的真貌和所蘊藏的可能性。

作者這種把時空重置的敘事方式，以及把離散經歷放置到香港思考焦點的處理，令筆者聯想起 Ackbar Abbas 教授

在一九九七年出版的《Hong Kong: Culture and the Politics of Disappearance》。在那本書的引言中，Abbas 舉重若輕地點出他對香港文化特質的細緻觀察和洞見。他認為，香港一直以來都是一個貿易王國，永遠在殖民主義、國族主義和資本主義之間周旋，也是一個以不同時間、不同速度組合而成，違背著線性發展邏輯，構成一個充滿不協調的空間，而由上述三股力量所共同構成的，卻是一個不能讓香港的自身呈現的「消失的空間」（space of disappearance）。香港人的「港口心態」把一切都看成暫時的、浮動的。香港的故事，往往都變成是有關別的地方的故事，例如西方的、中國的或臺灣的。只有在戴卓爾夫人訪問中國，以及一九八九年天安門事變之後，香港才逐漸變成獨特的文化個體。在文化上對自身獨特性的熱衷，在香港被視為行將消失的年代方才出現。

　　Abbas 認為，在這個香港這個一切都處於「過渡期」的奇異空間內，在被承諾的時間好像快要到達終點之前，出現了殖民還未終結，就有著各種後殖民現象（postcoloniality before decolonization）的狀態。當中包括城市的政治前景愈悲觀，經濟榮景愈高漲的怪異現象（boom and doom），也包括了各種其他策略，去對應這個城市在各種層面上的消失和被消失。Abbas 除了舉關錦鵬和王家衛的電影影像技巧和敘事策略為例，

說明他們如何以「不呈現」（消失）的策略去應對「再現」（representation）上的困難，他也在香港人的主體性問題上，討論過應對權力宰制的方法。他認為，肉身上移居外地無疑是一種以（肉身的）消失去回應（城市的）消失，但不及移居的人也可以以移居的想像去重新建造那個既有的空間。

他引用 Deleuze & Guattari 的見解，區分出遊牧者和移民。移民是真真實實地遷去其他地方，但把遊牧定義為不斷在移動的人卻是不對的。相反地，遊牧者反是不曾移動，而只是巍然不動地不斷應對改變和惡化的處境。而 Abbas 認為，無論是移民還是遊牧，都只是不同的「消失」／「隱身」的方式，目的是去對應周遭的困境，抗禦種種要把人民收編為臣民的企圖——無論那是以吸納的方法還是以排斥的方法。

在 Abbas 這篇意味深長的文章的尾末，他預示了香港人在超克其殖民處境，走出消失的空間，建立其主體性之時，必然會面對三大試探：其一是本土主義，其二是將自身邊緣化，其三是自視為體現了無需歸屬的世界主義。三十多年之後，Abbas 所預示的本土主義的確曾如火如荼地冒現，但無法逃脫他所指的弔詭，那就是香港的本土性，往往都是經過文化翻譯而移植過來的事物。至於無論是政府還是反對派，念念不忘的都是香港的國際地

位、向全世界開放的性格，但卻從有沒有正視過李宇森在本書所描劃出來的國際主義視野。而二〇一九年社會運動被鎮壓之後，香港確曾以被邊緣化、被排擠的形象出現，但無論在流亡者的待遇，爭取國際社運界支持的不同面向之上，香港都站在相當尷尬的位置。李宇森在這本書在這個時候出版之所以是切中時代所需，原因正在這裡。

李宇森在書中從沒有徵引 Abbas，但筆者認為把《離散時代的如水哲學》與 Abbas 的論文對讀是十分有趣和具啟發性的嘗試。雖然前者是二〇二四年的新作，後者則成於一九九七年，兩者卻分享不少共同的題旨，但思想取徑和具體主張卻互相輝映。例如，兩者都應該同意，「香港」與「離散」之間並不陌生，不了解「離散」，亦不能了解「香港」。但相對地， Abbas 或許對香港的故事總是由其他地方的故事說起，流露一點惋惜，但李宇森卻可能認為，這正好證明了，說好真正的「香港故事」本身就是一種邁向跨國敘事共同體的實踐。

無論筆者提議的這種互文對讀能否揭示出甚麼可號之為兩位作者之間「隱匿的對話」，它都是一個打開腦洞，激發想像，為香港的過去與未來開拓新的反思和辯論空間的有益嘗試。李宇森這三部曲，自成一體，已成一家之言。《離散時代的如水哲學》

亦獨立成篇，處處流露作者的洞見。無論你是否認同當中的主張
與立場，這系列是任何關切香港思潮變化的讀者所不能繞過的。
筆者誠意推薦。

推薦序三 —— 許是化作春泥更護花

葉浩
臺灣國立政治大學政治系副教授

　　據悉，《港區國安法》於二〇二〇年開始實施之後，香港外移人數已遠超過四十萬人，約佔總人口的十五分之一。若從反送中運動開始「離散」儼然成了一個事實。當然，對一個多次接收過大移民潮，六四事件後亦曾見證過數十萬人外移的島嶼來說，離散經驗既非史無前例，原因也不難理解。但這一次似乎真的有些不同，因為出走者當中不乏受過高等教育且真正關心香港前途的年輕世代，包括在學學生，而理由是拒絕中共進行洗腦式民族主義教育及違反人權的黨國統治。

　　正在紐約「社會研究新學院」（The New School for Social Research）就讀博士班的本書作者李宇森是否會加入這離散的行列，筆者無從判斷。但能確定的是他在短短數年間不僅在諸多媒體上勤於發表論述性文章，更以《主權在民：理念與挑戰》（2021）和《主權神話論：秩序和衝突》（2022）兩書鋪陳了一個偌大的思想史視野及批判視角，扎扎實實地以書寫作為一種行

動來回應身處的時代困境。其振筆疾書的作為與相信理論具有改變世界的力量之信念，正如曾在該校任教多年的離散猶太知識份子漢娜・鄂蘭（Hannah Arendt）。

更重要的是，亦如鄂蘭在分析完納粹德國的極權主義起源之後轉向審視人類的根本處境，從而將理論建構的預設層次從民族國家提升至人類整體及其賴以生存的地球，《離散時代的如水哲學》也反映了作者的視域從作為一個主權國家之政治體制的民主拓展至主權國家體系的國際層次之後，將關懷轉向了與日俱增的離散人民及整個地球的生態環境。以本書的術語來說，那是一個意圖取代以民族國家為主要政治想像的「行星性」（planetary）政治哲學立場。

民族太小了，人類才是真正的關懷主題！世界公民論（cosmopolitanism）的倡議者曾經如是說。雖然說這話的人在歷史上不乏亡國人士或起身反抗政權而流亡者，但本書拒絕單純將離散當作是一個不可更改的政治事實，也不以哲學修辭的堆疊來掩飾一種鄉愁乃至左派的憂鬱，而是企圖連結一切受迫離散的人民及主流西方政治哲學家較少正視的生靈。

本書的撰寫目的即是為了尋求一個能呼應離散主體並提供在外港人延續社會運動動能的方向。作者以「如水哲學」來稱呼

它。「如水聚散，如水漲退」的原則意味一種因應揮動「社會主義鐵拳」的國家暴力之社會運動戰術，取自《孫子兵法》（或說李小龍的「Be water」武術哲學），是一種介於勇武對抗及毫不作為之間的積極行動，也是一種突破主權國家及民族主義的跨國高度之展現。畢竟，那些以高舉民族主義旗幟且不吝於對人民施鐵拳來展現政治權威的主權國家，就是讓人民流離失所並製造生態危機且百般阻礙解決方案的政商統治集團。

戰略方向的闡釋之外，作者也提供了許多更為具體的連結其他離散主體之策略與戰術。事實上，本書已是一個規範性（normative）政治理論的嘗試。既有明確的價值追求，宏大的行動方向，更有從近處做起的具體且可行的處方。甚至可以說，《離散時代的如水哲學》本身即是「如水哲學」的一種實踐。相較於遁入虛無主義，冷嘲熱諷的犬儒主義或幾乎與文字遊戲難以區別的某些後現代理論，作者在許多人早已深陷絕望之處看到希望，甚至以文字和概念將這種希望化為具體可行的政治理論，為一個「法治」（the rule of law）正在成為歷史而「主權在民」正朝向遠方未來更遠處逝去的香港，提供一個更宏大的敘事作為行動的指引。

作為一個離散時代的海外香港人，本書的撰寫無疑也是「如水哲學」的一種實踐。在政治寒冬之中不卑不亢，以理論勾勒願

景來代替控訴，讓海外港人能在心繫家鄉的同時，也攜手其他的離散族群為世界生態及未來的春天盡一份心力，許是一種既能落實港人哲思，又不落入中共政權所擅於操弄的狹隘民族主義，反而真正能擁抱世界的廣闊胸襟。

那近乎一種化作春泥更護花的精神。筆者以為，將離散作為一個「實然」（is）轉化為一個可欲的「應然」（ought）願景，是一種極具政治理論創作力的展現。不意外，讀者想會想問：屆時離散主體還在嗎？抑或，離散港人還是一個主體嗎？畢竟，尋找一個符合離散港人真實處境的政治論述若是以香港認同的喪失為代價，其說服力似乎會大打折扣。對於歷經反送中及雨傘革命事件的港人來說，生活在海外仍然享有共同的受難記憶，尚能凝聚彼此為一個集體。但下一代呢？那些不曾經歷過這些事件的新世代該如何對待他們父執輩的集體記憶？這相當考驗作者所念茲在茲的敘事能力。故事該怎麼說，才能凝聚離散港人，同時又不妨礙他們在海外另一個國家扮演好公民的角色？

如何凝聚一群人成為一個政治社群，既是政治哲學的根本議題，關乎政治權威的基礎及正當性，實現上該如何才能有效進行，則更是一個考驗政治人物智慧及一般人民公民精神的大哉問。主權國家體系之所以難以讓各國攜手因應環境暖化等全球性

問題，除了民族情感本來即有親疏遠近之外，亦有現實上的競爭關係及幾百年下來以軍事武力互動的交往歷史。而政客凝聚社會或至少是其支持群眾最簡單的方式，不外訴諸敵我關係，曾經的新仇舊恨乃至未來的威脅，且不可否認這十分有效。

在不採取操弄民族或族群情感的前提底下，離散主體該以什麼作為凝聚基礎？這不僅是現實挑戰，也是不可迴避的倫理問題。誠然，即使我們同意本書所主張，世界正在邁入一個作者所謂的「後主權」（post-sovereign）時代，但近年來許多史家及政治學者稱為「民族帝國」的中國與美國卻是公認當前最強調主權不容侵犯的兩強。如何召喚出那一個後主權時代，猶待論者說服這兩國的人民及掌權者改變心意。另一方面，第一代離散港人該不該將他們的集體記憶傳遞給下一代，讓他們產生並非源自親身經驗的一種懷舊，針對一個不曾居住過的地方有了鄉愁，甚至對某些不曾相逢的人事物有某程度的負面情緒（甚至怨念）？

持平而論，單憑抽象價值及理念的倡議，難以達成目的。離散主體似乎得加入主流社會甚至與主權者達至某一種的合作關係，才能真正落實作者倡議的行星性政治哲學。然而截至目前為止，本書作為一套抗爭哲學（philosophy of protest），似乎遠比作為一套如何達致其願景的具體方案有更高的完成度。

別誤會！完成度之說並不是針對本書內容的批評，而是為了說明《離散時代的如水哲學》不過是李宇森先生關於「主權國家」研究的三部曲之總結。筆者相信，這總結僅僅是他為尋求一個符合香港現狀的政治哲學之階段性任務的完成，也是下一個更宏大理論的基礎，甚至是新三部曲之開端。讓我們拭目以待。

—— 獻詞 ——

獻給所有東飄西泊的離散港人

「我們選擇愛的那一刻,我們就開始反對支配,反對壓迫。
我們選擇愛的那一刻,我們就開始朝向自由,採取解放自己和他
人的行動。這樣的行動就是愛的證明,它作為自由的實踐。」
—— 貝爾・胡克斯（bell hooks）

鳴謝

　　真的沒有想過在美國攻讀博士學位期間，能夠在臺灣出版人生第三本專著。這實在是讀書人無比幸福的事。而拙作得以面世，有賴無數同路人的慷慨幫助才得以成事。容我在此一一致謝。

　　這幾年在美國紐約新學院（New School for Social Research）中深受政治系、哲學系和文化與媒體系諸位老師的幫助，如 Prof. Rafi Youatt, Prof. Mark Frazier, Prof. Jay Bernstein, Prof. Kate Eichhorn, Prof. Heather Davis, Prof. Anne McNevin 等等。他們不但在教學上充滿熱誠，在學業和精神上對我多加鼓勵和支持，也跟我交流過許多關於後一九年的香港與離散政治種種可能的想法。這本書得以面世，我必須感謝他們的功勞與貢獻。很慶幸有機會來到紐約讀書和認識他們，令我不單學懂努力在大學體制內鑽研學問，而且視知識分享和群體充權為終身的志業，義無反顧地當個不一樣的有機知識份子。

　　在今年年初，我曾在網上知識分享平台《燃燈者》舉辦了關於由 Ashwini Vasanthakumar 所著的《The Ethics of Exile: A Political Theory of Diaspora》讀書組，跟友人從頭到尾讀畢整

本著作，獲益良多。這讀書會的成果，後來也成為這本書的部份內容。在讀書會中，我也曾分享部份書稿予讀書組成員 Carmen Ip、Sam Man 和 Marcus To，向他們討教見益。感謝他們的寶貴意見，才能使文稿更臻完善。

書稿內其中有些內容，是來自我近幾年在《明報》投稿累積下來的見解。感謝《明報》副刊主編黎佩芬多番給予機會，諸位編輯的幫助，我才有機會在報紙上書寫那麼多文章，觸及不同的主題，逼使自己要自學更多不同範疇領域。在寫作過程也領略到學海無涯，行事為人應當謙卑踏實，戰戰兢兢如履薄冰。另外在早兩年的香港高峰會，有幸與周永康、郭鳳儀、梁繼平和劉祖迪諸君交流香港離散政治的看法和經驗，本人受益匪淺，再三道謝。

我也需要感謝我的家人，三十多年來對我抱有無私的愛和關護，才得使這個在沙田長大的不成才孩子，能夠在美國攻讀博士學位，在海外出版一本又一本的著作。這些微小的文化工作，是我唯一能夠報答他們養育之恩。

我還要感謝內子譚嘉寶，在相愛相識的整整十年，一直無微不至地照顧我，關心我，當我陷入自我懷疑與灰心失落時，她會安慰我；當我困在焦慮不安的幽谷時，她會陪伴我；在我迷失在思考和書卷的海洋時，她會勉勵我。她是我所有作品的第一位讀者，也是我在學習路上的最好伙伴。若然柏拉圖說過，愛情路像

是找尋雙面人的另一半，我早已不用再苦苦尋覓；若然但丁渴求愛的化身貝緹麗彩，帶領他進入天堂之境，那麼一直在我身邊的貝緹麗彩便是她了。

感謝 2046 出版社的編輯樗和囍接納這本書稿，也願意等待我漫長的書稿修改過程，包容我在出版過程的諸多意見。非常感謝陳健民教授、羅永生教授和葉浩教授慷慨賜序，他們的文字令本書生色不少；也感謝跨界推薦的推薦人們，願我們能共同行動。在香港出版界步入寒冬，出版行業風雨飄搖，著書立說在香港愈發艱難時，臺灣成為了文藝言論自由的避風港，本人受惠其中，心中有著滿滿的感恩。如果書本有出色的地方，那都是一眾有名與無名英雄在背後幫忙的成果。如果書本有任何錯漏失誤，那都是本人之過。

前言

沒有任何制度結構是絕對而肯定的，歷史是永恆的發展過程。

——葛蘭西

在二〇一九年七月上機的那一夜，我還記得是八號風球。十多個小時後，到達地球的另一方。下機一刻，內心有種抖動，好似心跳少了幾拍。我隱隱然感覺到，大概這是別離的滋味。可能以後，再也回不去那家鄉了。

這幾年，一直在思索離散的主題，也寫過兩本書，只是一直無法連結個人的經歷，內心的掙扎和頭腦上的觀念。到底這時代經歷的離散，還可以如何被理論語言所轉化、個人與集體之間的辯證關係，如何在離散中展開新的可能，一直是我念念不忘的問題。離散既是命，也是運，福禍往往相倚。在離散的時代，如何推演著好的政治思想，發展出合乎當前時代條件的新主體和社群關係，實在是無比重要的事。

輾轉在美國參與過一些離散組織的活動，又出席過某年的香港峰會。我一方面欣喜看到海外港人努力面對新的時代挑戰，不懈地連結組織，推動互助網絡，維繫著某種國際社會的聲援網；但同時不住地憂心，在行動之外，再也看不見更大的遠景。在當前波譎雲詭的國際形勢中，再談民主與世界革命早已不知所日。列寧在百年前擲下一句「怎麼辦？」，今日再度縈迴心頭。

在理論的森林遊走多時，漸漸覺察到故事與敘述，或者才是我們的最終救贖。今天我們所需要的，不僅是故事和記憶，還要為故事正名。全因在敘事的世界，我們才得以擺脫財產個人主義所框限的群己分界，與萬物相連，跨越生死者的國度。敘事使我們連結，使我們得以展現倫理的生命。若要建立離散政治哲學來擴充政治視野，我們不單需要敘事，也要為敘事賦予更深刻的哲學基礎。這既是為了安身立命，也是在面對生態災難與資本主義世（Capitalocene）的離散時代，尋求解殖知識生產的可能。[1]

牙買加小說家和思想家西爾維婭・溫特（Sylvia Wynter, 1928-）曾言，人是講故事的物種，只是人常常忘了，以為自己只是眾多生物之一。[2] 人既有生物性的面向，但同時卻又跟萬物有所分別，當中的分別在於在云云萬物中，只有人類會訴說自身的故事。有了故事，人類才真的成為人。講故事的能力，像語言或者想像和記憶，固然都跟神經、身體和基因有關，但又只有人類，「作為說故事之人（storyteller），才能以故事敘述自身作為純粹生物（purely biological）狀態而存在的。」[3] 換句話說，「人作為動物之一」的觀念，反而是因為科學敘事才得以可能。因此，人追求關於自身的科學知識，並非等於會順理成章地走進物理化約論（physical reductionism）的死胡同，視世間一切都

只是物質活動、物理方程式結果和化學反應而已，反而間接地肯定了人作為敘事者的存在狀態。冷冰冰的科學世界觀，不過是眾多敘事可能之一。

因此，唯有敘事能產生意義、價值、理念和身份，以至與之相關的社會、經濟、政治架構，連帶馬克思的上下層社會經濟結構論（base and superstructure），大概應該要重寫一遍。語言和概念不再是經濟生產關係的產物，不再是單純服務於當前的主流生產力和生產關係，反倒是社會關係之根本，是一切經濟活動得以可能的先決條件。但我不是想重繪某種固定的歷史結構，因為這不過重覆著上述殖民系統思想的操作。反而令我感興趣的是這意義生產之意義。甚至可以說，只有當出現了敘事，人類才真的擁有自我意識，意識到自己的存在。因此我們可以說，不是人類發明了敘事，而是敘事創造了「人類」。

當然，這種黑格爾主義式的意識歷史辯證過程，很可能被視之為人類中心主義，因為看似只有人類才能站在這意識階梯的高位 [4]，宛如阿里士多德（Aristotle）所言，只有人作為政治和懂得運用言語的動物，是存活在天神與萬物之間 [5]。但溫特提醒我們，生物性也不過是敘事的結果，因此批判敘事也可跳出科學界對於物種邊界的牢牢劃分，改從物之集結性（assemblage）理解人，

理解自然、肉身跟技術物的混合體（cyborg）[6]，超越物種邊界和人的固定本質。若然如此，敘事來產生的關係網絡和意義，正是冰冷宇宙間的點點溫情暖意。更重要的是，這些敘事使得生者與死者得以在美學世界連結，在敘事的意義王國之中，生者和死者共同組成一個新的共同體，這便是身份和公共記憶的形成。對我來說，這才是離散政治思想的福音。

曾經歷「7．21」香港元朗黑暴事件，如今已離我們而去的前記者柳俊江（1981-2024）在書中寫道，「遺忘，不一定是自然現象。因為時間，記憶消退。因為創傷，選擇忘記。因為謊言，焦點模糊。因為利益，竄改歷史」[7]。記憶和真相是長期的道德戰場，是群體和個人身份與主體性的永恆鬥爭，更是社會變革與否的希望所在。

換句話說，敘事並非單純是自由表達意見的表現，同時社會敘事也不一定盛載著自由多元之主體特質，也能被國家與資本力量馴化，變成意識形態工具[8]。因此，強調意義生產的多元需要根本地抗拒著殖民性的人類中心觀，或者以宰制為核心的自然觀與主權中心觀，並通過敘事和再生產敘事來不斷重塑記憶和身份，從而帶來新的社會關係的想像和可能，新的自然—人—技術世界的意義網。比起阿里士多德的政治動物觀，即通過理性和語言述

說價值[9]、或者鄂蘭（Hannah Arendt, 1906-1975）視行動和創造作為體現人的平等的最重要條件[10]，我認為敘事作為言說和行動，才是更為根本的倫理關係。這也算是和應著列維納斯（Emmanuel Levinas, 1906-1995）的「倫理作為第一哲學」的觀點[11]。

因此，如何以新的敘事詢喚（臺譯：召喚）出解放性離散主體，並重新想像眾多離散社群作為廿一世紀的主要政治主體力量，並跟諸多生物死物、生者死者連結成無比重要的歷史推動力。在改造生活世界的同時，正面建立離散群體在政治思想的新範式（paradigm），正是拙作試圖拋磚引玉的嘗試。

作為政治思想形態的敘事，形式上不會限於虛構故事，不是只有童話或科幻之類的才算是敘事。這是在廣義上，蓋括所有故事、神話、歷史、記憶、知識等，都可列入敘事的行列。同時，敘事作為思想方式也可跟抽象推論的理論模型區別開來，前者更強調殊別性、在地性、開放性、世界觀和知識的生產／權力關係，也不會把非抽象觀念堆砌的文本和形式排除在政治思想視野之外。因此，這是從方法論上實踐解殖，避免重複著傳統西方哲學思想套路中高舉普遍抽象，貶低多元殊別與衝突的帝國思想方式[12]。這些原則說易行難，只盼拙作能略盡綿力，嘗試理論

地訴說敘事在離散政治的重要作用。

　　因此，拙作題為《離散時代的如水哲學》，其中六章會分成三個部份。頭兩章會首先討論離散的意思，如何以香港的苦痛連結離散時代，與哀哭的人同哭。我會先區分離散、移民和人口流動之別，還有猶太錫安主義與國際主義的離散概念，以突顯離散作為政治概念的多重意義。第二章會處理當下的時代特質，以離散時代作分期標名，既是因為政治經濟秩序孕育出來的新帝國主義，導致一波波離散人口的出現；另一方面，現代化帶來的生態危機，同樣使得離散現象劇烈地波及世界每個角落。

　　接下來的第二部份，在第三章我會重塑敘事作為非推論式（non-discursive）的政治思想方法，並深入地思考敘事結構和特色，如何對應著多維度敘事主體的連結性。這敘事主體性的重構是第四章的主要部份，我會討論四層敘事主體觀，即肉身主體、虛擬主體、公共主體和行星主義，以及其各自的連結關係，以及當中的倫理關係。從人與物、人與技術物、人與人和人與行星自然之間的相連相交，既在單一維度上互相改造倚靠，且在點、線、面般不同維度上又有相互作用。這倫理性（the ethical）是不同於一般意義理解的道德（morality），前者強調的是關係和連結多於責任和規條，並且主體的倫理性跟敘事的結

構是相互扣連的，人通過敘事加以連結，而反倫理之敘事正是暴力與不義之源，因為那是對行星世界關係網的毀滅，離散聯邦必須加以摒棄。

　　最後兩章則是關心離散敘事的實踐問題。第五章會先處理敘事政治的理論挑戰，特別是敘事作為政治技術，往往在消費主義和新帝國主義時代被馴化，成為管治和規訓的工具。我們若要喚起敘事論在離散政治中的解放力量，便需要認清其結構和作用。敘事作為進步政治的技術，跟其在離散主體覺醒所擔當的角色是分不開的，而離散主體怎樣連結起過去數百年的國際主義運動，使其能進一步連結離散群體以外的進步運動，也是這政治視野應發展的方向。最後一章，我會理解香港抗爭運動的如水哲學，作為敘事政治之實踐嘗試。過去對「如水」的詮釋，一直太局限在社運的戰術層面上，令人忽略更廣闊的戰略領域。我認為如水哲學能夠呼應離散主體之敘事觀，在社會運動陷入低潮的當下，推動我們去行動和連結，在離散時代擔當更前瞻的位置。香港不單只為香港自主而奮鬥，更是在摸索和實現後主權時代的新政治形態和想像。

　　因此，我希望敘事視野作為離散時代的新哲學，幫助我們在

人工智能、人類世生態災難和全球民主倒退的動盪時代，想像出超越國族的政治形態。敘事的開放性和基進民主面向，都使得敘事共同體必然是多元眾數。只是，我提出「敘事聯邦」這政治視野，並不是期盼其能取代主權國家，能成為下世代的唯一國際秩序主體，一如有幾百年歷史的主權國形態，也不是由少數知識份子調控創作出來的理念產物，而是在無數人的建設與拉扯中形成今天的模樣。敘事聯邦不必然能取代主權國，但至少在並存時能創造出跨地域國族的身份和支援網絡，讓當前國際秩序能受到壓力，政治經濟系統能拉向我們心目中的方向，已是敘事作為政治抗爭的一大價值了。

最後，我希望能點明拙作在主權思考中的位置。在「否想主權三部曲」中，前兩集是以一破一立之方式寫成。第一部《主權在民論》是對歐洲主權在民思想史發展和演變的仔細梳理，而第二部的《主權神話論》，則是揭示和批判當前政治經濟的帝國支配秩序，以顯示舊有主權在民思想的局限，在當前必須加以克服和超越。因此，承接著帝國主義批判，這本《離散時代的如水哲學：政治主體與國際主義》在氣候危機和離散時代的時空前設下，嘗試否想主權在民理想中主體和身份記憶之邊界，重尋人民自主的新可能。主權者之民不能再停留在一國一族，而拙作希望照亮的是共同敘事的離散社群。

這既是知識人的公共責任，也是時代對我們的試煉，更是歷史的轉捩契機。

　　是為序。

記於紐約皇后區

2024 年 8 月 18 日

前言

1. 「資本主義世」一詞，出自 Jason W. Moore, Donna Haraway 等生態左翼的講法，用以對「人類世」這科學分期標名的偽中立性提出異議，並將資本主義批判和全球生態災難重新連結。詳參 Christophe Bonneuil & Jean-Baptiste Fressoz, *The Shock of the Anthropocene* (London: Verso, 2017), pp. 222-252.

   Donna Haraway, "Anthropocene, Capitalocene, Plantationocene, Chthulucene: Making Kin," *Environmental Humanities* 6, no. 1(2015): 159–165.https://doi.org/10.1215/22011919-3615934

   Jason W. Moore (ed.), *Anthropocene or Capitalocene?: Nature, History, and the Crisis of Capitalism* (New York: PM Press, 2016).

2. Katherine McKittrick (ed.), *Sylvia Wynter: On Being Human as Praxis*, (Durham, North Carolina: Duke University Press, 2015). 另見 Pavithra Vasudevan, Margaret Marietta Ramírez, Yolanda González Mendoza & Michelle Daigle, "Storytelling Earth and Body", *Annals of the American Association of Geographers* 113 (2023): 1728-1744.

3. Katherine McKittrick (ed.), *Sylvia Wynter: On Being Human as Praxis*, p. 11.

4. Henry Gee, "Brian Cox's Human Universe presents a fatally flawed view of evolution," The Guardian, Oct 14th, 2014, https://www.theguardian.com/science/blog/2014/oct/14/brian-coxs-human-universe-presents-a-fatally-flawed-view-of-evolution

5. Aristotle, *Politics* 1253a.

6. Rosi Braidotti, *The Posthuman*, (Oxford: Polity, 2013）. Donna Haraway, *Simians, Cyborgs, and Women: The Reinvention of Nature*, (London: Routledge, 1991).

7. 柳俊江，《元朗黑夜》（香港：Lauyeah Production Limited，2020），頁 9。

8. Byung-Chul Han, *The Crisis of Narration* (Oxford: Polity, 2024). Byung-Chul Han, *The Disappearance of Rituals: A Topology of the Present* (Oxford: Polity, 2020).

9. Aristotle, *Politics*, 1253a29.

10. Hannah Arendt, *The Human Condition* (Chicago: University of Chicago Press, 2022).

11. Emmanuel Levinas, *Totality and Infinity* (New York: XanEdu Publishing, Inc., 1969).

12. Walter D. Mignolo & Catherine E. Walsh, *On Decoloniality: Concepts, Analytics, Praxis* (Durham, North Carolina: Duke University Press, 2018).

    Walter D. Mignolo, *The Politics of Decolonial Investigations* (Durham, North Carolina: Duke University Press, 2021).

離散是我們的
共同語言

在今天，任何人都處於某種程度的離散。

——鮑曼

離散是我們的共同語言，重新書寫了當下的時代精神。

打從智人（Homo sapiens）在二百萬年前，早已踏上未知將來的遷徙之旅。今天在世界各地的人，無不是那些勇於踏上征途的智人後裔。只是歷史書寫和記憶總是遲延的，書寫技術由後冰河時代，在地農業主導的社會或者國家秩序所掌握。因此人類文明的記憶在不過幾千年間，絕大多數的大遷移時期都失落在歷史長河，只剩下諸如德國菲爾斯（Hohle Fels）的洞穴畫[1]，或者新石器時代的武器用具[2]，如殘章斷簡讓後世一窺那些先祖的點點痕跡。若物相雜是如此的隱然，談何文化和主體呢？

只是，沒有集體記憶的先民，談不上離散，也談不上歸屬與捨離。至少在我們所熟悉的世界，離散必先有家，或曰在家感的生活世界（lifeworld），然後才有離散的拉扯，才有恆久的離愁和思鄉（homesickness）。因此，離散是擺脫傳疑時代以後，在歷史之古代開端才出現的現象（古代一詞指涉的時間維度的展開，恰巧代表了長久人類史的沉默與失憶）。因此荷馬史詩《奧德賽》（Odyssey）[3]，因思鄉而預設的家，不管是真實的還是想像中的鄉土，都是記憶和身份的棲居之地。

一、一種離散，各自表述

若要從概念上區分移民（emigration）、流亡（exile）、迫遷（displacement）、或者人類遷徙（migration）跟離散的分野（在現實的脈絡下往往是流動的，彼此邊界是難以劃清），還是有些基本的特質可以幫助分析和理解離散的獨特性。借用政治科學學者沙弗蘭（William Safran, 1930- ）的講法，離散必先是一個文化認同上類同的群族，因著各種原因離開故土，住在異地且可能跟異邦族群產生衝突。同時，離散群體保存著既有的身份意識，這源於共同或相似的故土記憶與想像，追憶著理想中的家園，且同樣寄望有朝一天能夠回鄉，重建帶有主權和領土的政治體[4]。因此，若然遷家遠去，在陌生地方落地生根，後代都以新地方本地人定義自身，且得到新群體的認同，那便說不上離散了。因此，一如政法學家瓦桑塔古瑪（Ashwini Vasanthakumar）所言，離散的概念比流亡更加「單薄」（thin）。這不僅可指涉被逼流徙的人口，且其他在外地早已落地生根，甚至欠缺親身流離經歷的後代，只要他們對遠方家鄉有一種難以捨割的關係，都可成為離散群體的一部份[5]。所以比起流亡，離散更著重於意識上的多重拉扯，多於純粹肉身上的流動。

但與此同時，因為離散在不同個案也有著十分迥異的意

義，因而抽空地談「離散」，已快被視作過度濫用的陳腔濫調（cliché），以至變成近乎任何處境都適用的空廢術語。與此同時，談離散又很可能遮掩了許多其他社會身份要素，諸如性別、階級或者種族。歷史學家阿肯森（Donald Akenson）便曾以「漫山遍野的語言雜草」（massive linguistic weed）來形容「離散」概念的混雜和濫用 6。同時，所謂家鄉的意涵也曖昧不清，既有真實成份，卻同時不可避免地充滿著一廂情願的想像，像是託古似的遙遠心理距離。但《離散》學術期刊主編托洛楊（Khachig Tölölyan）倒是認為，那些學院爭議是「術語上的吹毛求疵」（terminological fussiness）。他對於「離散」或者「離散性」（diasporicity）的意義有著開放性的解讀，認為不應限制用詞意義，只為了方便理解各種政治現象和處境 7。

但我仍然願意使用離散一詞，作為思想之起點。因為任何概念有著足夠的普及性，在某群體內能夠產生足夠的感召力和政治效果，便是具有政治能量的觀念，值得認真探討和理解。即使那概念的使用方式或者內容，並不同於其他地方的使用慣例 8。只要能解釋清楚，離散之多義和流動其實是對世界有益的，一如離散本身。也如同實用主義哲學（pragmaticism）的主張，觀念和實踐往往不是如此割裂，不是先有完整一致之理念，再應用在世間上。反之，如何在世上有效地行動和改造，也是構成觀念內

容與目的的重要元素之一[9]。若然離散一詞在華文世界有著巨大迴響，那麼我們所應做的便是循著這路徑，梳理和導引離散思想成為批判進步的基石。一如自由、公義或者傳統等概念，用法從不是單靠哲學家或者字典，從上而下權威地定義，而是每每在當下的運用中賦予其殊別的內容和作用，在具體社群產生不同的效果。身為理論研究者，更應謙卑地學習和引導概念在世間發揮之巨大作用。

從個人觀察而言，用「離散」形容或理解香港近幾年的人口流動及其形成的海外群體，實在是非常普遍。其中，主流華文網上媒體便很常使用該概念，例如《端傳媒》的「香港大離散系列」[10]，還有《關鍵評論網》、《自由亞洲電臺》[11]、《報導者》[12]、《如水》[13]、《洞察中國》[14] 之類。同時，民間組織亦廣泛吸納和轉化這概念，例如左翼網上翻譯轉訊平臺「流傘」（Lausan），便是取自「流散」的諧音，「體現跨國離散的處境」和「反建制抗爭去中心化」的意念[15]。香港民主委員會（Hong Kong Democracy Council）作為甚具代表的香港人海外遊說組織，同樣視「離散香港社群」為重要充權對象[16]。而在學術研究世界，學者方志恒或者 Winnie Tang 等皆以離散一詞討論海外的香港社群處境[17]。只是學術研究中的離散，卻又不止是二〇一九後的急促移民潮[18]，還包括過去百年由香港流出的幾代

移民潮。由此可見，離散一詞早已廣泛地在民間和學術界使用，無數海外港人也以此來理解自身的身份和政治期許。因此，重建離散在香港的相關政治理論，不單是十分重要，也是相當迫切的時代責任。

二、猶太離散的多重解讀

每每談及離散，自然無法迴避這政治概念的根源。英國伯明翰學派奠基者，文化研究先驅史都華・霍爾（Stuart Hall, 1932-2014），曾在訪問中跟臺灣學者陳光興說過，作為早期研究離散的思想家，他早年一直不願使用「離散」一詞，只因在主流的政治論述中，「離散很多時都是用來講述以色列」，也便是猶太復國主義（Zionism）的千年神話[19]。所謂錫安復國主義神話是指，猶太人如何先後被巴比倫國和羅馬帝國摧毀聖殿，被逼為奴或者流亡（Galut）應許之地，在世界各地當上過千年的異鄉人，一直苦苦等待猶太復國，直至二十世紀中葉才得以完夢。畢竟離散一字便是源自希臘文「διασπορᾱ」，意指分散。在二千年前羅馬帝國仍方興未艾時，這希臘用詞已廣泛地挪用，表述猶太人亡國流離之共同苦難[20]。

但「離散史」（Tfutza）之於猶太人，從來都不是那麼簡單

線性，那麼單純地把二千年前的流亡與二千年後的復國接上，晃如電影剪接般的效果[21]。其中至為明顯是當代以色列在美國的支持下，在加沙一帶進行有組織的種族迫害，以不人道方式對待生活在上千年的伊斯蘭教住民[22]。這些暴力使得霍爾很抗拒使用「離散」一詞，生怕被理解為認同以色列跟猶太復國主義。但慢慢地，他看到猶太離散的經驗，尤其關於殖民、被奴役和抗爭的經驗，成為許多地方的群體重建政治信念和願景的資源。一如美國的黑人教會，同樣會經常借助猶太人擺脫被奴隸並最終解放自身，作為自我充權的神話故事[23]。這使他慢慢釋懷，不再那麼畏懼使用「離散」一詞。

霍爾的轉念，說明了猶太離散與復國主義之間的封閉文本並非必然如此。猶太的離散敘事也可以承載更豐富的政治關懷，使得追求反帝與解殖的政治主體，也可以通過同一套神話故事，投射自身的想像與期許。我認為這點非常重要。

敘事性（narrative）對於身份的盛載，政治理念的傳播，以至社群的形成都是無比要緊，畢竟像史都華·霍爾所言，「文化身份是生產出來的，是始終在形成的動態過程，而且是來自內在而非外部的事物所代表。」[24] 所以，人組織世間事物和生活意義，並非孤立地理解每樣事物，而是把這些通過大大小小的故事

敍事加上串連，形成有意義的生活世界。法國符號學家羅蘭‧巴特（Roland Barthes, 1915-1980）言及，「從來都不曾在任何地方，任何人能夠脫離敍事。[25]」

更重要的是，敍事的切入充滿了可能性，亦往往能夠在同一件事件上，詮釋出迥異的史觀或者圖像，從而帶來相當不同的政治效果[26]。文本並非封閉，意義的總體性（totality）也沒法困在文本之中，這點在當代歐陸思想中早已多番討論：或如克莉斯蒂娃（Julia Kristeva）所言的「跨文本性」（intertextuality），理解文本往往通過其他文本，因而理解總是在跨文本的活動之中，形成不同意義和詮釋可能[27]；或如高達美（Hans-Georg Gadamer, 1900-2002）所論及的「視野融合」（fusion of horizon），不同讀者帶著自身的偏見閱讀文本，在自身的有限視野下理解文本，彼此溝通帶來視野融合，但終究不能跨越讀者視野的限制，詮釋依舊是多元的[28]。當然還有羅蘭‧巴特的「作者已死論」，作者意圖終究無法限制敍事的詮釋空間，作為意義的總體性所在[29]。由此可見，敍事所不能避免的多元衝突性，使得離散史的敍事成為不能忽視的重要部份。

香港著名後殖民學者羅永生曾跟我說過，猶太離散與復國主義長久以來都是中國或香港政治論述的重要比擬對象，或者是

論說的他者。只是在中國的語境下，「論猶太人問題」往往是一個神話，各自表述。當中，自然有不同人把猶太人比喻變成支持各自政治立場的工具。諸如在七〇年代，一些親共年輕作者如馮可強或者劉廼強便曾在《盤古》雜誌撰文，借猶太人復國運動所強調的民族「猶太性」，倒過來思考香港回歸運動所應該具備的「中國性」[30]。但此一時彼一時，今天香港一些意見領袖反過來努力搧著民族復興之風，以猶太人最終復國的政治願景自許，以圖有朝能夠「光復香港」，「民族建國」[31]。

相反，早期中國托派領袖王凡西（1907-2002），在一九三八年所寫的〈猶太人問題的過去、現在及將來〉，已經直接點明猶太人運動有國際主義和民族復國兩種進路，而只有「社會主義才是猶太人解放之唯一道路[32]」，也便是從政治自主走向經濟自主，這接近馬克思把猶太人解放跟資本主義壓迫連成一氣的主張，亦跟本人之拙見不謀而合。

猶太人的離散神話，原本是對抗強橫帝國而不可得的悲壯故事。不論是羅馬帝國還是巴比倫帝國，都是高舉擴張主義的政治秩序，通過不斷外侵，搶略資源養活戰爭機器或是舒緩國內社會經濟壓力[33]。在以色列的宗教典籍中，有著抗拒政治集權的部落自主傾向，跟往後以色列立國史有著強烈衝突。在《撒母耳記

上》第八章，記載了以色列人首次向其上帝要求立一個王，但上帝卻藉著先知撒母耳警告以色列人，以王來治國是個巨大錯誤，不得不深思。

「管轄你們的王必這樣行：他必派你們的兒子為他趕車、跟馬，奔走在車前；又派他們作千夫長、五十夫長，為他耕種田地，收割莊稼，打造軍器和車上的器械；必取你們的女兒為他製造香膏，做飯烤餅；也必取你們最好的田地、葡萄園、橄欖園賜給他的臣僕。你們的糧食和葡萄園所出的，他必取十分之一給他的太監和臣僕；又必取你們的僕人婢女，健壯的少年人和你們的驢，供他的差役。你們的羊群，他必取十分之一，你們也必作他的僕人。那時你們必因所選的王哀求耶和華，耶和華卻不應允你們。」（撒上 8:11-18）

當代政治學大師斯科特（James C. Scott, 1936-2024）曾在大作《反穀》（*Against the Grain: A Deep History of the Earliest States*）中，多番討論農業生產如何帶來奴役、稅收與暴力[34]。但其實早在《舊約》的猶太經書中，撒母耳先知已經長篇大論地講述建立農業稅收王國之不堪，或曰農業國家的政治秩序之權力集中問題。而更重要的是，王國之建立象徵著對上帝的離棄，當然我們犯不著通過存在論方式，爭論那人格化上帝的存在位格。借

用充滿新柏拉圖主義色彩的《約翰福音》作者角度，大可徑自把上帝／人子看成「道」（λογος），「道就是神」（1:1）。上述《撒母耳記上》所言的，便成了立國立王跟天地之道的對立。這千年傳下來的《撒母耳記上》，確實承傳了以色列族群的古老智慧，王國與遊牧，宰制與自主之間，有著天淵之區別，不得不細察深思。更重要的是，二十世紀初的以色列立國，跟現代英美帝國還有猶太復國主義（Zionism）之間的關係，恐怕是一時三刻難以說清[35]。吾師伯恩斯坦（Jay Bernstein）有次跟我談及離散時，不禁慨嘆到底所謂猶太人離散復國，真的有多少是猶太人參與其中，又有多少是帝國大棋盤下的產物，使之成為帝國扶植的棋子，伸進動盪石油地緣政治的中東地區，還真是不得而知。

猶太人的遊牧與國際主義，並非只是帝國政治下的悲劇，或許也暗自呼應了老祖宗的書寫中對王國與集權的畏懼[36]。剛好以色列在二十世紀的「復國」，還有全球猶太族裔的諸多異見，無不印證著王國與遊牧間難以調和的政治衝突。王國作為高效集權和調配權力資源的現代管治技術，必將被吸納進現代新資本帝國的體系之中，不斷再生產出既有國際秩序的壓迫關係[37]。相反，遊牧和國際主義的先進和政治創造力，始終不會徹底被主權國家所吞滅和化約。後者所體現之「大道」，正是拙作所走之路，嘗試重新為離散遊牧和國際主義，找尋廿一世紀的政治語言[38]。

三、國族身份的同一與多元

想當然，離散學側重後殖或解殖的文化殖民討論，並發展起相當豐富的研究領域。只是在傳統左翼政治思想和批判理論中，離散仍是長期作為邊緣議題，無法召喚離散社群作為劃時代的政治主體。在革命和民主的大論述與宏大框架之中，離散作為殊別個案，彷彿成了歷史的邊緣人，只能在各種身份政治和工會運動中消弭自身，個體重回被認受的進步身份之中，才能夠成為「歷史的主體」。原因之一，自然是基於現代左翼理論對於國族種族身份的排拒 [39]。

有趣的是，早期第二、三國際早已有許多國族根源的左翼討論，例如考茨基（Karl Kautsky, 1854-1938）主張是語言的共同性形成民族、奧托・鮑威爾（Otto Bauer 1881-1938）認為是特殊的民族特質，在歷史命運中形成的共同感（有點像今天談的命運共同體或者受難共同體）、潘涅庫克（Anton Pannekoek, 1873-1960）提出民族純粹作為資產階級創造的幻象。連早期的史太林（Joseph Stalin, 1879-1953）也在名作〈馬克思主義和民族問題〉（Marxism and the National Question）一文中，詳加討論各種民族國族的特質問題 [40]。

只是離散作為政治經驗，不必然預設有國族形成（nation-making）之目的，因為不僅身份意識和國族意識是可以區分開，且下文所言及之離散作為身份與現象，主要通過與鄉土異化的結構產生出來，因此是從倫理的連結性（relationality）角度所展現的存在狀態。故此這身份意識不是通過畫界與排外建立出來，更不會無視身份建構當中涉及的種種權力關係。

　　離散社群遠離故土，在距離和陌生文化的區隔下，對於曾經的家園及其種種有著難以言說，卻又溢於言表的記掛，這集體的記憶和感情，斷斷不能脫離族群的文化生活來理解。這文化生活可能包括了飲食、衣著、語言、生活方式、流行文化、歷史習俗之類，融合成為一個熟悉的意義網（networks of meaning），把其中的人、事、物都通過這家鄉的日常敘事，賦予其應有的位置和意義，並在意義世界（worldliness）中為自己定位和塑造個人記憶身份。我之為我，其中一部份即源於這文化世界的歸屬性（belongingness）所構成[41]。

　　因此，當處於離散的狀態，實則是對於在家性 （being-at-home）的懸置，形成了心靈的失落感，像是從熟悉的世界被拋擲到全新的宇宙，整個意義世界出現巨大的斷裂，一切要重新把握，重建眼前的新生活世界。這斷裂或者人的異化，既是在陌生

的新時空下產生的隔閡，同時也對於舊有的世界產生隔離感，那份熟悉與歸屬感，如今只能存活於腦海之中。這是離散者，尤其是被逼離開家鄉的離散者無可避免的經驗。

但這狀態屬於懸置而非消失，是因為這意義網和在家性並不會徹底消除。那些連繫縱然零碎，卻又會突然冒出來，提醒我這失去了卻又藕斷絲連的世界，可能只是點心的味道，或者那條小時候長大的街道的獨特味道，又或者轉角牆身的塗鴉之類。同時，連繫也可以是符號性的，例如跟在家的親友追捧同一個新世代偶像歌手、追看本地的電影音樂創作。明明這些新對象不是離家前的記憶，卻又因著彼此的香港性而產生神奇的熟悉陌生感，一份久違的他鄉遇故知，不用再問故鄉來的客，寒梅著花未。

而共同體之想像，根植於文化離愁的政治載體上。整個生活世界的拉扯，從不止是個人的掙扎，也是整個群體的割裂和斷裂，是集體的記憶和感官之間不可化約的落差感，也便是「想家」（homesick）的感覺。這家是集體的家，那集體自然指涉著同一身份群體，曾共同建構自己熟悉的生活世界的群體，意義網中的「他們」。畢竟，文化世界不是單單從我頭腦中建構出來的獨我世界，意義網是有其跨主體（intersubjective）的客體性的，是同一群體的人都會認可並維持的秩序和意義。若然這群文化載

體的人有著同樣的身份，大概國族便是最容易劃分的標籤。

　　但這共同體不必然是以國族邏輯運作。雖然無可避免地，共同之身份不免會上升至是否屬於國族的疑惑，但離散之共同性在於連結，國族則在於對他者之否定上 [42]。因此，若國族之界定需要不斷尋找他者再予以否定，藉此強化內圈成員之向心力，那麼離散共同性更在於「在家性」之重建，情感關係產生之可能。即使這關係始終在變化流動之中，但這開放性一如敘事世界，乃是我們所必須接受和擁護的未知與不安。這點在往後章節會詳加闡述。

　　因此，離散者雖然身處異地，卻仍然體現著文化的邊界，這邊界並不等同於國家邊界，而是隨著文化主體來到異鄉，產生各樣的張力和磨擦，記憶和感情。學者 Ipek Demir 便曾借翻譯理論中的本真性（authenticity）和不可翻譯性（untranslatability）等概念來理解離散者的文化邊界的碰撞。他們既能一定程度融入與抗拒，卻又不可能完全成為本地人或者外來人，反而像翻譯的文本間，擺盪在入與出，外來與本地之間的結界 [43]。同時，本地人之於外來人的優越感，有時也是建立在暴力之上，定居者殖民（settler colonialism）的新本地人生產便是建立在迫害原住民，將之無視和邊緣化的過程 [44]。在美加或者澳洲，這類定居者殖民

所生產的新一代本地人的例子比比皆是 [45]。

因此，這裡可以看到身份概念之運用，並不意圖走回本質主義（essentialism），找尋絕對能區別不同國族種族的本質之歧，從而可以先驗（a priori）地區分不同國族。這裡所集中討論的只是身份形成（identity-making）的動態過程，不是客體化，帶有存有性意義的國族形成（nation-making），國族身份只在乎個人跟集體的共同性關係，而非國族種族的存有問題，身份可隨意轉換，也沒有非如此不可的規範身份認同 [46]。在這離散的語境下，我會視國族作為敘事者的集體身份。換句話說，只要個體大體上接受某群體的歷史身份敘事，作為自身身份和記憶的根據，那麼他便可說是屬於那個國族群體。因此，一個人可以分屬多過一個國族，且不必跟護照上的國籍有甚麼關係。

這種「薄理解」（thin concept）下的共同體身份容許身份的流動性，個體和群體間可以甚至應該有複合的多重關係。我和我們之間，個體與國族共同體之間的經驗和歷程並不可能徹底地等同。畢竟，群體的集體經驗是淺薄片面的，個體之間的殊別生命歷程才是至為豐富的離散敘事。儘管那些離散經驗絕對不會相同，甚至會跟所屬之群體的共同經歷有異，但個體之集結終究會比群體的經驗遠為豐富深厚。如阿多諾（Theodor W. Adorno,

1903-1969）所言，普遍性的推論並不能生產出具意義的知識，因為普遍性的概念總是在豐富的殊別經驗中抽象而來[47]。因此，若如啟蒙時代對理性的過份自信，可以從抽象概念統攝經驗世界的整體，則只會墮進被理性支配壓迫的秩序之中。

　　因此，從個體的角度，作為這些殊別離散生命的集結，群體經驗反而變成某種難以相容的矛盾共同體（complexio oppositorum）[48]，也便是集體離散敘事下的眾聲喧嘩。如當代音樂家拉赫瑪尼諾夫（Sergei Rachmaninoff, 1873-1943）或者巴托（Béla Bartók, 1881-1945），既是俄國跟匈牙利的離散移民，因戰亂或社會遽變而飄洋到美國生活，同時心念著歐洲文化生活的種種[49]。因此集體的離散經驗，是無法完全化約成每個人在各自生命的離散經驗和人生選擇。

　　借用社科學者羅賓・柯恩（Robin Cohen）的講法，這裡既涉及「離散作為意識」，即主體在跨主體政治經驗上的身份拉扯和離愁孤獨感，同時也關於離散經驗的文化生產，即通過不斷從文字訪問、觀念思想、藝術圖像所盛載的記憶和想像，投射出文化身份的邊界，故土和客居地的距離感，從而強化著既有的離散體會，且以離散作為現有身份的一部份[50]。離散作為身份，代表著不管主體是否脫離了原有國籍，身份認同上都是混雜的，遊子過

客感不能隨著定居而消逝。所以文化生產既是反映著現有的關係，既又強化了主體或者群體的離散經驗。區分開個體和群體的辯證拉扯，對於之後探討離散主體性的問題，將會相當重要。

四、香港的離散，離散的世界

要談論離散史觀和新政治主體，不得不先從香港過去非常熟悉的在地史觀談起，思索流動和香港之關係。

香港近百年的繁華，離不開流動二字。流動既是人的流動，也是資訊、貨物和資本的流動，構作成一個流動的交貫點[51]。在大英帝國還未來到華南地區以前，香港早已有許多經濟活動，包括出產香木、海鹽、採珠、農作物之類[52]，且同時也是作為一個華南的重要商埠，與周邊地區甚至遠洋地區有著重要的交通運輸中心。這大概是受惠於廣東過去的商貿發展。

借助著名史家全漢昇（1912-2001）之研究，廣東早在秦漢時代已是十分重要的貿易地區[53]，歷經秦漢後，廣東一帶成了海外貿易重鎮，甚至連東南亞、阿拉伯和印度商人也慕名來到廣東定居交易，例如《南齊書》記載過扶南國的商人、唐代《唐大和上東征傳》記錄了波斯、師子國（僧伽羅）、大石國（西遼帝

國）、骨唐國（菲律賓或印尼地區？）的商船之類[54]。而靠近廣東的香港一帶，自然也會受惠於人口、商品、資源、金錢、資訊的頻繁流動。

因此，在明代明成祖實施海禁以前，香港一直成為貨品與資訊流通到東南亞以至阿拉伯一帶的重要商貿中樞，也吸引了許多漢族（包括上水原住民如鄧氏、侯氏、文氏及彭氏）以及一些百越的部落（蜑家），來到廣東南部地區生活[55]。帝國境內的資源流動，使得廣東地區成為地區的經濟中心，及後出現的一波波思想巨潮，如南宗禪門佛學[56]、思想家陳獻章（1425-1500）之降的嶺南學派[57]，正好反映文化的興盛離不開經濟的條件，而經濟發展又是源於人與物的巨大流動。所以早在新中國成立前後的四波逃港潮以前[58]，香港早已是離散移居者的聚居地。

到了十九世紀，香港逐步成為英國的殖民地（經歷三次不平等條約才割讓及租借了整個香港，歷時五十多年），也慢慢成為大英帝國在遠東的一部份。自從殖民統治之後，香港愈發吸引洋人聚居，成為一片華洋混雜之地。同時，香港也是無數華人移民南來甚至逃難謀生之中途站甚至目的地，畢竟因為中港之間不太清晰的邊界管制，所以人口商品流動相當容易。十九世紀中，曾因向太平天國統領進言，結果弄得要避走香港的文化人王韜

（1828-1897），乃是最典型不過的例子。剛逃到香港的他，原本甚為鄙視香港作為一化外之地，與中原之華美相去甚遠，但接觸西學和西洋文化後慢慢改觀，甚至在《香港略論》中以「前之所謂棄土者，今成雄鎮」來形容香港在殖民後的變化[59]。

此後，香港成為了孫文接觸西洋知識，以至早期策劃共和革命的重要基地[60]；同為廣東人的康有為、梁啟超兩師徒，即百日維新的領袖人物，在流亡後也多在香港活動，日後興辦全球性的保皇會也在香港籌措和成立公司[61]。二十世紀初的海員大罷工（1922）、省港大罷工（1925-6）、五卅運動（1925）等等，都是兩地合一的經典例子[62]。所以過去十九至二十世紀初的香港，長期與海外的族群有著緊密連結，而這種集結性自然沒有產生自身的獨特主體意識，令香港或者香港人成為有別於中國或者海外僑民的獨有社群。

直至英國殖民地在戰後實行遠東的鐵幕政策，慢慢限制了一部份的人口資源流動，特別是五〇年代開始發行身份證，七〇年代實施嚴格的抵壘政策（Touch Base Policy）之後，人口和邊境政策被嚴格執行[63]。從此中港兩地的人口流動變得疏隔，身份認同也逐漸各走一方。而香港從文化覺醒，到自主命運再到離散際遇，經歷了大半個世紀[64]。而在這過程之中，香港不單慢慢從革

命馬克思主義同盟的解殖走到廣泛的民主運動[65]，再由自由主義式民主運動走向本土化運動[66]。從「馬照跑，舞照跳」的資本主義既得利益城市，開始緩慢地產生更多對發展主義的反省。從地方文化與生產交換的本地經濟網的重視，再漸漸走上命運自主，以經濟文化領域作政治抗爭的基進面向，且對於少數族群、性別、傷健等不同群體多了關注並互相連結[67]。

　　歸根究底，文化身份主體的成長，對於政治自主的追求，卻也一步步跟香港長期的人口流動背景出現斷裂，以至只視香港作為中華帝國秩序下的抗爭主體，或曰是自由世界對抗極權的最前線，卻愈發無視自身在全球資本人口與資訊流動的帝國秩序中所扮演的位置。文化思想從連接左翼全球革命的革命馬克思主義，變成一地一民的虛擬自由民主夢，再變成香港民族的殖民抵抗史觀。這香港中心的被害者史觀以民族主義為綱，無視了香港如何作為金融資本秩序的重要一員，擔當外資白手套，服務西方資本在東亞的殖民事業[68]，甚至成為本地新財閥，持續生產著跨種族的壓迫秩序[69]。縱然不完全脫亞入歐，成為歐美白人的一份子，卻也在全球生產消費鏈上，慢慢靠向資本中心而非勞動中心，因此按美國社會學家華勒斯坦（Immanuel Wallerstein, 1930-2019）的世界體系分析（world systems analysis）的講法，香港也算是處於半周邊地區（semi-periphery）的位置，即既非帝國中心的

剝削者位置，也不完全是被宰制之邊陲地區 [70]。

　　所以，當下離散時代，實是一重要歷史契機，迫使我們學習如何重寫歷史，重新敘述自己的來由，世界的來由。不論是廣東還是香港，我們既是流離的產物，也必將回到這母體之中，成為這離散潮流的一小部份。

　　那麼，離散之於香港與華人的經歷，離散作為政治主體又該從何討論，又該如何闡述 [71]？若以香港為經緯之中心，離散至少從三方面，定義與主導著香港跟香港人的面貌。而這些面貌基本上徹底改造了香港作為香港，香港人作為香港人的意義，同時也反映了離散的世界性，香港不過是其中的集結中轉站。

　　第一層的離散，在於港人離家遠去，移民或流亡外地同時心繫著這片土地。最深刻最貼近的自然是二○一九年的反送中運動後，政治空間和公民社會被強力打壓，虛擬自由主義正式告終。由暴動罪和國安法所編織成的天羅地網，使得無數志士仁人身陷囹圄，甚至是無了期押留，毫無原則的文字獄，同樣帶來白色恐怖。如此種種，無不令人灰心失意，為了家人和前途而逃離地獄，在遠方重新上路。二○一九年社會運動後，幾十萬香港人外流 [72]，在外地重新生活，或者早在外地者，全身投入相關的海

外支援香港運動，亦即所謂的「國際線」。

　　想當然，這並非香港第一次出現的移民潮。作為八〇後，我依稀記得小時候所經歷的上一波移民潮。九七前，無數香港人極為擔憂香港的前途。一個由英國管治了一百五十年的資本主義金融中心，即將交還給共產主義的中國政府。尤其是經歷過八九六四的悲劇，正好在中英談判後幾年，共產黨血腥鎮壓學生工人運動的殘暴無情，必然為當時曾積極支持八九學運的香港社會帶來巨大的陰影（還未算上許多身歷其景的民間組織代表）。五〇年代上海被共產黨整頓的遭遇，會在九七後的香港重現嗎？這是無數人的合理恐懼。因此由八七年至九六年，將近五十萬人移民離開[73]。若數再以前的移民潮，大概是二戰時日本入侵，以及六七暴動的時代[75]。因此，香港人的流亡潮，主要是基於政治、經濟原因的離散，以圖在外地尋找更穩定生活、更好職業前景和權利保障的地方。

　　但個別移民與離散的重要分野，在於集體的遷徙和對故土文化生活的眷戀，而遭悲懷的方式往往是在異地加以組織、把家鄉的味道和形象、節慶和語言重現在彼岸。從倫敦的唐人街到溫哥華的華埠，到處可見酒樓、衫鋪、雜貨，售賣著令移民點滴在心頭的點心或者利事封或者燈籠。所謂「一口家鄉味，倍添思鄉

情」。此外，各路同鄉會或者會社，聯繫著背景相似的移民，在異地能以母語彼此扶持相助，算是體現著文化共同體的延伸性，在異地以相似的文化認同與符號，共建衛星共同體來渡過艱難的移民歲月。如今在英國的香港節，美國的地區組織不斷串連港人建立互助圈，也是類似文化世界的伸延。這是在香港的第一層離散。

但第一層的離散，離不開第二層的離散。第二層指涉的是以香港為移民流亡的目的地，而不是起點。在香港，絕大多數人的籍貫都不是香港。也就是說，香港沒有多少個原住民（不止是香港英殖政府所定立的「原居民」標準，即一八九八年前已經在香港定居的住民及其後代[75]），可以從族譜追溯上千年的香港聚居史。作為在香港生活的華人，一般都是人口遷居者的後代，可能是客家人、福建人、廣東人或者兩湖的人，其祖上因著各種戰亂或者生活所逼，最終來到香港定居。

記得小時候在小學手冊上，每年都要填一次自己的籍貫。而我每次填寫時，都會感到一陣陣的疑惑，明明自己在香港出生，為何寫籍貫總是要寫個鳥不生蛋的廣東小鎮呢（註：廣東省高要縣）？至今，我對那地方名字的印象便只有手冊上的幾隻輕不著地的字，沒有任何記憶的重量。大概因為在自己家族中，已是第

四代在香港長大的一輩，因此早已沒有廣東故鄉的概念，家鄉沒有祖屋或者親友，因此也談不上感情或回憶。

一如香港的新市鎮，彷彿在歷史零度重新書寫。但許多人是南來香港的，也很有意識的區分開香港和家鄉的距離。曾旅居香港的詩人余光中，一首〈鄉愁〉訴盡心中無限情。南來建立新亞書院的哲人史家，同樣深深感到流亡之困，唐君毅所言的「花果飄零，靈根自植」，正是述說華人在共產政權下各散東西之悲苦，只能在自身生命的培養上，痛改「奴隸意識」，保存中國文化的一點血脈[76]。這才是海外華人所能守住故國文化的方式。由此看來，香港不過是海外華人聚居地。儘管稍為比臺灣靠近中國大陸的岸，但依舊帶有離鄉遠去的哀愁。這不僅是基於政治上無法回鄉，且共產中國將整片土地的文化和生活方式翻天覆地，也算是徹底摧毀了現在家鄉的面貌。對於南來華人而言，鄉土只能存在於記憶和文字之中。那麼，香港終有一天算是他們的鄉嗎？誰也說不清。

由第二層視香港為海外歸宿，到第一層變成家鄉的生活世界，不禁令人想起唐代詩人賈島（779-843）的作品〈渡桑乾〉，描述著家鄉之位置如何隨著人的際遇而變化：

「客舍并州已十霜，歸心日夜憶咸陽。

無端更渡桑乾水，卻望并州是故鄉。」

　　離散的內涵無疑是改變了，家鄉的文化世界都是動態的，往往可能隨著主體的行動而流動。十年前或以為咸陽是我心之所屬的故鄉，但旅居并州十年後，要遷至更遠的地方，倒覺得并州也成了我的故土了[77]。當然，這不代表咸陽便不再重要，或者完全忘了舊日的一切，而是點明故土想像的複雜性，往往是跟隨主體的距離感和感情記憶而變化，因此隨著主體的生命敘事加入更豐富的素材，故土的對象也可以有所變化。

　　第三層的離散，乃是非華人以香港為目的地或中轉站的離散。先不論成為殖民地前，多少避秦的海內外人來到香港找尋新生活。一八四二年後香港島割讓予大英帝國後，政治空間的分隔形成了一片中立地，貫徹長久以來英政府在香港經營殖民地的方針[78]。這種由西方政府治下的東亞中立地，吸引了無數不同族裔身份的人，來到香港定居或者避難。例如在尖沙咀重慶大廈，便有大量非洲各國或者拉美地區的人居住，他們往往難以融入香港的主流文化，也不會自我認同為香港人，終究只感到是旅居在這東亞小島，但求脫貧或者轉往更好的地方[80]。越戰時大批越南船民來到香港變成難民，正是極為明顯的例子[80]。其中的一

份子，正是在二〇二三年獲得奧斯卡最佳男配角的關繼威（Ke Huy Quan）。

當然也有其他少數族群長期在香港生活會自視為香港一份子，視香港作為他們身份的一部份。以前在香港工作時，我也認識了一群在西環居住的印度裔朋友，他們懂得少許廣東話，但平日主要以英語或者家鄉話溝通，飲食的都是家鄉菜，是自成一個獨立自足的生活圈子。但同時，他們也想當然以香港人自居，唯一的家鄉便是這地。例如曾接受《自由亞洲電臺》訪問的印裔港人 Dave 便是一例[81]。二〇一九年政治運動使得許多生活圈割裂的群族，重新進入主流的視野之中[82]，也使得這一層離散的意義重新突顯出來。孔誥烽在新作《邊際危城》也提及客家人跟蜑家人，如何因著各樣中原地區的政治動盪而南來到港，既成為香港的一份子，卻又成為道地的異鄉人[83]。

這三層的香港離散，反映著更立體的世界流動圖像，印證了離散的世界性和殊別性。離散從不是一時一地的偶發現象，反倒應設想為含有普世性的人的條件（human condition）。在人的多重集結中，產生各種倚傍與難捨的社會關係和個人感受。香港在離散的系譜之中，既是許多人避秦遠去的海外異地，困窘下的救命草，或是走向世界各地的中途站；同時，這也是無數港人立

志有朝能光復之境，是他們心目中的應許之地。更重要的是，放在廿一世紀氣候劇變的人類世（Anthropocene），離散更是新時代的特質，無數人必將因為氣候變化及其糧食居住危機而四處遷居。因此建立以離散為中心的政治理論，以離散者為新的政治主體敘事，乃是極為迫切的時代責任。

離散除了個人意識，更是知識／權力的論述戰場，對抗當下的秩序與遺忘，喚回離散在全球史的悠久記憶。不同於尼安德塔人或者直立人，智人自非洲遷居後，慢慢流動分佈到全世界各個角落，這使得智人沒有延續前兩者的滅絕，成為了今天的我們。但文化記憶都是在農業社會後才出現，讓我們誤以為流動是偶然的，聚落才是文明的，並以此發展起群居的觀念、知識和哲學。而這本拙作想做的，正是像蘇格拉底在《美諾篇》（*Meno*）所言的回憶學習，把潛藏在智人基因中的流動與探索覺醒過來，這比起《星球大戰》（臺譯：《星際大戰》）的原力覺醒更具政治力量。因為行星性（planetary）政治思想，正是取代當前國族中心的政治哲學所必須擁有的視野。[84]。

第一章　離散是我們的共同語言

1.　Nicholas J. Conard & Claus-Joachim Kind, *The Beginnings of Art and Music: Ice Age Discoveries from the Caves of Southwestern Germany* (Tübingen: Kerns Verlag, 2024).

2.　Luigi Luca Cavalli-Sforza & Francesco Cavalli-Sforza, *The Great Human Diasporas: The History of Diversity and Evolution* (New York: Perseus Books, 1995), p. 130.

3.　Homer, *The Odyssey* (New York: W. W. Norton & Company, 2017).

4.　William Safran, "What and Where Is Diaspora?: Definitions, Analytical Boundaries, and Boundaries, and Research Agendas," in *Between Dispersion and Belonging: Global Approaches to Diaspora in Practice*, eds. Amitava Chowdhury & Donald Harman Akenson (Montreal, Canada: McGill-Queen's University Press, 2016), p.32.

5.　Ashwini Vasanthakumar, *The Ethics of Exile: A Political Theory of Diaspora* (Oxford: Oxford University Press, 2022).

6.　Robin Cohen, "Diasporas: Changing Meanings and Limits of the Concept," in *The Handbook of Diasporas, Media, and Culture*, eds. Roza Tsagarousianou & Jéssica Retis (London: John Wiley & Sons, 2019), p. 23.

7.　William Safran, "What and Where Is Diaspora?," pp. 33-4.

8.　Carl Schmitt, *Concept of the Political*, trans. George Schwab (Chicago: University of Chicago Press, 2007).

9.　William James, *Pragmatism: A New Name for Some Old Ways of Thinking* (Whitefish, Canada: Kessinger Publishing, 2010).

10.　https://theinitium.com/channel/Hongkong-diaspora/

11.　胡凱文，〈離散港人撐香港留學生 辦獎學金培育人才貢獻社群〉，《rfa》，2023 年 1 月 11 日。下載自網站，https://www.rfa.org/cantonese/talkshows/diasporachats/dctk-01102023124701.html。

12. https://www.twreporter.org/a/hongkonger-diaspora-bno-two-years 4

13. 卡卡，〈流散社群能為香港文做甚麼？〉，《如水》，2022 年 12 月 1 日。下載自《如水》網站，2024 年 7 月 31 日。網址：https://flowhongkong.net/flow8/。

14. 〈黃偉國：由香港人到離散港人（一）〉，《Rti》，2022 年 10 月 11 日。下載自雅虎網站，2024 年 7 月 31 日。網址：https://tw.news.yahoo.com/%E9%BB%83%E5%81%89%E5%9C%8B-%E7%94%B1%E9%A6%99%E6%B8%AF%E4%BA%BA%E5%88%B0%E9%9B%A2%E6%95%A3%E6%B8%AF%E4%BA%BA-090706542.html。

15. https://lausancollective.com/about/

16. https://www.hkdc.us/diaspora

17. Brian C. H Fong, "Diaspora formation and mobilisation: The emerging Hong Kong diaspora in the anti-extradition bill movement Nations and nationalism," *Nations and Nationalism* 28, no.3 (2022), pp. 1061-1079.

    Winnie Tang, "(Re) imaginings of Hong Kong: Voices from the Hong Kong Diaspora and Their Children," *Journal of Chinese Overseas* 10, no.1 (2014): 91-108.

18. Gordon C. K. Cheung & Edmund Terence Gome, "Hong Kong's Diaspora, Networks, and Family Business in the United Kingdom: A History of the Chinese 'Food Chain' and the Case of W. Wing Yip Group," *China review* 12, no.1 (2012): 45-71. Wen Guozhu &, Rameez Raja, "The historical trajectory and diaspora of Hong Kong immigrants in Africa Asian," *Asian Journal of Social Science* 50, no.1(2022): 35-43. 袁家怡，〈「家」的想像：英國香港移民的離散、追尋與認同〉（高雄：中山大學中國與亞太區域研究所博士論文，2020 年）。

19. Stuart Hall, *Stuart Hall: Essential Essays vol. 2 Identity and Diaspora* (Durham, North Carolina: Duke University Press, 2019), p. 193.

20. Arnold Ages, *The Diaspora Dimension* (New York: Springer, 1973), pp. 3-4.

21. 著名的以色列歷史學家施羅默・桑德（Shlomo Sand）所言，猶太人復國主義所建基的歷史民族傳統，其實是現代國家主義的產物。因此猶太人作為千年以來的離散民族，也是基於現代政治需要而建構的神話故事。詳看 Shlomo Sand, *The Invention of the Jewish People* (London: Verso, 2010). 另參考李宇森，〈流亡與遺忘——讀《論猶太人的民族發明》〉，《燃燈者》，2021 年 1 月 12 日。

下載自《燃燈者》網站，2024 年 7 月 31 日。網址：https://truthseeker922.
wordpress.com/the-invention-of-the-jewish-people/。

22.　Ilan Pappé, *The Ethnic Cleansing of Palestine* (London: Oneworld Publications, 2006).

　　Ilan Pappé, *The Biggest Prison on Earth: A History of the Occupied Territories* (London: Oneworld Publications, 2017).

　　Rashid Khalidi, *The Hundred Years' War on Palestine: A History of Settler Colonialism and Resistance, 1917–2017* (New York: Metropolitan Books, 2020).

23.　同上。

24.　Stuart Hall, "Cultural Identity and Diaspora," in *Selected Writings on Race and Difference* (Durham, North Carolina: Duke University Press, 2021), p. 257.

25.　Roland Barthes & Lionel Duisit, "Introduction to the Structural Analysis of Narrative," *New Literary History* 6, no. 2, (Winter 1975): 237-272.

26.　Peter Brooks, *Seduced by Story: The Use and Abuse of Narrative Seduced by Story: The Use and Abuse of Narrative* (New York: New York Review Books, 2022).

27.　Julia Kristeva, "Word, Dialogue and Novel," in *Desire in Language: A Semiotic Approach to Literature and Art*, ed. L. S. Roudiez (New York: Colombia University Press, 1980), pp. 64-91.

28.　Hans-Georg Gadamer, *Truth and Method* (London: Bloomsbury Academic, 2013).

29.　Roland Barthes, "The Death of the Author," in *Image, music, text*, (London: Fontana, 1977), pp. 142-148.

30.　馮可強、劉廼強、陳婉瑩、莫壽平，〈第一塊石頭：我們對回歸運動的一些建議〉，《盤古》13 期（1968 年 5 月）。詳參羅永生，〈1960-70 年代香港的回歸論述〉，《思想》19 卷（2011），頁 117-140。

31.　鄭立，〈以色列沒啟示香港人找個地方避世〉，《鄭立的沙龍》，2020 年 6 月 22 日。下載自網站，2024 年 7 月 31 日。網址：https://vocus.cc/article/5ef0910 8fd897800019b5d1a。

32.　https://www.marxists.org/chinese/wangfanxi/mia-chinese-wong-19381125.htm

33.　Michael W. Doyle, *Empires* (Ithaca: Cornell University Press, 1986), pp. 82-103.

34. James C. Scott, *Against the Grain: A Deep History of the Earliest States* (New Haven: Yale University Press, 2017).

35. Noam Chomsky, *Fateful Triangle: The United States, Israel, and the Palestinians* (Chicago: Haymarket Books, 2015).

   Gardner Thompson, *Legacy of Empire: Britain, Zionism and the Creation of Israel* (London: Saqi Books, 2022).

36. Ilan Pappe, *Ten Myths About Israel* (London: Verso, 2017).

37. Teodora Todorova, *Decolonial Solidarity in Palestine-Israel: Settler Colonialism and Resistance from Within* (New York: Zed Books, 2021). Lorenzo Veracini, "The Other Shift: Settler Colonialism, Israel, and the Occupation," *Journal of Palestine studies* 42, no.2(2013): 26-42.

38. 後人類思想家的 Rosi Braidotti 深受 Félix Guattari 和 Gilles Deleuze 影響，其對遊牧之政治理論思想對我甚有啟發，詳看 Rosi Braidotti, *Nomadic Subjects: Embodiment and Sexual Difference in Contemporary Feminist Theory* (New York: Columbia University Press, 2011).

39. 傳統而來，左翼都是追隨馬克思的路徑，視國族作為資產階級的意識形態產物，模糊了跨國的階級視野，最終有利並強化既有的國族資本秩序。而 Balibar 跟 Wallerstein 大概是相對少數會認真探討族群的左翼思想家，詳參 Etienne Balibar & Immanuel Wallerstein, *Race, Nation, Class: Ambiguous Identities* (London: Verso, 2011).

40. Michael Lowy, "Fatherland or Mother Earth? Nationalism and Internationalism from a Socialist Perspective," in *Revolution Today: Aspirations and Realities*, eds. Ralph Miliband, Leo Panitch & John Saville (New York: Social Register, 1989), pp. 212-227.

41. Martin Heidegger, *Being and Time* (New York: State University of New York Press, 2010).

42. Etienne Balibar & Immanuel Wallerstein, *Race, Nation, Class: Ambiguous Identities* (London: Verso, 2011).

43. Ipek Demir, *Diaspora as Translation and Decolonization* (Manchester: Manchester University Press, 2022), p.6.

44. Sai Englert, *Settler Colonialism: An Introduction* (London: Pluto Press, 2022).

45. Martin J. Cannon & Lina Sunseri (eds.), *Racism, Colonialism, and Indigeneity in Canada: A Reader* (Oxford: Oxford University Press, 2011).

    Alyosha Goldstein, *Formations of United States Colonialism* (Durham, North Carolina: Duke University Press, 2014).

46. 關於國族存有性問題的批判，法農的書寫非常具啟發性，詳看 Franz Fanon, *Black Skin, White Masks*, trans. Richard Philcox (New York: Grove Press, 2023).

47. Theodor Adorno, *An Introduction to Dialectics* (Oxford: Polity, 2017), pp. 140-2.

48. Carl Schmitt, *Roman Catholicism and Political Form* (New York: Praeger, 1996), p. 7.

49. 李宇森，〈拉赫曼尼諾夫：文化沙俄花果飄零〉，《明報》（2023 年 3 月 1 日）。李宇森，〈巴爾托克：匈牙利的民族音樂學〉，《明報》（2023 年 3 月 8 日）。

50. Robin Cohen, "Diasporas: Changing Meanings and Limits of the Concept," in *The Handbook of Diasporas, Media, and Culture*, eds. Jessica Retis & Roza Tsagarousianou (London: Wiley-Blackwell, 2019), p. 27.

51. 例如早在千年以前的唐宋時代，香港已是海上絲綢之路的中心。因此，如今位於新界大西北的屯門，也早已在唐代已成為許多文人歌詠的對象，劉禹錫〈踏浪歌〉有「屯門積日無迴飆，滄波不歸成踏潮」的講法，後來韓愈貶官到潮州時，也曾寫下「屯門雖云高，亦映波浪沒」之句。詳見李慶新，《海上絲綢之路》（香港：三聯，2017）。劉蜀永，《簡明香港史（第三版）》（香港：三聯，2016），頁 10。

52. 劉蜀永，《簡明香港史》，頁 11-12。蔡兆浚，〈古代香港的鹽〉，《香港地方志中心》，2021 年 4 月 8 日，https://shorturl.at/Lodsk。

    曹馥年，〈真的假的？香港原來是「香的」？〉，《報導者》，2019 年 9 月 29 日，https://www.twreporter.org/a/mini-reporter-the-origin-of-hongkongs-name。

53. 司馬遷所著的《史記》曾記載，「番禺亦其一都會也，珠璣、犀、瑇瑁、果布之湊」。《漢書·地理志下》也有曰：「粵地⋯⋯處近海，多犀、象、毒冒、珠璣、銀、銅、果、布之湊，中國往商賈者多取富焉。番禺，其一都會也。」

54. 全漢昇，〈宋代廣州的國內外貿易〉，《中央研究院歷史語言研究所集刊》1 卷（1939），頁 303-305。

55. 蕭國健，《石頭上的香港史》（香港：三聯，2022），頁 58-59。譚廣濂，〈香港地區作為宋朝沿海的交通要道〉，《海事處》，https://www.mardep.gov.hk/theme/port_hk/hk/p1ch1_4.html。

56. 印順，《中國禪宗史》（南昌：江西人民出版社，2007）。楊曾文，《宋元禪宗史》（南昌：江西人民出版社，2006）。

57. 姜允明，《陳白沙其人其學》（臺北：洪葉文化，2003）。

58. 陳秉安，《大逃港（增訂本）》（香港：中和出版，2016）。

59. 侯勵英、陳月媚、周佳榮著，《閱讀香港——新時代的文化穿梭》（香港：香港教育圖書公司，2007），頁 19-20。蔣英豪，〈黃遵憲〈香港感懷〉與王韜〈香港略論〉〉，《中國文化研究所學報》6 卷 1 期（1997），頁 583-592。

60. John Carroll, *A Concise History of Hong Kong* (Lanham, Maryland: Rowman & Littlefield Publishers, 2007).

61. 莊國土，〈論清代華僑與海外保皇派〉，《八桂僑刊》2 卷 6 期（2012），頁 6-10。

62. 周奕等編，《粵港工人大融合——省港大罷工九十週年回顧論文集》（香港：社會保障學會、香港工運史研究小組，2018）。

   梁寶龍，《爭尊嚴——香港海員大罷工史》（香港：香港社會保障學會、香港工運史研究小組，2018）。

   梁寶龍，《汗血維城——香港早期工人與工運》（香港：中華書局，2017）。

63. John Carroll, *A Concise History of Hong Kong*, p. 172.

64. 我只從六〇年代中的「爭取中文成為法定語文運動」作為起點，至今約莫六十年。詳看羅永生，〈冷戰中的解殖：香港「爭取中文成為法定語文運動」評析〉，《思想香港》6 卷 3 期（2015），頁 1-20。

65. 莊恭南，〈施永青、長毛、梁耀忠共事到決裂一切源於馬克思主義〉，《香港 01》，2018 年 12 月 29 日，https://www.hk01.com/article/275006?utm_source=01articlecopy&utm_medium=referral。

   劉璧嘉，〈衝擊「香港七〇年代」神話：火紅年代社會運動的思想、情感與組

織〉（桃園：國立中央大學碩士論文，2021 年）。

徐承恩，〈從精英民主到主權在民：香港戰後三代民主運動〉，臺灣新社會智庫，2022 年 4 月 11 日，https://shorturl.at/5R6YR

劉梅平，《中國托派黨史》（北京：新苗出版社，2005）。

66. 李雪莉、楊智強、陳怡靜、余志偉、陳朗熹、劉貳龍，《烈火黑潮：城市戰地裡的香港人》（臺北：左岸文化，2020）。

馬嶽，《反抗的共同體：二〇一九香港反送中運動》（臺北：左岸文化，2020）。

黎恩灝，《破解香港的威權法治：傘後與反送中以來的民主運動》（臺北：新銳文創，2021）。

林慕蓮著，廖珮杏譯，《香港不屈：不能被磨滅的城市》（臺北：八旗文化，2023）。

67. Gordon Mathews, *Ghetto at the Center of the World: Chungking Mansions, Hong Kong* (Chicago: University of Chicago Press, 2011).

Vivian Kong, *Multiracial Britishness: Global Networks in Hong Kong, 1910–45* (Cambridge: Cambridge University Press, 2023).

Ching Yau, *As Normal as Possible: Negotiating Sexuality and Gender in Mainland China and Hong Kong* (Hong Kong: University of Hong Kong Press, 2010).

68. 馮邦彥，《香港金融史 1841-2017》（香港：三聯，2017）。

劉詩平，《金融帝國──匯豐》（香港：三聯，2009）。

69. 例如傳統以來香港社會對南亞工人的鄙視，或者對於核心家庭和女性工作十分重要的南亞傭人的歧視性制度，詳見 Nicole Constable, *Maid to Order in Hong Kong: Stories of Migrant Workers* (Ithaca: Cornell University Press, 2007). 以及 Nicole Constable, *Born Out of Place: Migrant Mothers and the Politics of International Labor* (LA: University of California Press, 2014).

70. Immanuel Wallerstein, *World-Systems Analysis: An Introduction* (Duke University Press, 2004), p. 28.

71. 但本節並不意圖梳理整個華人離散史，這自然也不可能在短篇幅內展開。關於近年研究，可參看 Steven B. Miles, *Chinese Diasporas: A Social History of Global*

Migration (Cambridge: Cambridge University Press, 2020).

Chee-Beng Tan ed., *Routledge Handbook of the Chinese Diaspora* (London: Routledge, 2012).

John Fitzgerald and Hon-ming Yip, *Chinese Diaspora Charity and the Cantonese Pacific, 1850–1949* (Hong Kong: University of Hong Kong Press, 2020).

Elizabeth Sinn, *Pacific Crossing: California gold, Chinese migration, and the making of Hong Kong* (Hong Kong: Hong Kong University Press, 2013).

72. 梁啟智，〈兩年半內，逾 40 萬名香港居民經機場離港，對香港造成甚麼長遠影響？〉，《端傳媒》，2022 年 12 月 22 日。

李澄欣，〈香港人口：移民潮下，香港統計數止跌回升是否真是「吉祥之兆」〉，《BBC News 中文》，2023 年 8 月 23 日。

73. 〈移民潮來勢洶洶 一年移民人數超歷史高位〉，《看中國》，2021 年 8 月 27 日。

74. Billy Tony，〈香港戰後第二波移民潮〉，《CUP》，2021 年 11 月 3 日。

75. 徐承恩，〈香港的「原居民」是真的原居民嗎？〉，《關鍵評論網》，2019 年 7 月 24 日。

76. 唐君毅，《說中華民族之花果飄零》（臺北：三民，2004）。

77. 葉嘉瑩提到這首詩也可能由劉皂在唐朝貞元時代所寫，題為〈旅次朔方〉，詳見葉嘉瑩，《唐宋詞十七講》（北京：北京大學出版社，2017）。

78. John Carroll, *A Concise History of Hong Kong*.

79. Gordon Mathews, *Ghetto at the Center of the World: Chungking Mansions, Hong Kong* (Chicago: University of Chicago Press, 2011).

80. Yuk Wah Chan, *The Chinese/Vietnamese diaspora: revisiting the boat people* (London: Routledge, 2011).

81. 劉少風，〈印裔前線入獄受歧視 與其他非華裔抗爭者互相支持：別叫我「印度手足」〉，《自由亞洲電臺》，2021 年 7 月 16 日。

82. Stacey Tsui，〈從「蛹亞」到「東南亞巴打」：香港的示威行動如何將大眾與少數族群連結在一起〉，《New Bloom》，2019 年 12 月 6 日。

83. 孔誥烽著，程向剛譯，《邊際危城：資本、帝國與抵抗視野下的香港》（臺北：左岸文化，2022）。

84. 行星性（planetary）政治思想作為新的討論層次，是當前生態政治愈發普及的討論方向。這是由 William E. Connolly 所帶起的新思考方向，畢竟過去單純在國際政治下，只能以國家或者國際（international）來理解宏觀層面的互動與權力關係，但不能包含各種動植物和非有機條件進入政治思想之中，這正是行星性政治思想想點出的新生態思考方向。詳看 William E. Connolly, *Facing the Planetary: Entangled Humanism and the Politics of Swarming* (Durham, North Carolina: Duke University Press, 2017). 另參 Catherine Keller, *Political Theology of the Earth: Our Planetary Emergency and the Struggle for a New Public* (New York: Columbia University Press, 2018). Lorenzo Marsili, *Planetary Politics: A Manifesto* (Oxford: Polity, 2021).

人類世下的流離

山河破碎風飄絮，身世浮沉雨打萍

——文天祥

「幸福的家庭都是相似的，不幸的家庭各有各的不幸」，是俄國大文豪托爾斯泰在《安娜‧卡列尼娜》開首擲地有聲的警語。然而脫去以核心家庭為中心的小資世界觀，我們也可以改寫這句話：不幸的離散群體，各有各的不幸。

當下身處的時代，是離散者的時代，這既是基於命運的殘酷，也是因為技術的便利；既是時代的詛咒，也是奴隸掙脫枷鎖的新可能。

離散固然是巨大無比的存亡危機，但危機不僅是威脅著離散者的福祉和生存權利，更衝擊著所有人的生活。這既是來自政治經濟的帝國支配，使得許多地方動盪不安，無數人失去居所。單計二〇二三年年尾至今，從烏克蘭到巴勒斯坦[1]，還有也門（臺譯：葉門）、伊拉克[2]、蘇丹[3]、緬甸[4]或者納戈爾諾—卡拉巴赫（Nagorno-Karabakh）[5]，軍事衝突都是無日無之，成為通過再敘事挪用改造文化符號的有趣例子。雖然美國隊長和佩佩蛙只是文化符號，但其挪用時產生的意義差別，是不能獨立於敘述而存在的。因此美國隊長的符號能存在於香港社運現場並盛載其獨有意義，正是因為背後預設了某套新敘述來理解應用文化符號[6]。從污染到糧食短缺，從海平面上升到全球暖化，威脅著數以億計住在海邊的城市人，或者極端天氣對無數貧窮地方的破壞，勢必

將令世界人口在可見的將來出現大遷移[7]。根據《紐約時報》在二〇二四年二月的研究顯示，美國東岸的大片地區，包括近乎所有新英格蘭地區的大城市和紐約，全都在快速「沉進」大西洋的海底[8]。因此，未來數十年的颱風和水浸（編按：即淹水）情況不單肯定會愈來愈嚴重，富人區和窮人區的差異對待也必將激發巨大的社會衝突。

而在全球一體化、新自由主義所帶來的跨國貿易與商品生產消費系統，在一波波新冠肺炎疫症下遭受重創，還有全球民主的倒退、威權與帝國擴張日漸張狂，血腥戰爭更是此起彼落，還未算上人工智能對知識傳播跟生產工序自動化的衝擊等，以及方興未艾的區塊鏈跟加密貨幣發展。這些廿一世紀的新政治經濟條件，到今天恐怕仍遠未完全展露其深遠的影響。

面對新的政治危機，政治理論學者自然八仙過海，提出各種回應的可能。有些或會回到主權國家及跨國合作的理念當中，尋求共和與民主的浴火重生[9]、另一種則是從普世人權與全球主義（cosmopolitanism）的深化角度，重新活化人權和普世價值作為推動社會改革的能量[10]、還有生態社會主義（eco-socialism）也愈發興旺，結合資本主義批判和生態帝國主義分析，著作討論推陳出新[11]。但是，這些進路若不是從國家秩序和國際社會制度

的角度出發，便是從傳統階級視野下的政治經濟格局，在這些宏大敘事底下，離散群體都像是論說的他者，是格格不入的邊陲客體，在歷史的邊緣掙扎求存。

若戲仿解殖思想家斯皮瓦克（Gayatri Chakravorty Spivak）的詰問 [12]，我們不禁會問，離散者可以說話嗎？離散只能永遠被理解為帝國主權外的他者嗎？這些「沒有歷史的離散者」，終究要跟政治理論的敘事絕緣嗎？[13] 我們可以設想離散作為新的理論主體嗎？為何我們需要重思離散者作為新的政治主體，乃是因為這才能對應到當前面對的全球／在地處境，以及時代所賦予的殊別條件和潛力。而香港近幾年花果飄零的離散社群，正是我所思所想的時代條件之一。我們已被投擲在這際遇之中，再談主權在民已不可能重覆獨立建國的浪漫主義想像。只有更新我們的政治理論語言和視野，對應著當前的國際主義運動，香港才能持續貢獻下一輪世界政治革新和抗爭。

作為離散群體的成員之一，我不單認為離散能夠作為政治思想論述主體 [14]，且應視離散群體為未來政治經濟跟生態社會改革的重要國際主義力量。離散不僅不是主權秩序的遺民，反而因為其流動特質以及其闡發的無盡可能，使其成為直面資本主義世（capitalocene）年代的理想政治主體。

現代的全球化背景與環境變化，早已激烈地衝擊主流的主權世界秩序，而政治、經濟和環境因素下的離散大潮流，將如天水降下般帶來政治秩序的新可能。離散在今天之根本和革命性，並不單單因為香港人的四散，更是因為香港人的命運，恰好跟地球行星史，還有行星上無數人和非人的命運奇異地連在一起。因此這本拙作既是為香港與臺灣而寫，卻又不止如此。離散成為了新時代的標記，成了無數人的命運。要重新把離散的身份和位置政治化，必先把握離散社群作為政治現象，在當代政治經濟和生態危機的普遍性，以及其潛藏的歷史主體性。

一、香港新離散潮與國際連結

一如前章所述，香港作為移民城市，絕大多數人口都是由移民而來，尤其在上世紀改革開放前，從二戰到中國各種激烈政治運動，上百萬人千山萬水逃到香港，只求找到一處可安居樂業之地 [15]。同一時間，香港也成了無數人向外逃的出口，離散者雖來到小島避秦，但終究也得繼續向外逃。從一九九七到二〇一九年，我見證著兩波港人離散潮，又親身參與了其中一波。香港人一次又一次踏上未知的征途，在遠方重新書寫生命的新一頁。甚至很可能來不及道別，便得不知歸期地告別故土，在彼岸落魄地懷緬往日的點點滴滴。

二〇一九年以後的離散潮，想當然跟中國政府對於香港人政治運動的強烈反彈，連帶在行政律法上的打壓迫害有很大關係。香港過去（即八〇年代後）曾享有一定程度的自治，且港人在言論和示威集會自由上，一直都是東亞自由的燈塔，尤其對照著兩蔣時代的臺灣白色恐怖，英殖香港成了臺灣禁書和資訊的主要窗戶（現在輪到臺灣成為華文世界自由出版的橋頭堡）。[16] 支聯會每年在維園的六四集會，年年聚集數萬人高呼「結束一黨專政，建設民主中國」，更是言論自由的寒暑表。九七年前後的第一次大移民潮，幾十萬港人在回歸前幾年，紛紛移民外地避秦，無疑是對香港移交中國政府的信心問題上，用行動表達對香港前途的疑慮。雖然所謂高度自治的憲政承諾，早在一九九九年第一次出現香港終審庭裁決後，案件被人大釋法（全國人民代表大會常務委員會解釋特別行政區基本法）所推翻而受到嚴峻挑戰，但九七在某個程度上算是虛驚一場[17]。平常百姓更關心的是馬照跑，舞照跳，原有金融資本世界能否繼續運作下去。顯然，五〇年代上海被共產黨接管後出現的三反五反跟財產充公，暫時並未在香港重現，因此移民潮在金融風暴後漸行漸遠。

　　但這次是玩真了。二〇一九年的反送中運動，上百萬人一次次上街示威抗爭[18]。運動原則甚至突破自身地「和勇不分」，和平示威跟勇武抗爭互相支援；理念也從具體的修法疑慮，快速發

展憲政的意識上，主權在民和建立民主香港成為七一後，廣為流傳的五大訴求之一[19]。這標誌著香港政治運動的自我意識，擺脫過去單純要求港共政府履行不甚民主產生的《基本法》承諾，從根本重建在地的政治身份和秩序。如此革命性的時刻，自然不容於共產中國政權。

因此，政治運動受到暴力鎮壓，黑白兩道通力合作，七月廿一日新界黑幫在元朗和西鐵站內喊打喊殺，肆意攻擊途人乘客幾小時，友人何桂藍也在現場採訪中受傷。但原應阻止暴力發生的在場警察卻調頭離開，連警署也關起門來，報警熱線也沒有人接聽，彷彿進入了例外狀態[20]。法律打壓無日無之，數千志士仁人身陷圖圄。如今國安法繞過立場機制實施，四十七位參與史無前例民主派初選的政治人物和發起人如戴耀廷、區諾軒、黃之鋒、朱凱迪等，隨之被捕拘留三年多，只為了政府在仿西式法治的法庭表演中，上演一幕幕荒誕審訊劇[21]。還有《立場新聞》被控煽動顛覆國家，總編輯鍾沛權每天跟主控就著媒體責任和言論自由，在法庭上展開前所未見的媒體倫理大辯論[22]。當然還有《羊村》繪本被控發佈煽動刊物[23]，收藏繪本都成為顛覆國家的罪證[24]。如此種種，無不說明國家安全與國家意志如何成為香港的新枷鎖，無情地掃除一切有礙國家發展的「歷史沙石」[25]。沒有任何政治社會的前景，難怪數十萬港人連夜逃出「由亂入治」、

「由治及興」的新香港，以最誠實的雙腳，默然向全世界表現對新香港的絕望與惶恐 [26]。

然而，當社會運動和工會組織似乎在本地暫時偃旗息鼓，靜觀待變之時，海外的所謂國際線依然熾熱，這也是反送中運動相較過去香港民主運動的特別之處。所謂國際線，早從運動初期已見端倪。打從二〇一九年六月起，人稱「攬炒巴」的劉祖迪早在香港著名網上論壇「連登」號召文宣隊友，藉聯絡各地傳媒，以登報和文宣方式連結全世界同情和支持港人抗爭的友好，抗擊中共在全球勢力的擴張 [27]。

關於國際線，其中又以二〇一九年六月的 G20 會議前夕的全球登報最為矚目，領導組織者之一是郭鳳儀（Anna Kwok），即是如今香港民主委員會（Hong Kong Democracy Council, HKDC）的執行總監。她在 G20 舉行前夕，協助籌劃三次「全球登報眾籌計劃」，並著力統籌進行連串組織行動。[28] 最終成果刊登在世界各地的主要報章上，其中包括美國《紐約時報》、《華爾街日報》、日本《朝日新聞》、《產經新聞》、《讀賣新聞》、《奈良新聞》、法國《20 Minutes》、英國《衛報》等等 [29]。除了頭版登廣告之外，G20 抗議還包括全球港人在各地聲援組織抗議，體現全球港人同心同德的聲威 [30]。往後，全球港人社群組織紛紛

形成，在各地互助和組織起來，還有專門在華府遊說的 HKDC
（Hong Kong Democracy Council），每年舉辦聯合全美流散港
人組織的香港高峰會（Hong Kong Summit）之類。這些國際線
的面向和意義，早在我的前作中已有論及，不再贅述 [31]。

　　這次國際線之所以橫空出現，乃是因為不少抗爭者在反送中
運動初期已意識到，運動的成敗在於中共政權的取態甚至存亡。
但單憑港人自身的群體和力量，實在難以撼動擁有十三億人的政
治巨無霸。這超級大國一方面是基於人口基數龐大，從稅收財富
到天然資源，從解放軍力量到制度暴力，都能把香港輕易輾壓；
同時，受惠於改革開放和加入世界貿易組織，中國經濟和生產業
早已跟全球經濟連成一起，其經濟規模之大，在世界金融貿易體
系中可謂難以撼動，或曰「大到不能倒」（too big to fail）。著
名學者大衛・哈維（David Harvey）曾不止一次在講座課堂上提
及，2008 年的金融海嘯，歐美經濟劇烈崩潰後，居然奇蹟地快
速復甦。說到底便是因為有賴中國的強大資本和市場，拯救了全
球資本主義秩序 [32]。特別是當年時任中國總理溫家寶毅然推出五
萬億救市，在全球經濟低迷之時作為重要消費力量 [33]。即使如今
在早幾年飽歷中美貿易戰和疫情拖累，使得經濟體受到重大
打擊 [34]，但中國在二〇二二年的進出口總值仍高達接近四十二
萬億人民幣 [35]，國民生產總值達到十八萬億美元，高居全球第

二。[36] 在疫情完結後幾年，中國的消費市場和生產力開始復甦，在二〇二三年全球有超過 60％售出的電動車都是由中國生產[37]，2023 年中國的電子商貿總額達到三萬億美元，遠遠拋離第二位的美國[38]。

在這宏觀角度下，二〇一九年的香港反送中運動正正打開了全新的政治視野。過去許多人或許一心追求小資雙普選的實現，但如今滄海桑田，抗帝國意識成為港人普遍的政治共識。因此，如何廣泛串連帝國周邊的受壓迫群體，成為極為重要的國際連線。早在二〇一九年十二月，上千港人在運動中發起聲援維吾爾族人權集會，更邀得世界維吾爾代表大會主席多力坤・艾沙（Dolkun Isa）參與其中，藉此連結香港和新疆，同樣受中華帝國所打壓的受苦群眾。同時，在紐約或者臺灣等地的藏人、維吾爾族人和臺灣人等也連成一起，聲援香港的抗爭運動。許多來自「香港邊城青年」、「西藏臺灣人權連線」、「臺灣人權促進會」，還有「臺灣基督長老教會」等民間組織也動員起來，成為港人在海外的重要戰友[39]。

正如二〇一九年七月一號，一些示威者衝進香港立法會，在平日閒人免進的立法會大樓內噴上各樣口號或者字句，包括「太陽花學運」、「維吾爾族」等等[40]。這些口號象徵著一些參與者

很有意識地連結中華帝國周邊的被逼迫群體，共建底層的受苦共同體意識。事實上，在香港的社會運動脈絡下，這種跨地域和群體的串連並不算常見。若然撇開省港大罷工或者六七暴動等早期案例，回歸後較受矚目的，可能是陳巧文在二〇〇八年北京奧運期間，多次在香港揮動雪山獅子旗，象徵對西藏被中共打壓的聲援 [41]。但當時學運普遍沉寂，香港的社會運動也沒有因而對於疆藏等地有太大的反應。因此，二〇一九年社會運動的國際線作用之一，便是聯合其他國家地域的力量對中國進行制裁，藉以獲取更對等的對抗力量。這些行動不管效果有多大，但意義還是相當深遠，尤其意識到主權角力涉及到政治經濟的張力，且在地和跨國的抗爭是可以互相配搭，更重要的是跨地域的政治組織，由下而上的抗爭力量是能夠發揮積極且具影響力的作用。

這些都是運動所留下的寶貴經驗，也成為香港離散社群的重要身份記憶。

反帝國意識除了體現在國族間的支援外，還有著對於經濟殖民的覺醒上。新式帝國主義往往以主權國之名，擴張帝國空間和試圖宰制國際秩序。同時，經濟武器作為政治支配工具，也是帶有高度規訓性，如以禁運或關稅逼令別國服從。為了保持經濟增長，經濟殖民者也迫使其他地方只能擔當全球生產消費鏈的某個

位置，不然便得面對經濟甚至軍事的報復。很多相對發展甚至發達的亞非或者拉美地區，不僅本地經濟被掏空，土地和資源被掠奪，在全球分工下往往處於剩餘價值資金鏈的下游，勞工集中的原材料採集和加工工序只能為周邊國家賺取微薄的利潤。相反，大多數剩餘價值都由資金集中的金融中心所掠奪，因此財富分配想當然是極不平均 [42]。因此當經濟和政治力量緊密相連，反抗運動也必然需要串連著政治經濟的實踐，這也成為反送中運動之中，黃色經濟圈作為政治抗爭運動的重要視野之一。

二、帝國、民族國家與離散

宏觀地看，基於政治經濟原因的離散，是極為普遍的歷史現象，從千年以前的猶太人流散，到今天香港社群花果飄零，都是其中的云云例子之一。當國土淪喪，或是處於一國一民的想像之外，忽爾變成「非我族類」；當打壓和宰殺如暴風雨席捲而來，殺身成仁固然令人欽仰；但保命離鄉，留得青山在，也是無比困難的抉擇。畢竟「人離鄉賤」，離散者失去的是整個熟悉的生活世界，人脈和社會認受，來到陌生的異地重新開始。箇中的辛酸，自然不足為外人所道。但在現代的世界，受惠於技術的發展和政治經濟的大動盪，人類大遷徙以史無前例的規模發生，帶來一波又一波的衝擊。

在現代歷史，流亡與移民比起昔日更是平常和普遍得很，既有自願離家尋找新環境的，也有被逼流亡逃到新世界。按照學者的估算，單是從一八四○年到一九四○年，至少有五、六千萬人從歐洲遷移去美洲，其中有六、七成都是來美國，其餘的也有不少是前往加拿大、阿根廷、巴西等地[43]。這群移民或者流亡的龐大人群，其中有不少都是基於經濟原因而逃難離家，例如在十九世紀中，愛爾蘭爆發的大飢荒導致過百萬人死去。而在飢荒前後短短幾年間，便有一百三十萬愛爾蘭人逃到美加地區求存[44]。除了歐洲移民外，當然有不少都是來自非洲的奴隸，被賣到美洲一帶做苦工。按照學者 David Eltis 跟 David Richardson 製作的資料庫估算，單是從一七○○年到一八六六年間，接近一千萬非洲原住民被奴隸船運往美洲，最終有八百萬人抵得住艱辛的旅途，到達目的地[45]。

除了跨大西洋的人口流動之外，亞洲地區也有龐大的人口遷徙。在二戰前，印度已經有四百萬人移居去馬來西亞、八百萬人移居英屬錫蘭、一千五百萬人移居緬甸，還有起碼一百萬印度人移民非洲，其中許多印度人都是為了逃難被英國殖民的故土，希望在外地尋找新生活可能。同一時期，在清政府治下的廣東福建地區，也有許多人遠渡東南亞，希望逃離早已人口飽和的中國大陸，到南洋謀生。特別是清代中葉，太平天國起義導致全國動

盪，更引來一波波的逃難潮。

　　而在一戰前後，多達一千一百萬華人遷至當時所謂「三州府」的英國東南亞殖民地，包括新加坡、檳城和馬六甲等地。另有多達四百萬人前往泰國，二、三百萬人去法國印支（即今天的越南），接近一百萬人去菲律賓，幾十萬人前往澳洲、新西蘭（臺譯：紐西蘭）、夏威夷等地。同時，因為鐵路技術在十九世紀末開始傳播至東亞或者東北亞，不論俄國、日本或者大清都在東北亞地區修築鐵路，因此吸引了大批工人前往工作定居。因此，單是大清到民國時代，便有超過三千萬華人遷往滿州或者西伯利亞修建鐵路。除了大批華工之外，還有近二百萬韓國人和五十萬日本人一起在該地區謀生。同時，根據亞當·麥基奧恩（Adam McKeown, 1965-2017）的統計資料，在二十世紀三〇年代，超過一千三百萬俄國人自願或被逼前往西伯利亞開發，還有移居中亞等地區生活，參與大開發的移居殖民[46]。

　　二十世紀作為離散流亡的時代，並不是本人的一家之見。著名學者薩依德（Edward Said, 1935-2003）在著名文章〈反思流亡〉（Reflections on Exile）便曾下過類似的判斷[47]。而現代出現的普世離散，自然跟主權國家紛紛成形的潮流分割不開，也跟資本全球流動的物質條件，以至往後的「氣候難民問題」有著密不可分

的關係。離散不能缺乏相應的技術，而技術的高速發展是最顯然易見的。不論交通還是通訊，都在十九、二十世紀快速革新，鐵達尼號郵輪在二十世紀初，需要五日才能夠從英國抵達紐約，如今的飛機只需七至八小時；打電報的費時失事，哪能跟今天的互聯網相提並論。但現代速度的革新並非偶然，而是在主權國家與金融秩序的技術條件下才得以可能，特別是經過國家間的戰爭，新型技術在國家推進下快速打造出來，然後才普及至民間使用 [48]。

　　而國家作為主流政治形態的出現，有賴於傳統帝國的終結。過去在歐亞舊帝國林立下，沒有所謂單一國族的政治共同體想像，多民族一直共存在帝國領土之內，因為帝國下只有皇族和家臣，沒有國族作為國家的背書。只是共存不代表種族平等或者共融早已出現，這不過代表任何一族群都並非所謂國體而已，種族間的排斥和攻擊向來都存在，不論是猶太人還是吉普賽人（或稱為羅姆人）[49]，都是在歐亞地區長期被看作異類而受到普遍蔑視 [50]。莎士比亞筆下《威尼斯商人》（*The Merchant of Venice*）的猶太商人，即為整齣喜劇的悲劇角色。同樣地，在華南地區的蜑家人或者客家人，也是在中華帝國中被長期邊緣的群族，不斷陷入離散與失根的狀態，「土客衝突」在舊日明清時代更是時有發生 [51]，一如今天的本地人跟外省人的長期衝突 [52]。

但隨著技術增長和知識累積，中央集權的主權國家成為更理想的政治形態，尤其在戰爭，組織和稅收上比起傳統帝國明顯占優，從荷蘭英國的資本主導，新海洋殖民帝國，再到法國普魯士帝俄的官僚陸上國家，神聖羅馬帝國和梵蒂岡的時代已然過去，主權國度成為新式政治形態。有別於傳統的跨族群帝國，自法國大革命伊始，民族國家成為強而有力的新政治單位和組織秩序。而在單一國族的想像之中，誰屬於或者不屬於這國族之中，卻成為十九、二十世紀帶來數之不盡的政治悲劇和迫害，無數難民外逃的源頭。

　　納粹殘酷對付猶太人，作為生命政治的國家種族主義，絕不是歷史特例。早在十九世紀八〇年代，沙皇時代的俄國在亞歷山大二世被刺殺後，繼承者趁機有系統地迫害境內數百萬猶太人，藉以保護俄國的安全，稱作「反猶騷亂」（Pogrom），導致上十萬人喪生。因此，上百萬難民湧向歐美國家如美國、英國、荷蘭、法國、德國等地尋求庇護。蘇聯在十月革命後沒有消除對猶太人的仇視，而英美卻在一戰時收緊入境限制，因此大多數難民滯留在德法，這使得西歐各地催生反猶情緒，本地和移民產生激烈衝突[53]。相似的故事在諸多不同民族發明與形成過程都有發生，帶來數之不盡的鬥爭或者悲劇。

單論二十世紀上半葉，國族邊界的爭論帶來的便是一次次種族屠殺與逼迫。例如鄂圖曼帝國在二十世紀初便曾迫使境內居住了上千年，篤信耶教的阿美尼亞族群（Armenia）離開土耳其高原，以免影響土耳其的伊斯蘭教化，最終估計軍方驅逐了過百萬阿美尼亞人去敘利亞沙漠，且導致六十萬人死於沙漠之中。另外，自從一九四八年從英國獨立後，民族國家化的印度出現大內鬥，結果以印度教為尊的印度要跟伊斯蘭教的巴基斯坦分家，許多信奉某宗教的印度人，逼著要因為其信仰而遷到陌生國度，不然便會成為襲擊的對象。據估計，在這把國家一分為二的過程中，至少導致差不多二千萬人大流徙，且造成過百萬人傷亡的國內外衝突殺戮[54]。

以色列的表面猶太復國，實為定居殖民主義（settler colonialism）的操作下，使得原來的約旦河兩岸地區，從三〇年代起至少驅使差不多八十萬阿拉伯人流亡外地。而在留下來的過百萬人口中，其中有近三、四十萬住在約旦河西岸的巴勒斯坦人，在以色列的隔離政策中成為被受壓迫的二等居民。至於在西岸的巴勒斯坦人，同樣免不了顛沛流離。一九八二年以色列入侵黎巴嫩，上十萬巴勒斯坦人頓成難民。到了九〇年代初的波斯灣戰爭，也有四十幾萬巴勒斯坦人被驅逐離去，他們有許多都不得不離開約旦地區，轉往歐洲、美加、南美等地找尋穩定的

生活[55]。如今在二○二四年的新一輪以色列入侵加沙的戰事中，使得近二百萬巴勒斯坦被逼逃亡求存，產生巨大的人道危機[56]。

　　除了定居殖民或者主權國民族對外族之排斥外，跨國戰爭或者內戰想當然也是主要的難民離散原因。以香港人較熟悉的越南船民為例，在越戰後期的一九七五年，南越首都西貢被北越攻陷，南越隨之掀起逃難潮，一百四十萬人分別在三波逃亡潮之中離開故土。而在一九七五年至一九七九年的第一波，至少有七十萬越南船民來到香港、馬來西亞、泰國、印尼等地的難民營，等待前往西方社會。香港導演許鞍華的電影《胡越的故事》，講述的正是這段往事。後來在八○年代的第二波，除了越南船民中，還包括逃出赤化柬埔寨和老撾（臺譯：寮國）的東南亞難民[57]。

　　另外放眼世界其他地區，敘利亞內戰使得一百五十萬敘利亞難民，被逼來到伊拉克難民營避難[58]。也門的長期內戰，導致四百萬人逃離家園，但同時也門境內也有超過十三萬索馬利的難民暫居[59]。中非共和國也以貧困和衝突見稱，自二○一三年內亂以來，已經有六十萬人逃出國外，同時有六十萬人在國內無家可歸，估計歷年來至少有差不多二百萬中非人成為難民[60]。中美洲的薩爾瓦多、危地馬拉跟洪都拉斯，素來都是軍閥毒梟內戰不斷的大戰場，五十幾萬名難民長期在異地尋求庇護，而鄰近的尼加

拉瓜也在 2018 年爆發內亂，上十萬人逃出家園。

　　當然，論及近年的戰爭，還不得不提俄羅斯入侵克里米亞與烏克蘭的歐洲戰爭[61]。自二〇二二年普京大軍大舉入侵烏克蘭以來，至少有八百萬人逃出國土，其中至少有一百五十萬人在北約成員國波蘭受到保護[62]，他們能否在短期內回國，恐怕仍是成疑。有趣的是，儘管十年前俄羅斯曾入侵格魯吉亞（Georgia），但烏克蘭戰爭爆發後，許多不願在普京被強制徵召參軍的俄羅斯人紛紛逃難，其中許多選擇來到格魯吉亞。因此在戰爭爆發後，格魯吉亞每天接收起碼一萬名俄羅斯難民，這使得格魯吉亞內充滿爭議和不滿，當地居民都在憂慮應如何處理這龐大的俄羅斯難民人口[63]。

　　戰爭是如此的無處不在，甚至令人錯覺東亞的君臨天下，已是極端時代的「小確幸樂土」。中國當前的帝國化力量外溢，早已致使中印邊境衝突日增[64]；南海地區更是多番擦槍走火，一邊在南沙群島建島造基地，再以此為邊界，與菲律賓、越南等國的軍民衝突不斷[65]；臺海之間，更是隨著民進黨歷史性第三度獲得總統寶座而變得劍拔弩張[66]。而無兵無權的香港，更是直面中國共產黨的集權高壓之勢，不單在過去幾年強力鎮壓香港民主運動和公民社會，甚至不惜以留島不留人的原則，大幅引入外來人口

擔任各個工作崗位，以某種「內部殖民」的方式輾壓一切有害民族大義的異見者或者港英餘孽 [67]，一如它在新疆或西藏的殖民操作 [68]。因此在巨大政治壓力下，自然使許多人離鄉背井尋求更好的生活，帶來無數的離散者在世間飄泊。

三、人類世與新難民

從主權國家的出現到帝國秩序的重塑，不僅帶來翻天覆地的政治經濟發展，更是氣候的劇烈變遷。除了馬克思單純視國家作為商品交換與資本累積邏輯下的上層秩序，我也受波蘭尼（Karl Polanyi, 1886-1964）影響，認為現代主權國家通過中央集結的巨大力量，建立和維護著勞工市場，商品市場跟貨幣交易平臺，使得所謂現代資本主義市場得以可能 [69]。只是在波蘭尼的政經分析框架下，國家是先於資本市場而出現，且作為後者的必要條件而存在。但我傾向認為市場本身不純是國家之產物，千百年來都已存在 [70]。只是跟市場相關的貨幣、法規、擁有權、融資保險之類，都是跟國家有密切關係。

基於國際市場和相關產權的法制保障，跨國企業跟全球資本流動和分工以史無前例的速度高速發展。戰後的歐美社會，受惠於布蘭頓森林（Bretton Woods）的貨幣協議，新式金本位體系

穩定著全球匯率和貿易，同時美國在歐洲日本大撒信用資本，馬歇爾計劃促使其經濟快速復甦，這一來是為了頂著共產意識形態跟國內工人運動的壓力，同時也是為了使美國不致生產過盛，使得已發展地區有足夠能力消費美國的商品，最終能維護著某種以私有產權與資本累積為中心的資本主義全球體系。

而在這政經新體系中，推動資本流動的動力從生產主導走向消費主導，通過政府派發消費券，私人信用卡大行其道，金融市場愈發興旺，買樓買車可以分期付款，還有急劇發展的廣告和市場化，使得更多人能夠進行消費各種商品，甚至是購買奢侈品或者出國旅遊都不再是有錢人的玩意，透支性消費成為新全民運動，帶來極之榮景的中產世界，由商品和符號打造出來的景觀世界（Society of the Spectacle）[71]，一個沒有甚麼不能購買的萬紫千紅花花世界。因此，次按（subprime）資產市場不過是透支消費推動經濟的其中一個泡沫，一個歷史風暴下的廢墟罷了。或者，NFT 都會是下一個廢墟。

從生態資本主義的角度看，自早期的帝國主義發展，即是掠奪新世界的土地、自然資源和人力來滿足其擴張之需要，使得更多的人和物能夠被帝國所掠奪，更多的價值得以被帝國經濟體所吸納。例如西班牙在美洲掠奪金、銀，荷蘭、葡萄牙在東南亞爭奪香料

生產，英美在太平洋地區搶奪海鳥糞（guano），都是生態帝國主義的重要一筆[72]。例如當年西班牙政府為了能提高歐洲本地的農業生產效率，便派軍爭奪太平洋地區的海鳥糞島，甚至為此與南美洲的秘魯、智利等國家開戰，史稱「欽查群島戰爭」（Chincha Islands War）[73]。另一方面，為了能夠動員大批工人去海鳥糞島開發海鳥糞，英國當時也輸入了大量來自中國的苦力（粵語稱作「咕喱」）來做這些危險的工作，為的是使歐洲強國能夠掠奪當地的生態資源[74]。這些例子，正是生態帝國主義所製造的云云哀歌之一。

在當代的消費社會下，追求無止境的經濟增長，用完即棄的方便文化，不斷追逐推陳出新的商品，帶來的必然是巨量的能源消耗，人類高度開採各種化石燃料和自然資源，使得碳循環或者氮循環受到嚴重破壞，物種大規模滅絕，大氣溫室氣體濃度也達到百萬年來的新高。溫室效應與極端天氣，都快要成為我們的日常[75]。

但是，自然生態的極端變化，並不是同等地影響著全球每一個人。以海水上升為例，當溫室效應帶來冰川融化或者永凍層融冰，使得全球海平面快速上升。海水上升，想當然使得島嶼或者沿海地區更容易水浸或者海水倒灌，更嚴重的是海水滲入淡水資源造成缺少可飲用食水，污染農耕用地也會使糧食供應減少。因

此，低海拔地區將需要花巨量金錢阻擋海水湧入，不然全城都將被海水淹沒。島嶼小國更是面臨沒頂的威脅，需要舉國遷徙流亡來求生[76]。顯然，溫室效應主要源於已發達地區長期排放溫室氣體，用作生產能源或者商品支撐巨大的消費需要。相反，另一些地方如格陵蘭卻因為融冰而增加土地，特別是原來遭厚冰覆蓋的礦物與原油資源，因為冰川融化而變得可以開發。這催生起格陵蘭獨立運動，獨立支持者認為全球暖化將有助格陵蘭建立自足經濟，能夠擺脫丹麥成為一獨立國家[77]。

　　發達地區通過長時間的生態經濟掠奪，累積起驚人的財富，自然可花費更多開支來防風暴防水患。因此在發達地區生活的居民，相對不那麼受氣候轉變影響。如美國紐約面對海水上升的威脅下，曼哈頓水浸愈發平常。美國大學教授 Jason Barr 提議可轉危為機，在曼哈頓南面大量填海，抬高曼哈頓周邊土地高度來阻擋海水湧入，同時能新增大量土地解決住屋生活所需[78]。海水上升，可能成為紐約擴張與增加土地價格的新可能。

　　然而，比起紐約的情況，論全球最受海水影響的人口，有近八千五百萬人都生活在中國。在這八千萬人中又以廣東、福建、蘇杭等富裕地方為主，因此比起印度的二千八百萬人或者印尼的二千三百萬即將受海水上升威脅的人而言，相對影響會較小[79]。

但即使如此，中國大陸近年仍然受到旱災洪災的重創，作為全球最大的小麥生產國，二〇一〇年也因為旱災而不得不向全球購買小麥，令世界小麥價格急升，甚至引致埃及的麵包暴動 [80]。

因此，相比起帝國中心的豐富資源，其他周邊地區並沒有同樣的福份。在全球分工的關係網上，貧困的地方往往落到被剝削的位置上，微薄的收益自然難以支持龐大的水利防洪工程。例如海水暖化和上升令風暴的破壞力大增，這使得沿海的貧窮國家孟加拉不斷受到風災重創，難以生活的環境使得接近一千五萬孟加拉人移居到印度，希望能在更適宜的環境生活。這大批孟加拉人移民，自然又一次帶來印度國內的大動亂，許多流血衝突由此而生 [81]。但印度也不一定是落腳好地方，如今極端天氣使得印度地區的熱浪不斷刷新歷史紀錄，天氣極端炎熱不單有礙健康，也必然使得農業收成更加失收，也令糧食供應更加緊張 [82]。

另一方面，島國受海水上升的影響自然更加嚴峻。太平洋島國圖瓦盧（Tuvalu），是全球最低度開發的地方之一。全島有過萬居民，世代生活在此。但如今潮漲時海水已湧入大半島嶼地表上，圖瓦盧居民基於生活環境日益困難，甚至生命受威脅，不得不計劃要大規模移居去環境較好的地方生活。除了圖瓦盧，還有斐濟、馬爾代夫、所羅門群島等，都是面臨全島被海水吞噬的下場。這

些都是氣候難民（climate refugee）的論述對象之一[83]。一如過去常用的「環境難民」（environmental refugee）[84]，都是指基於直接或間接的氣候因素影響，因而逼著逃難到他鄉維生的人口流動。

事實上，早在一九九〇年聯合國發展報告已經預見到，即將來臨的氣候劇變和各種極端環境改變，帶來海岸侵蝕、長期水浸泛濫、農作物失收等問題，將會導致數以百萬計的新全球人口流動，進而製造更多的政治社會衝突[85]。若然沿海地區被淹浸仍然算是局部性的影響，那麼極端天氣對食物生產的威脅，恐怕是更為嚴重，也將是未來大多數人逃難的主因之一[86]。根據聯合國糧農組織（FAO）的報告顯示，糧食供應的增長遠遠追不上人口的增加，因此在二〇二一年，估計有七至八億人營養不足或者不足溫飽[87]。以水稻為例，全球八成多的水稻都是產自東南亞，其中又以泰國越南為主，湄公河三角州是全球稻米主要供應地之一，當地八成人都是從事稻米種植，而湄公河如今也直接受到海水上升和下雨量不足所困，學者估算到了二〇五〇年，即使人口依然持續上升，但全球稻米生產量會下降 15%，這使得售價將會攀升 37%，更多人將會無法負擔食米的日子[88]。因此，可以預見這將引發新一波移民潮，希冀移居發達地區來改變命運。

只是氣候難民（climate refugee）的論述，雖然貌似是由大

自然造成，但終究很難跟政治經濟難民劃分得清[89]。這既是因為氣候改變同樣會影響到不同地區的政治經濟與社會狀況，如食水或糧食供應價格；另一方面，氣候環境改變也不如人類世的科學論述般，是人類整體的業力[90]。發達地區過去不負責任的經濟技術發展，對第三世界肆意支配的污染[91]，還有面對極端氣候時的資金資源的不平均之類，都使得氣候災難跟帝國政經體系無法分割。

環境的支配結構，往往通過內部或跨國帝國方式來維持下去。通過空間的區分，如同帝國的中心邊陲，生產污染者和處理污染的生態代價分配非常不均。不管是五〇年代倫敦大毒霧[92]，還是二〇〇八奧運前的北京空氣污染[93]，污染作為生態暴力是顯然易見。但即使富裕社會，處理污染的辦法很多時只是將工廠或者高污染廢物處理，搬到清貧和有色種族的地區，令這些沒有競爭力的區域承受巨量的污染影響，但同時無法得到好的經濟或者生活回報。美國密西西比河岸變成癌症走廊（cancer alley），正是因為這些黑人聚居的地區成為國家工業遷移的目的地，令人口較富裕的東西岸居民可以享受較好的環境，同時不用犧牲消費的便利和低廉價錢。這國家內部的生態殖民宰制，在全球北方是屢見不鮮。

除了內部殖民，跨國生態殖民更是普遍得很。太平洋島國斐濟近年一直受塑膠垃圾困擾，成千上萬的塑膠垃圾隨水流飄動，最終來到太平洋的中心小島。可想而知，絕大多數的塑膠垃圾都不是由斐濟國民生產或者使用，而是全球各地的塑膠消費者用過這些無法短時間降解的塑膠後帶來的後果。這不一定是因為消費者隨意扔棄垃圾到海上，即使是妥善地放到垃圾桶，堆填區或者垃圾處理場的塑膠仍然會吹到或沖到海上，帶來污染。而沒有辦法處理塑膠垃圾的貧窮國家如斐濟，只好用焚燒的方式來清除垃圾。但讀者或早已曉得，燃燒塑膠垃圾是會產生高度致癌物如二噁英，這是屬於高度污染且難以清理的化學物。科學研究已證明吸入二噁英會帶來生育和免疫力問題，且高度致癌。只是在發達國家，塑膠的消費和生產仍遠遠未有減慢，只是處理或丟棄的塑膠垃圾的目的地都是在地平線以外的全球南方，受害的往往是這些小國寡民，無怪乎 Max Liboiron 會以「污染即殖民」（pollution is colonialism）來理解這生態宰制的關係。

　　這種全球北方和南方的差異對待，代表著環境和經濟代價分配變得完全不公平。當發達地區的都市從事金融和投機買賣，或者在資本集中位置的既得利益者能夠享受到全球貿易帶來的巨量財富和優良生活環境時，污染和低收入卻是由其他邊陲地區的工人和民眾承擔，不管是在國內還是在全球南方的發展中地區[94]。

這種不起眼的「慢性暴力」[95]，也是使得無數人離鄉背井，在其他地區尤其是全球北方找尋更好的生活條件和環境。離散者既是生態帝國主義的產物，也必將成為它的掘墓人。

四、難民，或是歷史的新主人

上述對於現代難民與流亡潮的歷史描述，一方面接上香港的離散故事，說明了香港人所面對的，也是世界無數人的命運，彼此無疑是捆綁在一起。這是流亡遷移的時代，香港群體不過趕上了現代性新一班列車，加入跨地域命運共同體而已。另一方面，若然十九、二十世紀的難民潮或者龐大流亡人口，跟主權民族想像和新帝國主義的興起有著密切關係，則香港不免也扮演著諸多不同的角色，其政治文化邊界也隨著角色差異而不斷變改。

香港既曾長期扮演帝國的遠東前哨，協助帝國勢力在東亞一帶壓制其他政治力量；而在戰後經濟轉型中，則化身成金融資本主義的溫床，為諸多宰制性跨國企業提供融資甚至避稅的碼頭，也使得全球資本能夠通過香港支配更多邊陲資產或者人力[96]。但同時，位處南中國邊緣的香港長期作為運輸要衝，加上英國政府著力打造的中立港角色，使得香港又成為許多逃難流亡者的當然之選。從清末搞革命的興中會等人如孫文、陳少白、楊鶴齡、尤

列、陸皓東，到香港輔仁文社的楊衢雲之類，他們都是主要在香港成立和活動[97]。二十世紀中國大陸過百萬避秦南逃的人潮，更是形成香港戰後的主要人口。諸如錢穆、唐君毅、牟宗三、徐復觀等哲人，或者金庸、倪匡、西西、劉以鬯等文人，無不是在一波波南來逃難潮中來到香港。

除了中港人口遷移，世界各地來港避難的也是數之不盡，如越戰時來港避難的越南難民便多達廿三萬人[98]。若果越戰也聽起來有點遠久，那麼不妨看看二〇一四年，前中情局特約職員史諾登（Edward Snowden）不惜逃亡香港，在尖沙咀美麗華酒店向全球披露美國的監聽網絡[99]。而他的律師及後把他藏於難民的家中，直至離開香港。至今，仍然有約萬五名正在申請難民資格的人滯留在香港，因為香港名義上的特別行政區和前殖民地身份，使許多人仍認定香港是他們開往自由世界的中途站[100]。至於當年招待史諾登的，來自斯里蘭卡的難民家庭，最終能獲得加拿大的難民身份，得以在北美重新生活[101]。

只是把時鐘撥至二〇二三年，香港數十萬離散海外的社群已成事實，其中既有流亡逃難的，也有移民與工作留學的。只是若癡心錯付學院知識生產系統，會汲汲理解當前香港離散與政治處境，則未免過於天真。畢竟在學院持續再生產的政治哲學，不過

是美國分配公義（distributive justice）討論的西學東漸，即使是在地的左翼批判理論傳統，仍缺乏針對帝國、離散與生態的理論資源，學院左翼再次在政治條件高速變化下失語，政治概念無法對應現有的新社會政治關係。

　　而在所謂政治哲學的知識生產中心，移民與入境的倫理問題也不過是新興的領域。一些政治思想學者如約瑟夫·卡倫斯（Joseph Carens, 1945- ），希望從邊界倫理角度探討移民限制的公義問題，人口流動與人口接收是否有利害以上的倫理責任[102]。其出發點是左傾的，但不免仍落入分析政哲的終極假定，視國家作為政治的必然實踐單位，因此民主僅能從一國之民去思索難民與遷移的問題。另一學者 Ashwini Vasanthakumar 比起 Seyla Benhabib 更進一步，不再只從鄂蘭的「擁有權利之權利」（the right to have rights）概念講述離散者困境，更意圖從國際法和地緣政治層面出發，為離散群體證成主體性，以及在國際社會的重要角色[103]。流亡政治（exile politics）也不僅不應理解為是接收難民國家的無償道義，反而在外地的流亡群體可以倒過來影響母國政治，修正其不義的體制和秩序。同時，流亡政治也是作為由下而上的分權組織，在國際主體秩序上能夠作為「替代的權力單位」，使得權力和資源不致徹底被主權國家官僚體制所主宰和壟斷[104]。只是對她而言，離散主體之於國際社會，更多是為了修復

和強化當前的主權秩序，離散群體自身所盛載的進步批判政治想像卻隱然不見，甚為可惜。

　　對比起國家的改革和民族國家的存亡，她認為流散群體本身的政治形態是次要的，其存在的道德價值乃服務於既有的主權國家秩序，宛如保險絲般確保主權秩序體系得以持續暢順地運作，因為只有在國家領土之內，權利和自由也得到實然的保障。Vasanthakumar 大概也會認為國家體系是政治的終極秩序，而流亡政治的作用只是為了使前者帶有由下而上的自我修復機制，在跨地域的連結中施壓和改善母國的政策或制度。結果，流散群體的主體性僅在於認可並強化既有的主權秩序，即便主權體系深受帝國和資本的跨國力量所支配，經濟力量不對等帶來政治自主的真空，主權在民與命運自主形同虛設 [105]。這理解無疑是重覆著國家主義的調子，但撥出了空位來收容難民群體，使之可以扮演其輔助的位置。

　　接回上述氣候難民的討論。氣候難民作為典型的受害者代表，一如其他對難民的論述，很符合許多左傾學者對於再現單向支配世界的簡化圖像，通過描繪難民作為貼近自然的原始純潔一方，在人類世的災難下無力回天，等待拯救的他者，藉以重複與強化現代性主權秩序的世界視野，無視了他者自身的主體性，以至

於超越主權秩序的革命性和可能性。前述的太平洋島國圖瓦盧正是如此，它不時成為許多環保份子講述島國沉沒的悲慘故事主角，藉此控訴西方社會對生態破壞的冷漠，對世界落後地區亦缺乏責任。

事實上，圖瓦盧一直抗拒擔當樣版般的受害者，正如他們很有意識地抗拒「氣候難民」的標籤，因為這不過是使他們在主權世界變成二等公民，失去土地和公民的權利。圖瓦盧的歷史中，舉國遷島是常有之事，也是他們與自然互動與適應的方式，因為在他們的世界觀中，不是孤島的土地才是生活和經濟的世界，中間串連的海洋也是其中的部份，因此這島沒了，遷往那島，整個連結的脈絡仍然都在[106]。借用 Jonathan Pugh 跟 David Chandler 在《人類世之島嶼》（*Anthropocene Islands: Entangled Worlds*）的分類，這可算是某種群島思考方式（archipelagic thinking），而不是大陸思考方式[107]。連結和適應，成為他們生活和實踐的價值中心，這正是氣候難民的單向度平面形象所缺欠的主體性，對於普遍視難民為任何政治行動力的他者想像，作出最有力的回應。

但若然主體性的討論是指向歷史的主體，其中反思政治行動在於把握當下既有的技術和條件下，重新思索政治組織和群體自主的身份和方式，以至形成新政治形態的可能，那麼 Vasanthakumar 所言的流亡政治主體性無疑是保守的。我不敢說

這是來自某種新康德主義的國家秩序幽靈在文本中飄盪，但我想她的預設原則，大概是基於自由主義框架下的必然結論。借用左翼的政治經濟框架，追求的一地一民的主權國家體系有利市場全球化，還有保衛跨國剝削的帝國支配網絡，那麼壓迫者一方往往都是跨國家的連結，像是葛蘭西所言，「工業家之間為了利益，為了政治和經濟壓力而爭得你死我活，但當面對無產階級時，卻又會團結成為一大鐵塊。[108]」

　　從政治到經濟，從氣候到糧食，離散時代是無數人的哀歌，被逼踏上無盡旅途，在他方尋求更好的生活可能。香港的富裕，或可買一時的平安，但政治經濟壓迫卻又使我們跳上離散時代的火車上。要是希望有力改變歷史軌跡，擁有撼動天地的力量，流亡政治所需要的是超越主權國家的團結互助和主體意識。

　　對於甚麼群體如何自主要有著全新的理解和實踐，才有可能在第四波工業革命和人類世的挑戰下，重新詢喚為歷史的主人，這正是拙作的提問。簡單的說，我們需要把流亡離散史連結上國際主義的抗爭史上，重新確立離散群體的政治意識，對於身處政治經濟體系加以批判，在主體形成的過程中賦予流亡者、主權、自主等政治概念全新的意義。這正是我們必須走的路。

第二章　人類世下的流離

1.　Liron Mor, *Conflicts: the poetics and politics of Palestine-Israel* (New York: Fordham University Press, 2023).

Serhii Plokhy, *The Russo-Ukrainian War: The Return of History* (London: W. W. Norton & Company, 2023).

Christopher Miller, *The War Came To Us: Life and Death in Ukraine* (Oxford: Bloomsbury Continuum, 2023).

2.　Idrees Ali, Phil Stewart & Timour Azhari, "U.S. forces carry out series of strikes against Iran-backed militia in Iraq," *Reuters*, Nov 21, 2023.

3.　Nafisa Eltahir, "Millions of Sudanese go hungry as war disrupts food supply," *Reuters*, March 6, 2024.

4.　Rebecca Tan, Yan Naing & Andrew Nachemson, "Rebel offensive taking toll on Myanmar military's cohesion, soldiers say," *The Washington Post*, Feb 14, 2024.

5.　龔珏，〈亞美尼亞飛地「滅國」，居民出逃，南高加索局勢發生哪些變化〉，《端傳媒》，2023 年 10 月 2 日。

6.　Mark Fisher, *Capitalist Realism: Is There No Alternative?* (London: Zero books, 2022).

Benjamin Noys, *Malign Velocities: Accelerationism and Capitalism* (London: Zero Books, 2014).

7.　Mira Rojanasakul, "New Data Details the Risk of Sea-Level Rise for U.S. Coastal Cities," *New York Times*, Mar. 6, 2024.

8.　Mira Rojanasakul & Marco Hernandez, "The East Coast Is Sinking," *New York Times*, Feb. 13, 2024.

9.　Camila Vergara, *Systemic Corruption: Constitutional Ideas for an Anti-Oligarchic Republic* (New Jersey: Princeton University Press, 2022).

Philip Pettit, *Republicanism: A Theory of Freedom and Government* (Oxford: Oxford University Press, 1999).

Philip Pettit, *The State* (New Jersey: Princeton University Press, 2023).

Quentin Skinner, *Liberty before Liberalism* (Cambridge: Cambridge University Press, 2012).

10.　Kwame Anthony Appiah, *Cosmopolitanism: Ethics in a World of Strangers* (New York: W. W. Norton & Company, 2010).

Seyla Benhabib, *Another Cosmopolitanism* (Oxford: Oxford University Press, 2006).

David Held, *Cosmopolitanism: Ideals and Realities* (Oxford: Polity, 2010).

Samuel Moyn, *Not Enough: Human Rights in an Unequal World* (Cambridge: Belknap Press, 2018).

Thomas Pogge, *World Poverty and Human Rights* (Oxford: Polity, 2007).

曾瑞明,《參與對等與全球正義》(臺北:聯經,2014)。只是近年開始受到諸多質疑,詳看 Martha Nussbaum, *The cosmopolitan tradition: a noble but flawed ideal* (Cambridge: Harvard University Press, 2019) 及 Étienne Balibar, *Secularism and Cosmopolitanism. Critical Hypotheses on Religion and Politics* (New York: Columbia University Press, 2018).

11.　John Bellamy Foster, *Capitalism in the Anthropocene: Ecological Ruin or Ecological Revolution* (New York: Monthly Review Press, 2022).

Nancy Fraser, *Cannibal Capitalism: How our System is Devouring Democracy, Care, and the Planetand What We Can Do About It* (London: Verso, 2022).

Michael Löwy, *Ecosocialism: A Radical Alternative to Capitalist Catastrophe* (New York: Haymarket Books, 2015).

Kohei Saito, *Karl Marx's Ecosocialism: Capital, Nature, and the Unfinished Critique of Political Economy (New York: Monthly Review Press, 2017).*

12.　Gayatri Chakravorty Spivak, "Can the subaltern speak?", in *Marxism and the Interpretation of Culture*, eds. C. Nelson & L. Grossberg (London: Macmillan, 1988), pp. 271-313.

13.　戲仿了 Eric R. Wolf 的名作標題,詳見 Eric R. Wolf, *Europe and the People Without History* (LA: University of California Press, 2010).

14. Ashwini Vasanthakumar, *The Ethics of Exile: A Political Theory of Diaspora* (Oxford: Oxford University Press, 2021).

   Mira L. Siegelberg, *Statelessness: A Modern History* (Cambridge: Harvard University Press, 2020).

15. 陳秉安，《大逃港》（廣州：廣東人民出版社，2016）。

16. 余杰，〈大陸信息封鎖下的香港禁書出版黑與白〉，《獨立中文筆會》，2016年2月29日。

17. 戴耀廷，《法治心：超越法律條文與制度的價值》（香港：香港教育圖書公司，2010），頁161-170。

18. 黃禹禛，〈香港反送中大事記：一張圖看香港人怒吼的285天〉，《報導者》，2019年11月25日。

19. 李宇森，〈光復甚麼，為何革命：香港反送中運動的政治理念芻議〉，《燃燈者》，2019年8月13日。李宇森，《主權在民論》（香港：蜂鳥出版，2021）。

20. 柳俊江，《元朗黑夜》。

21. Tiffany May，〈關於「香港47人案」，你應該了解的〉，《紐約時報中文版》，2023年2月7日。

   〈香港國安法最大案件：民主派47人初選案開審 多數被告已「未審先囚」兩年〉，《BBC News 中文》，2023年2月6日。

   無住，〈香港47人案評論：基本法「違反」國安法？人民權力不會因憲政建立而消失〉，《端傳媒》，2024年6月7日。

22. 李慧筠、郭梓謙、曹德熙，〈立場新聞案庭審：36天作供，17篇文章，一場煽動定義和媒體責任的爭論〉，《端傳媒》，2023年4月7日。

23. 〈羊村繪本案：香港國安法官以發佈煽動刊物罪判處五工會領袖各囚19個月〉，《BBC News 中文》，2022年9月10日。

24. 麥燕庭，〈升級：兩男收「羊村」繪本被捕 香港國安指涉煽動 評論指徒添市民不安〉，《rfi》，2023年3月15日。

25. 鄭漢良，〈香港教育高官涉為六四粉飾指只是歷史的小沙石〉，《rfi》，2011年6月7日。

26. 陳端洪，〈由治及興的邏輯〉，《香港 01》，2023 年 12 月 7 日。

27. 〈黎智英案第 47 日審訊｜李宇軒：為登廣告成立「重光團隊」、「攬炒巴」角色重大〉，《法庭線》，2024 年 3 月 18 日。

28. 胡凱文，〈郭鳳儀公開匿名眾籌登報經歷 擬政庇留美延續抗爭星火〉，《自由亞洲電臺》，2022 年 5 月 9 日。

29. 〈「連登」網民擬將「反送中」推上 G20 峰會，眾籌登報數小時達標〉，《端傳媒》，2019 年 6 月 25 日。

30. 湯惠芸，〈香港抗爭者赴日本大阪 G20 峰會示威 促國際向北京施壓〉，《VOA》，2019 年 6 月 28 日。

Keith Bradsher、Daniel Victor & Mike Ives，〈香港抗議者呼籲 G20 領導人向中國施壓〉，《紐約時報中文版》，2019 年 6 月 27 日。

31. 李宇森，《主權神話論》。

32. David Harvey, *The Anti-Capitalist Chronicles* (Pluto Press, 2020).

33. Kirby Chien, "China okays $586 billion stimulus," *Reuters*, Nov 9, 2008.

34. Nicholas Gordon, "Kyocera's president says Biden's chip controls will tank Chinese manufacturing: 'Producing in China and exporting abroad is no longer viable'," *Fortune*, Feb 23, 2023.

35. 〈中國外貿規模首破 40 萬億元關口〉，《新華社》，2023 年 1 月 13 日。

36. 〈2022 年我國 GDP 突破 120 萬億元 增長 3%〉，《新華社》，2023 年 1 月 17 日。

37. Clyde Russell, "China's EV strategy of going small and cheap to pay big dividends in Asia," *Reuters*, Apr 23, 2024.

38. Mehdi Punjwani & Sierra Campbell, "E-commerce statistics and trends in 2024," *USA Today*, July 3, 2024.

39. 〈西藏與臺灣、維吾爾人在紐約臺北集會聲援香港自由抗爭〉，《西藏之聲》，2019 年 8 月 12 日。

40. 〈香港七一抗議全程直擊：示威者衝進立法會，警方清場〉，《BBC News 中文》，2019 年 6 月 30 日。

41. 〈港女奧運馬術賽場試圖抗議被帶走〉，《BBC News 中文》，2008 年 8 月 9
    日。

42. Matthew C. Klein & Michael Pettis, *Trade Wars Are Class Wars: How Rising
    Inequality Distorts the Global Economy and Threatens International Peace* (New
    Haven: Yale University Press, 2020).

    James A. Fok, *Financial Cold War: A View of Sino-US Relations from the Financial
    Markets* (London: Wiley, 2021).

43. Adam McKeown, "Global Migration, 1846-1940," *Journal of world history* 15, no.2
    (2004): 155-189.

44. Timothy W. Guinnane, *The Vanishing Irish: Households, Migration, and the Rural
    Economy in Ireland, 1850-1914* (New Jersey: Princeton University press, 2016).

45. https://www.slavevoyages.org/voyage/database#statistics

46. Adam McKeown, "Global Migration, 1846-1940".

47. Edward Said, *Reflections on exile and other essays* (Cambridge: Harvard University
    Press, 2002).

48. 例如火車的廣泛採用，便跟其高效的運輸力量帶來軍事優勢有關，詳看 John
    Elwood Clark, *Railroads in the Civil War: The Impact of Management on Victory
    and Defeat* (Louisiana: Louisiana State University Press, 2001). 以及 Christian
    Wolmar, *Engines of War: How Wars Were Won & Lost on the Railways* (New
    York: Public Affairs, 2010). 另參 Paul Virilio, *Speed and Politics* (New York:
    Semiotext(e), 2006).

49. 在十九世紀末估計大約有二十多萬吉卜塞人（如今稱之為羅姆人）在歐洲生
    活，且大多都不再以遊牧方式生活，另有不足廿萬前往美洲展開新生活。另參
    Leo Lucassen and Wim Willems, "Wanderers or migrants? Gypsies from eastern
    to western Europe, 1860-1940," in *Cambridge Survey of World Migration*, ed. Robin
    Cohen (Cambridge: Cambridge University Press, 2012), p. 138.

50. Hannah Arendt, *Antisemitism: The Origins of Totalitarianism* (New York: Mariner
    Books Classics, 1968).

51. 劉平，《被遺忘的戰爭：咸豐同治年間廣東土客大械鬥研究（修訂版）》（北
    京：商務印書館，2023）。

52. 關於客家人，早期五〇年代重要研究可參考羅香林的書籍，詳參羅香林，《客家研究導論》（廣東：廣東人民出版社，2018）。若有關近年研究，可參考陳支平，《客家源流新論：誰是客家人》（臺北：臺原出版社，1998）。謝重光，《客家、福佬源流與族群關係研究》（北京：人民出版社，2003）。Nicole Constable, *Guest People: Hakka Identity in China and Abroad* (Seattle: University of Washington Press, 1996). 另參吳英杰，〈客家人的形成問題探究〉，《客家文博》，https://core.ac.uk/download/pdf/41453931.pdf。至於水上人或者蜑家人，可參考 Xi He and David Faure, *The Fisher Folk of Late Imperial and Modern China: An Historical Anthropology of Boat-and-Shed Living* (London: Routledge, 2015). 張壽祺，《蜑家人》（香港：中華書局，1991），另參馮國強，〈水上族群的源流和族屬〉，《新亞論叢》第十四期（2013），https://newasiajournal.org/journal/14/31%E9%A6%AE%20%E5%9C%8B%E5%BC%B7219-224.pdf。

53. Colin Holmes, "Jewish economic and refugee migrations, 1880-1950," in *Cambridge Survey of World Migration*, ed. Robin Cohen (Cambridge: Cambridge University Press, 2012), pp. 148-9.

54. Janet Lippman A bu-Lughod, "The displacement of the Palestinians," in *Cambridge Survey of World Migration*, ed. Robin Cohen (Cambridge: Cambridge University Press, 2012), pp. 403-4.

55. Janet Lippman A bu-Lughod, "The displacement of the Palestinians", p. 413.

56. Virginia Pietromarchi, Tamila Varshalomidze & Umut Uras, "Israel war on Gaza updates: 31 killed in Gaza on day of Israeli attacks," *Al Jazeera*, Jul 2, 2024.

57. Dang Nguyen Anh, "Forced Migration in Vietnam: Historical and Contemporary Perspectives," *Asian and Pacific Migration Journal* 15, no. 1(2006): 159-173.

58. https://www.unrefugees.org/emergencies/iraq/. Accessed Jul 3, 2024.

59. https://www.unrefugees.org/emergencies/yemen/. Accessed Jul 3, 2024.

60. https://www.unrefugees.org/emergencies/car/. Accessed Jul 3, 2024.

61. 孔德維、尹子軒、沈旭暉編，《自由世界的前哨：2022 烏克蘭戰爭》（臺北：一八四一出版，2022）。

62. https://data.unhcr.org/en/situations/ukraine

63. Jessica Spiers, "Mass Russian Migration to Georgia: Why and What is the

Georgian Reaction?," *International Relations Review*, Nov 2, 2022.

64. Yudhijit Bhattacharjee, "Why Do India and China Keep Fighting Over This Desolate Terrain?," *New York Times*, Jun 27, 2024.

65. Karen Lema and Mikhail Flores, "Philippines says deal with China on South China Sea outpost up for future review," *Reuters*, Aug 13, 2024.

66. Rupert Wingfield-Hayes, "China's rhetoric turns dangerously real for Taiwanese," *BBC*, Aug 15, 2024.

67. David Chen, Jason A. Miller & Mark Shakespear, "Critical Han Studies Through the Lens of Internal Colonialism: China, Guangdong, and Hong Kong," *Critical Sociology* 50, no.1(2023):141-163.

68. Dru C. Gladney, "Internal Colonialism and the Uyghur Nationality: Chinese Nationalism and its Subaltern Subjects,"*Cahiers d'études sur la Méditerranée orientale et le monde turco-iranien*, Vol.25 (1), 1998, pp. 47-64.

69. Karl Polanyi, *The Great Transformation: The Political and Economic Origins of Our Time* (London: Beacon Press, 2011).

70. Ellen Meiksins Wood, *The Origin of Capitalism: A Longer View* (London: Verso, 2017).

71. Guy Debord, *Society of the Spectacle* (New York: Black & Red, 2002).

72. Gregory T. Cushman, *Guano and the Opening of the Pacific World: A Global Ecological History* (Cambridge: Cambridge University Press, 2014).

   Pieter C. Emmer & Jos J.L. Gommans, *The Dutch Overseas Empire, 1600–1800* (Cambridge: Cambridge University Press, 2020).

   Hugh Thomas, *Rivers of Gold: The Rise of the Spanish Empire, from Columbus to Magellan* (London: Random House, 2013).

73. John Bellamy Foster & Brett Clark, "Ecological Imperialism: The Curse of Capitalism," in Leo Panitch and Colin Leys, ed., *The Socialist Register, 2004* (London: Merlin Press, 2004), pp. 230-46. Gregory T. Cushman, *Guano and the Opening of the Pacific World: A Global Ecological History* (Cambridge: Cambridge University Press, 2014).

74. John Bellamy Foster & Brett Clark, "Ecological Imperialism and the Global Metabolic Rift: Unequal Exchange and the Guano/Nitrates Trade," *International Journal of Comparative Sociology* 50, no. 3-4 (2009): 311-334. DOI: https://doi.org/10.1177/0020715209105144.

75. Christophe Bonneuil & Jean-Baptiste Fressoz, *The Shock of the Anthropocene: The Earth, History and Us* (London: Verso, 2017).

    John Bellamy Foster, *Capitalism in the Anthropocene* (New York: Monthly Review Press, 2022).

76. Wilko Graf von Hardenberg, *Sea Level: A History* (Chicago: University of Chicago Press, 2024).

77. Mckenzie Funk, *Windfall: The Booming Business of Global Warming* (London: Penguin, 2015), pp. 61-78.

78. Jonathan Rizk, "The master plan: How adding land to Manhattan can save NYC from storm surges," *PIX*, Oct 27, 2022.

79. John R. Wennersten & Denise Robbins, *Rising Tides: Climate Refugees in the Twenty-First Century* (Indiana: Indiana University Press, 2017), p. 190.

80. John R. Wennersten & Denise Robbins, *Rising Tides*, p. 201.

81. John R. Wennersten & Denise Robbins, *Rising Tides*, p. 21.

82. Adrija Chatterjee & Anup Roy, "Sizzling Heat Wave Puts India's Farm Sector and Economy at Risk," *Bloomberg*, Mar 1, 2023.

83. B. Hartmann, "Rethinking climate refugees and climate conflict: rhetoric, reality and the politics of policy discourse," *Journal of International Development* 22 (2010): 233-246.

84. Gregory White, 'Climate Refugees'—A Useful Concept?," *Global Environmental Politics* 19, no.4(2019): pp. 133-138.

85. John R. Wennersten & Denise Robbins, *Rising Tides*, p. 4.

86. Michael Shuman & Hal Harvey, *Security Without War: A Post-cold War Foreign Policy* (New York: Westview Press, 1993).

87. "The State of Food Security and Nutrition in the World 2022", UNICEF, https://

www.fao.org/3/cc0639en/cc0639en.pdf

88. John R. Wennersten & Denise Robbins, *Rising Tides*, p. 200.

89. B. Hartmann, "Rethinking climate refugees and climate conflict: rhetoric, reality and the politics of policy discourse," *Journal of International Development*, 22 (2010): 33-246.

   Gregory White, "Climate Refugees", pp. 133-138.

90. Jason Moore, *Anthropocene or Capitalocene?: Nature, History, and the Crisis of Capitalism* (New York: PM Press, 2016).

91. Max Liboiron, *Pollution Is Colonialism* (Durham, North Carolina: Duke University Press, 2021).

92. Kate Winkler Dawson, *Death in the Air: The True Story of a Serial Killer, the Great London Smog, and the Strangling of a City* (New York: Hachette Books, 2017).

93. Anna L. Ahlers & Shen Yongdong, "Breathe Easy? Local Nuances of Authoritarian Environmentalism in China's Battle against Air Pollution," *The China quarterly* 234 (2018): 299-319.

94. Ruth Wilson Gilmore, "Fatal Couplings of Power and Difference: Notes on Racism and Geography," *The Professional Geographer* 54, no.1 (2002): 15-24.

   Jasbir Puar, *The Right to Maim* (Durham, North Carolina: Duke University Press, 2017).

95. Rob Nixon, *Slow Violence and the Environmentalism of the Poor* (Cambridge: Harvard University Press, 2013).

96. Ronen Palan, *Richard Murphy & Christian Chavagneux, Tax Havens: How Globalization Really Works* (Ithaca: Cornell University Press, 2009), p. 11.

97. 丁新豹，《香江有幸埋忠骨：長眠在香港與辛亥革命有關的人物》（香港：三聯，2011）。

98. https://www.thepaper.cn/newsDetail_forward_1377171

99. Glenn Greenwald, *No Place to Hide: Edward Snowden, the NSA, and the U.S. Surveillance State* (New York: Metropolitan Books, 2014).

100. "Hong Kong asylum seekers face bureaucratic maze and deportation under tightened policy," *Hong Kong Free Press*, Mar 26, 2023.

101. Rhea Mogul, "Refugees who sheltered Edward Snowden in Hong Kong are granted asylum in Canada," *NBC*, Sept 30, 2021.

102. Joseph Carens, *The Ethics of Immigration* (Oxford: Oxford University Press, 2013).

103. Seyla Benhabib, *Exile, Statelessness and Migration: Playing Chess with History from Hannah Arendt to Isaiah Berlin* (Princeton University Press, 2018), pp. 101-124.

    Ashwini Vasanthakumar, *The Ethics of Exile*.

104. Ashwini Vasanthakumar, *The Ethics of Exile*, p. 3.

105. 李宇森，《主權神話論》。

106. Carol Farbotko & Heather Lazrus, "The first climate refugees? Contesting global narratives of climate change in Tuvalu," *Global Environmental Change* 22, no. 2(May 2012): 382-390.

107. Jonathan Pugh & David Chandler, *Anthropocene Island: Entangled Worlds* (London: University of Westminster Press, 2021).

108. 引自 Clara E. Mattei, *The Capital Order: How Economists Invented Austerity and Paved the Way to Fascism* (Chicago: University of Chicago Press, 2022), p. 124.

第三章

離散時代的
敘事思考

試問嶺南應不好，卻道，此心安處是吾鄉。

——蘇軾

在離散的時代，我們需要有效對應離散歷史條件的政治思想。

這是離散的時代，除了因為全球化帶來的流動便利、帝國的擴張和戰爭的政治經濟衝突，也是因為生態氣候的劇烈轉變，令許多地方不再適合居住而飄泊四方。因此，地表上出現一波又一波的大遷徙，從原居地搬到相對穩定富裕的地方或者全球北方。以地域劃分的主權民主秩序，面對著這波大遷徙的反應，大多是走向反動右傾，通過排斥移民來抒發群眾對全球化和經濟衰退的不滿，加劇民族排外政策和情緒，甚至倒退到威權的權力操作。因此，離散時代是對現代性的拷問，是關乎族群與民主、生態與未來的歷史關口。

離散時代是詢喚新敘事的年代，只是我們不止需要任何說故事的能力和機會，更需要以敘事重塑我們與歷史的理解，世界的關係，以及對未來的想像。這不單指離散作為思考的對象，更是從知識論的角度上，革新我們對於何為政治思想，如何政治思考的方式，真正挑戰著我們怎樣生產政治思想的問題。如何思想，怎樣分析，歸根究底都是離散的根本問題。

同時，我們不單需要敘事，更需要將敘事帶進政治思考的世

界中。畢竟，故事本是最古老的人類歷史記憶形式，也是至能牽動人心和推動社會關係的載體。因此，敘事作為媒介是天然地帶有強烈的政治性[1]。

　　但慣常採取分析性（analytic）進路的當代政治思想來看，敘事作為思考方法是不尋常的[2]。因為比起概念推論和邏輯關係，敘事看似更鬆散，論證更不嚴謹，概念更定義不清。加上在學院學術界的邊界分明科目分工下，敘事作為方法往往會撥進人類學或者其他重視在地經驗的學科，而不是政治思想或者哲學研究。故此，敘事性思考長期不受重視是顯然易見的。歸根究底，傳統系統思辨思維主導的哲學，一般都帶有強烈的基礎主義進路，而基礎主義的權威性，自有其知識生產的歷史政治條件，即講究父權、理性、抽象、普遍多於情感和經驗的政治經濟管治秩序，需要這基礎主義來肯定當中的層級關係，以知識生產肯定當中的權力關係。因此，離散敘事若要成為新時代的思考方式，必須對此知識生產的權力關係有深刻認識和批判。

一、敘事作為政治思想的源起

　　若論及有關敘事、概念和政治的關係，回到哲學尚未被現代學院「哲學化」之前的討論，大概是個不錯的起點。其中，

我認為不能繞開柏拉圖（Plato, 427-348 BC）對相關課題的精闢見解。

　　許多人以為柏拉圖所代表的，便是抽象、永恆的理型（eidos）作為絕對真理，完全超離現世的永恆真理可成為現實政治的理想藍圖，也是後世理性主義或者觀念論（idealism）的思想發展源頭。這種對柏拉圖的理解，甚至使他在二十世紀中變成極權主義的代表人物。奧地利哲學家波柏（Karl Popper, 1902-1994）便把柏拉圖、黑格爾（G.W.F. Hegel, 1770-1831）和馬克思（Karl Marx, 1818-1883）並連起來，視之為二十世紀西方極權政治之思想源頭之一 [3]。但到底柏拉圖有多認同理型的客觀存在，我想也是可爭議的，尤其對照早期柏拉圖主義的懷疑論傾向的話，柏拉圖會否毫不保留地服膺於畢達哥拉斯學派對數理真理的主張實可爭論。但這裡先擱下不論 [4]。我認為在《理想國》（The Republic）之中，柏拉圖對敘事之作用和價值有著諸多精采的討論。

　　在《理想國》第三章，蘇格拉底（Socrates, 470-399 BC）跟柏拉圖的兄長阿狄曼圖（Adeimantus, 442-382 BC）論及一個「流行文化」的問題。當然困擾他們的不是 BLACKPINK 音樂或者漫威迪士尼的電視電影，而是古希臘悲劇會否敗壞年青人的心靈。

這些故事的流行或使時人效法希臘天神的荒唐行為，遠離正義操守。因此，如果活在理想的國度，這些故事似乎都不應再傳承下去，尤其以戲劇形式不斷覆述和傳播。但蘇格拉底並非說在理想政治的世界之中，所有敘事形式都要被禁止。因此，「甚麼才應該被述說，還有如何被述說」（392c8），或曰為何（what）與如何（how）敘事，成為了兩個蘇格拉底的關注點，也是我們今天都應該關心的問題。

有趣的是，《理想國》固然是少數柏拉圖作品中，蘇格拉底會正面定義各種德性的書卷（428b1-432b5），但概念分析並非蘇格拉底唯一的敘述方法。他接下來跟阿狄曼圖（Adeimantus）的講話中提起幾種形式的區分：一種是敘述式（narrative），一種是模仿式（imitative），還有一種是混合式。

毫無懸念，柏拉圖不喜歡模仿式的說故事方式。用今天的話來說，他不喜歡的是沉浸式（immersive）模型，像 IMAX 或者蘋果的頭戴式 Vision Pro 這般，讓現實和故事的邊界變得模糊，讓觀眾以為自己正處身故事現場的第一身敘事方式。柏拉圖討厭模仿是因為模仿物是基於流變現實的模仿上。若論真實性，模仿比起感官現象更等而下之，更加遠離永恆不變的真。與此相反的是，敘述式傾向由詩人以超然的第三身旁白，或者通過角色

的長篇演說或者獨白，直白地道出各種觀念思想或者哲學主張（393b8-9）。這種方式大抵對希臘文化的時代也不陌生，尤其是熟悉荷馬（Homer）與赫西俄德（Hesiod）史詩的讀者而言，演說、獨白或旁白都是充滿在這些傳統之中。而柏拉圖對這形式的鍾愛，自然因為這類文體少了戲劇張力或者描繪男女情長的需要，直接探問人的處境、政治的抉擇和道德價值，更接近於概念分析的真實性思考。

　　游筆至此，如果你認為蘇格拉圖必定會傾向取敘述式而捨模仿式，那可便大錯特錯了。因為演說遊說再動聽激昂，也比不上傳奇的故事般打動人心。蘇格拉底跟阿狄曼圖都會認同，比起單純的敘述式或者模仿式，混合性終究是最吸引的論說形式（397d5）。這一方面有著劇情進展的吸引，即模仿式的故事世界，有著各樣起承轉合的情節轉變，角色的心理變化和成長，使人容易投入其中。但同一時間，角色的長篇獨白演辭跟抽離性的旁白，讓創作者能直接陳述理念，以雄辯來說服讀者觀眾改變想法或者立場，以新的方式理解世界。兩者兼備，自然是最為迷人，既有情節卻又不落俗套，不單純作為世俗反映，又能舉重若輕令人細味無窮。只是吸引是吸引了，但基於蘇格拉底的社會分工論，他很難相信詩人能夠同時精於敘述式和模仿式，在兩害取其輕之下，還是提倡重敘述輕模仿的理想國政治美學觀較

為穩妥（398b1）。因此混合敘述模仿是最理想的，單純敘述則次之。

　　事實上，要兩者兼備且重敘述輕模仿的書寫，早在柏拉圖時代已存在了。那便是史書的形式。例如希羅多德（Herodotus）的《歷史》（*Histories*）或者修昔底德（Thucydides）的《伯羅奔尼撒戰爭史》（*History of the Peloponnesian War*），都是跨越時代的重要著作典範。往後羅馬史書寫能夠大放異彩，也是效法古希臘著史的傳統而來。其中，《伯羅奔尼撒戰爭史》中的連串演說，包括如示範雅典帝國傾向的〈彌羅斯人的對話〉（Melian Dialogue），還有那篇極為著名的伯里克利（Pericles 495-429 BC）〈葬禮演說〉（Funeral Oration），盡皆成為後世討論雅典民主與帝國主義的重要文本[5]。且比起同代辯士政治家的演辭，史書中的敘事成份無疑更多[6]。因此，由著名思想史家李奧・史特勞斯（Leo Strauss, 1899-1973）所編的政治思想史中，也視修昔底德而不是柏拉圖作為最早的政治思想家，並以此理解政治哲學的起源[7]。近幾年，吾師西蒙・克里奇利（Simon Critchley）則以希臘悲劇式哲學（悲劇文本即為哲學書寫，而不是以哲學解讀悲劇）來對照著柏拉圖的政治哲學，前者正是以廣義的敘事或者故事形式，作為哲學書寫形式的重要反省[8]。

然而，我更感興趣的是，柏拉圖只評論當時的史詩、悲劇和喜劇，卻對上述的史學文本隻字不提[9]。一如在《理想國》第六章談及詭辯家（sophists）對於群眾的喜惡和情緒的巨大影響，這似乎是因為柏拉圖所著眼的，不是嚴謹的書寫如何傳達理想敘事，而是當時流行的文化形式出現甚麼問題。《理想國》所針對的是當時文化政治的批判，對於廣為流傳的文化形式如敘事結構、音樂、節奏與教育意義等提出諸多反思。對比起當時人人皆曉的戲劇史詩，史書作為知識傳播的形式，確實是太精英小眾，在未有普及教育的時代實在不利廣泛流傳。除非改編成合乎當世口味的流行文化作品，如莎士比亞改編凱撒故事[10]，或者 Netflix 將英國近幾十年伊莉莎白二世在位大小事，改拍成劇集《王冠》（*The Crown*）那樣[11]，才能廣受歡迎。否則單憑嚴肅的史書，恐難飛入尋常百姓家。簡單如三國歷史，多少人是因為陳壽的《三國志》而接觸魏晉史呢？論社會影響力，大概史書《三國志》是遠遠不及小說《三國演義》，甚至光榮的電腦遊戲《三國志》或者電視電影吧。

　　這似乎觸及當代媒體研究（media studies）的題目。當蘇格拉底談到「甚麼才應該被述說，還有如何被述說」，這是兩個必須處理的根本問題。但當我們一直以為，「甚麼」才是最要緊的，「如何」只是方法，只要道德價值已經確定，述說的內容和

意義已經明確下，思想家可以任何方法來傳播和實踐相關內容。但單從柏拉圖對文本討論的選擇上，我或許能大膽推斷，對他而言，文本與內容能否有效傳播，能否影響群眾的觀感與想法，至少跟其內容的準確性同樣重要。因此，能夠牽動讀者觀眾情感和行動的事物與媒介，正是哲學家應該介入的政治空間，藉此將其導向合宜的教育方向。因勢利導，使真理能夠打動讀者，最終培育社會的靈魂。至於如何把這思考方式放回今天的文化政治社會脈絡，將是下兩章的主題，暫且擱下不作深究。

所以對柏拉圖而言，敘事至少包含兩個層次：第一是文本本身的敘事，也便是在敘事過程中，帶有作者意願和動機的故事內容或者政治立場。柏拉圖在對話錄討論敘事問題時，便不時引述提及各種文本，如荷馬的史詩《伊利亞特》（*Iliad*）或者《奧德賽》（*Odyssey*）、歐里庇得斯（Euripides）的《米提亞》（*Medea*）、埃斯庫羅斯（Aeschylus）的《尼俄伯》（*Niobe*），還有赫西俄德的長詩《工作與時日》（*Works and Days*）之類。這些文本當然有其本身的敘事，有其獨立的故事世界，帶有內在於劇情中的人物關係與情節張力。但經過文本與流傳，生產者與不同再生產者的參與，文本內容與指涉便愈發豐富起來，宛如荷馬之史詩，在現世也被學者理解為集體創作，多於由一位原作者荷馬創作所有史詩細節 [12]。這也是柏拉圖的二次創作所帶來的革

新。這是（再）敘事的另一面向。

例如赫西俄德在《工作與時日》（*Works and Days*）中，曾以金族、銀族、銅族和鐵族來表達時代的衰落，這是赫西俄德史詩中的歷史階段論[13]。但柏拉圖在《理想國》逕自將之改為理想王國的分層分工，將金屬三分比喻為管治者的金靈魂、軍人的銀靈魂，還有各行各業農民工匠的銅鐵靈魂。他想提出在新的政治秩序中，這些不同才能的人如何在同一國度互相合作，取長補短來建立良好善治和社會秩序（415a1-b1）。所以，柏拉圖所描述的金族，早已不同於赫西俄德所講的「神一般的凡人，主宰著天國」，更沒有了金、銀、銅、鐵的歷史演變次序（這在《理想國》第八章中才出現，但不是以金屬性來描述）[14]。

於是，柏拉圖的兄長格老孔（Glaucon, 445-? BC）估計蘇格拉底不肯講這個高貴謊言（ψεῦδος），大概是因為太尷尬（αἰσχύνω）了（414e7）。「謊言」在文句中又可譯作羞愧或蒙羞。為何會羞愧呢？我猜想，赫西俄德的史詩內容在當時的文化圈無人不知，但蘇格拉底為了把這平常通俗的文本典故變成適合的管治工具，將整個故事改頭換面，使敘事變成論說德行的材料。因此，凡是熟識這些史詩故事的觀眾，一聽便知道是蘇格拉底的二次創作。要如此理直氣壯地分享不符史詩內容的「二創故

事」，怎會不令人尷尬呢？換句話說，借赫西俄德的史詩變奏來談靈魂三分論，代表著後者肯定是假的，但為何柏拉圖筆下的蘇格拉底仍樂此不疲地用故事「佈道」呢？這二次創作的重要，在於它一方面吸納了廣為人知的文化資源，令古希臘聽眾讀者容易接觸消化，同時又脫離了原典的原意，成為柏拉圖詮釋與再敘事的材料，表述著他心目中的正確內容（如城邦的分工和森嚴秩序）。這種文化研究大師霍爾（Stuart Hall）稱之為「加碼／解碼」（encoding/decoding）的溝通傳播雙向結構[15]，早在柏拉圖時代已有類似想法。

柏拉圖擺脫意向論（intentionalism）的敘事操作，不再尊作者原意至上的敘事方式，我會稱作詮釋性敘事（hermeneutical narrative）[16]。這可說是最早出現的政治思想方法之一，也是我認為在今天十分有啟發的理論操作可能。只是這依舊是相當粗糙的方法敘述，必須要放到當前的歷史脈絡和思潮中，才能看出其中的革命性所在。

二、宏大敘事的沒落

二十世紀既是敘事的危機，又是敘事理論的復興時代。

這得從後現代學者李歐塔（Jean-François Lyotard, 1924-1998）的後現代研究談起。在一九七九年，他發表那本著名的《後現代狀況》（*La condition postmoderne: rapport sur le savoir*）研究報告，主張「對宏大敘事產生懷疑」（incredulity toward metanarratives）是他對於何謂後現代的界線，也便是二十世紀下半葉的知識發展勢頭。

但所謂宏大敘事？對李歐塔而言，宏大敘事代表著從啟蒙時代（Enlightenment）遺留以來的歷史整體觀。它是任何其他領域的知識或者論述成立必須具備的後設結構，也便是構成了知識系統的合法性來源。所以，宏大敘事跟一般敘事所扮演的角色是不同的。除此之外，關於宏大敘事的種類上，其中可至少分成兩種，一是思辯性宏大敘事（speculative grand narrative），二是解放性宏大敘事（grand narrative of emancipation）[17]。

思辯性宏大敘事可追溯至傳統啟蒙時代的歷史科學進步觀，其中又以黑格爾的歷史哲學作為代表[18]。在這種宏大敘事下，殊別的知識的真確性並不能單獨地確認，命題需要通過放入宏大論述中才能獲得其合法性。即使這宏大論述是不能直接證明真偽的，卻又成了其他知識得以獲得認可的信念。因此，不論是大學、科學家還是期刊，都只是這宏大論述的功能性裝置，大

家只有服從在這後設的科學同一觀的信念上，知識才得以合法化，社會才得以信賴科學的知識生產。對李歐塔而言，這甚至比知識的經濟價值還要重要和根本，因為這關乎到知識系統的可信性本身[19]。

　　例如在科學的知識體系，我們可以設想科學知識的正當性前設在於可證性（verification）、成果的複製性（replication）或者是可證偽性（falsification）[20]。同時，這些科學理論知識的命題，是所有理性的人之間是可以溝通並能互相理解。甚至更進一步地推想，假若有了這理性溝通的預設，人與人之間或可以理性溝通，化解一切的誤會與衝突，最終達致永久和平的宏願。

　　這些前設，其實已經超出了科學的知識系統，形而上地存在於「科學哲學」的宏大論述之中[21]。這本為啟蒙時代對普遍的人的預設，也成為了科學發展時代知識體系的基礎。任何個別論述或知識，理應能融合進這系統之中，不然無法獲得科學界的認可。但在相對世俗的年代，科學知識不必然對應上帝所設計的自然秩序，那麼其根本的可信性何在呢？李歐塔認為在民族國家的時代，背書著知識體系的合法性根源，從超然的創世主變成國家人民的共識[22]。共識作為宏大論述的論述者（metasubject），也成為了論述所服務的對象。但顯然的，這人民共識不是真的基於

議會或者公投結果，而是作為知識制度的預設而已。

　　另一種宏大敘事，便是解放性宏大敘事。相對於思辯性宏大敘事，這種敘事的政治意味更加重。兩者相似的是，解放性宏大敘事同樣預設某種既有的宏大目的（metasubject），可能是民族解放，可能是無產階級革命，也可能是資本主義市場萬歲，這些理想都會被視為某個新社會經濟秩序。作為歷史的終結，一切對於歷史政治或者經濟與組織的手段政策的合理性，都必須從這個目的來衡量和比較。但解放性顯然比起思辯性，更強調政治倫理與社會面向上的實踐性質，以最終的社會政治秩序作依歸[23]。這終極理想則是不證自明的，是衡量一切的標準，除它以外別無拯救。若然借政治神學的講法，這政治預定觀也是世俗化的神學史觀，將民族或階級解放視作必然如此且能持續永遠的政治目標，一如上帝所承諾的天國降臨一般[24]。

　　但對於李歐塔而言，上述的宏大敘事在二十世紀已經徐徐崩潰了，且在現代世界再也無法回頭。失去大敘事之後，由諸多不同的細小敘述所取代。這轉變不單不用陷入左翼憂鬱，反而應該加以擁抱，一如班雅明（Walter Benjamin）對機械複製時代的靈光消逝現象的肯定[25]。

若要理解宏大敘事失落的重要，先要弄清楚為何宏大敘事會慢慢在當代失落。李歐塔認為，這是基於資本和技術條件所致。在當代的政治經濟條件下，跨國企業早已有能力資助自身的研發部門，生產技術和知識，甚至比起國家部門更容易發展出最新的技術，國家倒過來必須跟企業合作，才能獲得先進前衛的技術商品。軍工業在二十世紀自然是顯著的例子，政府再無法完全壟斷最前沿的軍事技術，軍火國際市場成為利潤甚豐的新興行業[26]。到了廿一世紀，民用與國有的技術差距進一步拉開，國家在電腦技術、人工智能或者晶圓生產等高科技行業上，遠遠落後於不同企業，只能跟在後面消費或者尋求合作[27]。

　　另一方面，十九世紀以來的科學技術高速發展，同時也成了自身的掘墓人。因為科學的知識體系一如其他知識體系，必須依賴一個共同的合法性源頭，賦予其合理性和真確性。而科學的發展既滋長出新的虛無主義，即現象以外無終極的虛空，規律之中無意義的空洞世界圖像，同時卻又無法填補知識以上的信念或信仰。這虛無的危機，會使得一切知識都慢慢失去色彩和價值。結果，傅柯（Michel Foucault, 1926-1984）等戰後思想家跳出科學真實觀的角度，改從論述（discourse）角度理解科學知識／權力的作用[28]；或是法蘭學福學派（Frankfurt School）改以科學神話化來理解理性的宰制性，如何倒過來成

為新時代的壓迫之源,理性成為創造這「徹底的行政世界」（totally administered world）的工具[29]（當然對李歐塔而言,法蘭克福理論學派哈貝馬斯（Jürgen Habermas）的溝通理性與現代性論述似是走上回頭路,嘗試重尋某種新的客觀理性作當代宏大論述[30]）。

在科學和官僚的世界,一切都只是純然的必然和偶然,談不上目的和超越的意義。一切物質運動都是無理地通過各種方程與反應而生和滅,最終指向的卻只是毫無指望的熱寂終結（Heat death of the universe）。這線性的宇宙時空觀,想當然地瓦解了所有宏大敘事所需要的高維度目的。

宏大論述的失落,成了現代性的重要特質。解魅餘下的,只有一片荒土。

三、跳出新宏大敘事的困窘

李歐塔對宏大敘事沒落的判斷,顯然是基於在七○年代的冷戰中後葉格局,共產意識形態早已江河日下,資本主義自由民主秩序全面勝利,一如美國政治學家法蘭西斯·福山（Francis Fukuyama）在九○年代的歷史的終結論述[31]。不過,近二十年來

我們所見證的，看似是宏大敘事的回歸。

　　中國從改革開放時期講究的韜光養晦，慢慢轉變成大國崛起的天朝，以至習近平任內所高舉的「中華民族偉大復興夢」，再到近年的「生態文明建設」，都是洋溢著新的民族國家宏大論述[32]。這民族主義大論述，支持著中國的連串外交經濟擴張任何不利於這民族興復夢的言論、行為、工程、國家，都會遭受即時而強力的報復。近幾年更從大國崛起再發展至「天下觀」，與過去胡錦濤或者江澤民時代都相距愈來愈遠，新的民族主義和領導人崇拜之風重新興旺起來。

　　民族主義或者國家右傾也豈止在中國出現，在歐美或者發展中國家，民族主義也紛紛登場，與過去幾十年的國際主義發展勢頭，形成強烈反差[33]。歐洲的右派愈發主導，從匈牙利到意大利，都以國家本土利益先行，國際主義漸見失色[34]。至於美國的本土民粹主義，前任總統特朗普（Donald Trump）的「make America great again」（讓美國再次偉大）可謂當前美國政壇的重要標記[35]。政治兩極化，甚至使得老牌民主國家的體制也漸見不穩。根據《紐約時報》的長期跟進調查，美國民眾對於應該限制和減少移民人數的支持度，從二〇二〇年起急速上升，而反對的聲音則大幅減少[36]。不僅如此，特朗普在二〇二一年不服選舉

結果，並煽動民眾攻入國會，這正好代表著美國民主制度產生巨大危機，左右兩翼互不信任的程度達到歷史性高度[37]。

縱觀天下，從歐亞到南北美洲，不論是印度的印度教民族主義[38]、土耳其的文化民族主義[39]、俄羅斯的東正教民族主義[40]，民族主義、民粹與新納粹主義都如野草般蔓延，且帶來巨大的全球政治震盪[41]。

除了民族與民粹主義的復興作為廿一世紀新宏大論述再次當道的表徵之外，另一種來自學術社群內部的新宏大論述迅即崛起，成為許多科學家和政府人員理解氣候轉變的史觀，此即為人類世（Anthropocene）的大論述。我認為這是解放性大論述之一，因為人類世框架令科學知識和工程技術扣連上啟蒙時代的歷史進步觀，技術救世成為一切知識的終末目的 (telos)。

人類世作為科學界理解氣候轉變與人類力量纏結的大歷史，必先從大氣化學家克魯岑（Paul Crutzen, 1933-2021）談起。他在二〇〇〇年發表了一篇文章，重新引入「人類世」（Anthropocene）的概念。這新的分期標名代表著新的地球史時代已經進入新一頁，而且這生態氣候的大變將不再是來自外太空的自然力量，而是源自人類行為。這地球史新一頁代表著人類作

為地表上其中一種哺乳動物，不再被動地接受和適應各種干擾和改造地球氣候的外在力量。幸或不幸地擠身地質力量（geological force）行列的人類，在現代成為改造地球氣候的主要驅動力之一，並且為地球帶來全球暖化、生物多樣性減少與氣候劇烈轉變等環境問題。所以，克魯岑認為人類世應該跟全新世劃分開，以便作為地球地質史中的新地球史時代來理解 [42]。因此，從全新世走到人類世，實有賴人類累積起大量科學知識，以及隨之發展出來的眩目技術，一步步將自身的力量放大，最終變成足以摧毀地球生態系統的巨大破壞力。

但分期標名自然需要有個大概的界線，人類世是從那刻開始，人類何時偷走奧林匹克山聖火，首嘗摧枯拉朽的生態支配力量呢？這問題在社會科學圈內爭端不休。克魯岑認為轉捩點應該是在工業革命，英國發明家瓦特（James Watt, 1736-1819）發明蒸汽機那一年，即一七六九年作是人類世之開端 [43]；另有些學者認為是一萬年前的農業時代便應該開始算了 [44]，還也有學者認為真正的大加速時期，其實是在二十世紀中葉才出現 [45]。姑勿論人類世起源之說法是甚麼，但大體的史觀都是類似的，那便是人類作為地球物種之一，卻藉著科學技術知識和力量，超越自身生理的限制，成為地球如今的主要地質力量之一，對氣候影響之大堪比太陽活動或者隕石撞擊 [46]。

套用李歐塔的用法，人類世作為宏大論述的意思在於，這命題的根源合法性，不是真的狹義地來自地質學的經驗論證[47]，而是樹立某種現代性的史觀，以單一線性的超然歷史敘事，重新衡量和評價幾百年來科學知識和應用的整體發展與價值。另一方面，人類世下的現代發展觀，忽視了生態破壞的責任差異，帝國與邊陲的價值衝突，全都在人類的模糊範疇下隱然不見。這正是近年來，生態社會主義者主張以「資本主義世」（capitalocene）或者「種植園世」（plantationocene）論述取代「人類世」的原因。因為前者才真正突顯到當代氣候危機的主因，生態危機不單是因為「人類」整體的環境破壞，更是基於歐美過度生產消費的生活方式，通過掠奪宰制周邊地方來最大化經濟利潤，結果帶來如今的困局。

這兩種宏大論述的重生，並不是自然而然的現象，而是兩種迴避直面當前新帝國主義和金融資本主義秩序，主流意識形態試圖自我保護的短路機制。民族主義和政治右傾的崛起，無疑是面對離散時代產生的大量跨境移民難民的直接反彈，通過強調保護本土身份和利益，試圖在離散時代保存自身的最大利益，避免在全球化和全球分工、金融殖民和生態災難的年代，守著自己還未波及到那片小福地。

但一如前述，工種外流和產業轉型帶來的結構式失業，是資本主義體系在全球分工下，企業和國家競逐更低成本和更高毛利的必然結果。除非國家主動大力資助本地中小企、以稅項限額或者反壟斷法壓抑跨國企業競爭，才有可能減慢工種的跨境流動。而且這類政府干預市場操作，往往受到世界銀行或者歐洲中央銀行等的敵視，以至成為國家借貸時被要求放棄的財金自主政策[48]。

另一方面，全球北方往往也是倚仗對外勞的剝削，降低國內生活水平來滿足中產或者普羅居民的消費主義需要，藉此減少整體的社會福利保障。因為在右翼民族主義高漲下，移民的門檻一般會加大，令得更多離散者無法在短期內移民。在沒法享有公民身份的期間，他們的社會經濟狀況變相會脆弱得多，更容易接受低收入甚至黑工的工作機會，只為了能在得到戶籍之前可以繼續維生。結果，弱勢受到更大的剝削，主流社會佔了巨大剩餘價值的便宜，卻可一直佔據道德高地，認定離散寄居者才是得益者。更不用說，離散者之所以需要離散，帝國擴張的政治經濟殖民壓力有著很大影響，而離散之目的地，往往是帝國之中心地區，因為那兒才是資源人才集中的中樞之地，才有著更多的謀生可能。換句話說，民族主義右翼的大國，很可能同時是在國外製造一波波離散潮的原因。

同樣地，人類世作為科學學術社群的生態意識，卻無視了資本主義的生態宰制，一竹篙把全人類都打成生態災難元兇，不管那是每日生產大量塑膠垃圾和汽車二氧化碳排放的美國消費者，還是在太平洋島國中極少棄置固體廢物的島民，都得到相同的指責，其有著同等生態責任來處理環境破壞問題[49]。問題是，肆意掠奪自然資源的生態帝國主義，正是通過改造自然物和人的勞動本性，作為商品生產的方式，也是把世間的人和物都化約成資本累積的工具[50]。因此，兩種宏大論述都無視了世界帝國結構和掠奪型資本主義秩序，只將離散時代扭曲成國內移民福利政策和生態技術生產問題。兩者都無法逃脫現代性的困窘，成為離散時代的保守意識形態工具。

　　當主權國不再是自主的回頭路，當科學技術不再是萬能的去政治天使，政治理論還可提供甚麼新的可能？當人類世和民族主權這兩種宏大論述，對於離散的世界性和進步政治繼續失語，那麼我們如何生產新的敘事，打開政治想像與實踐的新可能呢？若如香港作家董啟章在小說《時間繁史‧啞瓷之光》般擺脫歷史線性觀，我們或者才能接受到，「時間沒有開始，也就沒有終結。而歷史並未被否定，只是，不再是單一的歷史，而是眾多的，繁複的，交錯的，分义的，重疊的，對位的種種歷史。於是就永遠潛在逃逸的可能，突破的可能。」

跨地域國族的敘事共同體，或能成為新的國際主義主體，推
動著新的抗爭政治視野，在串連與行動中看見彼此。

第三章　離散時代的敘事思考

1. 這裡對「政治性概念」的說法，多少也有受到 Carl Schmitt 的影響，但我會在下文中再作詳細討論跟他的分別。Carl Schmitt, *Concept of the Political*.

2. 所謂的分析性哲學進路，我主要參考了 Bernard Williams 在 *Ethics and the Limits of Philosophy* 的講法，著重概念區分，邏輯推論嚴謹，還有平實的書寫所構成。這既是關乎書寫文體，也會限制了書寫的內容和作用，"What distinguishes analytical philosophy from other contemporary philosophy (though not from much philosophy of other times) is a certain way of going on, which involves argument, distinctions, and, so far as it remembers to try to achieve it and succeeds, moderately plain speech. As an alternative to plain speech, it distinguishes sharply between obscurity and technicality." 詳參 Bernard Williams, *Ethics and the Limits of Philosophy* (London: Routledge, 2006), p. viii.

3. Karl Popper, *The Open Society and Its Enemies* (New Jersey: Princeton University Press, 2020).

4. 新近關於早期柏拉圖主義的研究，可參考 Mauro Bonazzi, *Platonism: A Concise History from the Early Academy to Late Antiquity* (Cambridge: Cambridge University Press, 2023).

5. James Miller, *Can Democracy Work?: A Short History of a Radical Idea, from Ancient Athens to Our World* (New York: Farrar, Straus and Giroux, 2018).

   Christopher Bruell, "Thucydides' View of Athenian Imperialism," *The American Political Science Review* 68, no. 1 (Mar., 1974): 11-17.

   Polly A. Low, "Thucydides on Empire and Imperialism" in *The Cambridge Companion to Thucydides*, ed. Polly Low (Cambridge: Cambridge University Press, 2023), pp. 143-159.

6. 公元前四、五世紀，古希臘早已有出版辯士政治家演辭的傳統，例如拉姆諾斯的安提豐（Antiphon, 480-411 BC）、呂西亞斯（Lysias, 445-380 BC）、德摩斯梯尼（Demosthenes, 384-322 BC）之類，均有演辭傳世。後來在埃及阿歷山大圖書館也有古希臘十大辯士（Attic orators）的典故和藏書，以上幾位均位列其中。

7. Leo Strauss & Joseph Cropsey (eds.), *History of Political Philosophy* (3rd) (Chicago: University of Chicago Press, 1987）. 當然，是否視修昔底德為政治思想起源，也基於梳理思想史者對現實主義有多重視，畢竟修昔底德的書寫向來以現實主義示人。如當代現實主義之父摩根索（Hans J. Morgenthau, 1904-1980），也非常重視修昔底德的貢獻。詳看 Hans J. Morgenthau, *Politics among Nations: The Struggle for Power and Peace* 4th. (New York: Alfred A. Knopf, 1967), p.8.

8. Simon Critchley, *Tragedy, the Greeks, and Us* (New York: Vintage, 2019).

   Samuel Lee, "On the Tragedy's Philosophy: A Conversation with Simon Critchley," *Truthseeker*, March 6th, 2021.

9. 曾經也有人以此研究二人之間的所謂隱匿對話，Scott Matthew Truelove, "Plato and Thucydides on Athenian imperialism," *Dissertation*, 2012. URI: http://hdl.handle.net/2152/ETD-UT-2012-05-5001

10. William Shakespeare, *Julius Caesar* (London: Signet, 1998).

11. Precious Adesina, " 'The Crown': The History Behind the Final Episodes," *New York Times*, Dec 25, 2023.

12. Barbara Graziosi, *Homer: A Very Short Introduction* (Oxford: Oxford University Press, 2019).

13. 有學者指出這四金屬歷史階段論並不是赫西俄德獨得之見，而是他把中東地區的巴比倫傳說改寫而成的故事，原來故事在《舊約聖經》《但以理書》第二章也有記載，只是內容上稍為不同。David W. Tandy & Walter C. Neale, *Works and Days: A Translation and Commentary for the Social Sciences* (LA: University of California Press, 1997), p. 66.

14. 在劍橋出版社譯本第六十四條註腳中有詳細討論。詳參 Plato, *The Republic*, trans. Tom Griffith (Cambridge: Cambridge University Press, 2000), p. 108.

15. Stuart Hall, "Encoding/Decoding," in *Culture, Media, Language: Working Papers in Cultural Studies*, eds. Stuart Hall, Dorothy Hobson, Andrew Lowe & Paul Willis (London: Routledge, 1980): 63-87.

16. 這裡當然也呼應著詮釋學對於文本開放性的討論，詳看 Hans-Georg Gadamer, *Truth and Method* (London: Continuum, 2004).

17. Jean-François Lyotard, *The Postmodern Condition: A Report on Knowledge*, trans.

Geoff Bennington & Brian Massumip (Minneapolis: University Of Minnesota Press, 1984), p. xxiv.

18. Robert F Brown & Peter C Hodgson (eds.), *Hegel: Lectures on the Philosophy of World History, Volume I: Manuscripts of the Introduction and the Lectures of 1822-1823* (Oxford: Oxford University Press, 2019). Simon Malpas, *Lyotard* (London: Routledge, 2002), p. 26.

19. Lyotard, *The Postmodern Condition*, pp. 34-5.

20. Karl Popper, *The Logic of Scientific Discovery* (London: Routledge, 2002).

21. Lyotard, *The Postmodern Condition*, p. xxiii.

22. Lyotard, *The Postmodern Condition*, p. 30.

23. Lyotard, *The Postmodern Condition*, pp. 39-40.

24. Carl Schmitt, *Political Theology: Four Chapters on the Concept of Sovereignty, trans. George Schwab* (Chicago: University of Chicago Press, 2006).

     Miguel Vatter, *Divine Democracy: Political Theology after Carl Schmitt* (Oxford: Oxford University Press, 2020).

25. Walter Benjamin, *The Work of Art in the Age of Its Technological Reproducibility, and Other Writings on Media* (Cambridge: Harvard University Press, 2008).

26. Alex Roland, *Delta of Power: The Military-Industrial Complex* (Baltimore, Maryland: Johns Hopkins University Press, 2021).

27. Chris Miller, *Chip War: The Fight for the World's Most Critical Technology* (New York: Scribner, 2022).

28. Michel Foucault, *The History of Sexuality, Vol. 1: An Introduction* (New York: Vintage, 1990). Michel Foucault, *The Order of Things: An Archaeology of the Human Sciences* (New York: Vintage, 1994).

29. Deborah Cook, "Adorno on late capitalism Totalitarianism and the welfare state," *Radical Philosophy* 89 (May/June1998), pp. 16-26.

     Max Horkheimer & Theodor W. Adorno, *Dialectic of Enlightenment: Philosophical Fragments* (Palo Alto: Stanford University Press, 2007).

30. Lyotard, *The Postmodern Condition*, p. xvii. Cf. Richard Bernstein (ed.), *Habermas and Modernity* (Cambridge: MIT Press, 1985).

Jurgen Habermas, *The Theory of Communicative Action, Volume 1: Reason and the Rationalization of Society* (New York: Beacon Press, 1985).

Jurgen Habermas, *The Philosophical Discourse of Modernity: Twelve Lectures*, trans. Frederick G. Lawrence (Cambridge: MIT Press, 1990).

31. Francis Fukuyama, *End of History and the Last Man* (New York: Free Press, 2006). 但踏入廿一世紀後，福山也意識到新的意識形態仍不斷生長，挑戰著後冷戰的自由世界格局，這也是他新出版著作所圍繞的主題，只是那些回應都相對蒼白無力，難以看到後冷戰自由主義的出路。詳見 Francis Fukuyama, *Identity: The Demand for Dignity and the Politics of Resentment* (New York: Farrar, Straus and Giroux, 2018). Francis Fukuyama, *Liberalism and Its Discontents* (New York: Farrar, Straus and Giroux, 2022).

32. 關於習近平的民族復興論述，可參考習近平，《習近平的治國理政》第一卷，（北京：外文出版社，2018）。另參 Yinghong Cheng, *Discourses of Race and Rising China* (London: Palgrave Macmillan, 2019). Blaine Kaltman, *Under the Heel of the Dragon: Islam, Racism, Crime, and the Uighur in China* (Ohio: Ohio University Press, 2007).

33. Samuel Moyn, *The Last Utopia: Human Rights in History* (Cambridge: Harvard University Press, 2012).

Glenda Sluga & Patricia Clavin (eds.), *Internationalisms: A Twentieth-Century History* (Cambridge: Cambridge University Press, 2016).

Karen Gram-Skjoldager, Haakon Andreas Ikonomou & Torsten Kahlert, *Organizing the 20th-Century World: International Organizations and the Emergence of International Public Administration, 1920-1960s* (London: Bloomsbury Academic, 2020).

34. Jean-Yves Camus & Nicolas Lebourg (eds.), *Far-Right Politics in Europe* (Cambridge: Harvard University Press, 2017).

Enzo Traverso, *The New Faces of Fascism: Populism and the Far Right* (London: Verso, 2019).

35. Daniel Geary, Camilla Schofield & Jennifer Sutton (eds.), *Global white*

nationalism: From apartheid to Trump (Manchester: Manchester University Press, 2020).

Jeffrey Haynes, *Trump and the Politics of Neo-Nationalism* (London: Routledge, 2023).

36. David Leonhardt, "A 2024 Vulnerability,"*New York Times*, Jan 17th, 2024.

37. Luke Broadwater, "Jan. 6 Rally Organizers Lied About Plan to March to the Capitol, Report Finds," *New York Times*, Dec 18th 2023.

38. Christophe Jaffrelot and Cynthia Schoch, *Modi's India: Hindu Nationalism and the Rise of Ethnic Democracy* (New Jersey: Princeton University Press, 2023).

Tanika Sarkar, *Hindu Nationalism in India* (Oxford: Oxford University Press, 2022).

39. Jason Farago, "How Erdogan Reoriented Turkish Culture to Maintain His Power," *New York Times*, May 25th, 2023.

Umut Uzer, *An Intellectual History of Turkish Nationalism: Between Turkish Ethnicity and Islamic Identity* (Utah: University of Utah Press, 2016).

Jenny White, *Muslim Nationalism and the New Turks* (New Jersey: Princeton University Press, 2012).

40. Cham Suzanne Loftus, *Insecurity & the Rise of Nationalism in Putin's Russia. Keeper of Traditional Values* (London: Palgrave Macmillan, 2019).

Serhii Plokhy, *Lost Kingdom: The Quest for Empire and the Making of the Russian Nation* (London: Basic Books, 2017).

41. B. S. Rabinowitz, *Defensive Nationalism: Explaining the Rise of Populism and Fascism in the 21st Century* (Oxford: Oxford University Press, 2023).

42. Paul Crutzen & Eugene Stoermer, "Anthropocene," in *The Future of Nature: Documents of Global Change*, eds. Sverker Sörlin,Paul Warde, & Libby Crossref Robin (New Haven: Yale University Press, 2017): 483-490.

43. Paul Crutzen & Eugene Stoermer, "Anthropocene," in *The Future of Nature: Documents of Global Change*, eds. Libby Robin, Sverker Sörlin & Paul Warde (New Haven: Yale University Press, 2013), p. 485.

44. William Ruddiman, "The Anthropogenic Greenhouse Era Began Thousands of Years Ago," *Climatic Change* 61(2003): 261–293.

45. Will Steffen et. al, *Global Change and the Earth System: A Planet Under Pressure* (London: Springer, 2004).

   Erie C. Ellis, *Anthropocene: A Very Short Introduction* (Oxford: Oxford University Press, 2018), pp. 52-55.

46. Dipesh Chakrabarty, "The Climate of History: Four Theses," *Critical Inquiry* 35, No. 2 (Winter 2009), pp. 197-222.

47. Christoph Rosol, et al., "Evidence and experiment: Curating contexts of Anthropocene geology," *The Anthropocene Review* 10, no. 1:(2023): 330-339.

   Péter Bagoly-Simó, "What Does That Have to Do with Geology? The Anthropocene in School Geographies around the World," *Annals of the American Association of Geographers* 111, no.3 (2021): 944–957.

48. George Monbiot, "Greece is the latest battleground in the financial elite's war on democracy," *The Guardian, Jul 7, 2015.*

49. Christophe Bonneuil & Jean-Baptiste Fressoz, *The Shock of the Anthropocene: The Earth, History and Us* (London: Verso, 2017), pp. 112-121.

50. Karl Marx, *The Capital vol.1* (London: Penguin, 1990), pp. 283-7.

第四章

記憶、身份
和主體性

沒有人是一座孤島

可以自全

每個人都是大陸的一片

整體的一部分

——約翰・多恩

離散的時代，呼喚著能夠應對時代條件的新政治思想。

站在解殖的角度下，知識生產不必然是對單一真理的描述，反而需要認清真理的生產及其背後，對於當前社會經濟秩序，利益權力分配的服從與抗拒的拉扯。正如傅柯多次在研究中提到，「權力生產知識，權力和知識之間也是直接相互指涉的，沒有任何權力關係的存在，不是基於同時擁有該領域的知識，或者知識不是同時預設和構成某種權力關係。」[1]

若然離散敘事能夠成為抵抗和實踐的工具，那麼我們有必要先梳理敘事者的多重維度，因為只有了解到敘事的多重結構，才能有助我們跳出非政治化或者自由主義的資產個人觀（possessive individualism）[2]，重新把握敘事主體如何早已處身於多維的社會關係之中，受到不同權力和意義的定義和編碼，也藉此看到主體如何在多面向上有效地連結和抵抗，重新塑造著新的世界想像。

一、記憶與主體性的構成

「人與政權的鬥爭，就是記憶與遺忘的鬥爭」，接近陳腔濫調的昆德拉（Milan Kundera, 1929-2023）名句，仍然精警得很。記憶與遺忘，長久以來也是管治與抵抗的重要工具。記憶本是敘

事的一種，通過某個主體的角度，串連起零碎的人與事，站在某個位置上理解過去不同的事件或者人物的意義，從而建立起一個整全的時間線。當下主體既可回望過去，反思當下，也能以此展望將來 [3]。文化研究大師霍爾也認為，文化身份不斷爭奪與重塑的是族群記憶，通過神話和文藝，弱勢之集體記憶往往被帝國主宰，令他們自覺或不自覺地成為帝國秩序下的順民 [4]。

文化理論學者約翰・柏格（John Berger, 1926-2017）曾言及，生者與死者的交互，正是永恆和時間的交錯。死者帶著記憶，靜候在世者的無窮想像和連結 [5]。或如法國現象學家保羅・利科（Paul Ricoeur, 1913-2005）的主張，在敘事中記憶和期待同時並在，我們會不斷在敘事中產生期待，而期許源自記憶的印象。因此，戲劇世界中之將臨事件即使未曾發生（nomdum），但卻又早在我的期待的當下發生，而當下之期待又跟我的記憶與構想有關，因此使得時間線產生了某種圈狀的接合 [6]。觀眾的當下只有瞬間，但在敘事世界，接上的卻是永恆的過去與未來的時間維度，且每次接上將永不消逝，而是成為了觀眾的文化意義世界的一部份，也將構成其詮釋循環的一部份。

法國哲學家哈布瓦赫（Maurice Halbwachs, 1877-1945）更提醒我們，不僅個人記憶不能脫離群體的記憶，且「人往往是由

群體記憶之中獲取自身的記憶。」而且,人也必須在社會之中回憶、認可和個體化集體的記憶[7]。所以每當我們被詢喚時,若要被認可是同一群體的成員,那便需要分享著群體之間的記憶作為自身的記憶,不管是家庭、國家還是宗教領域的公共記憶也是如此。因此不管是否有經歷過,7.21、8.31 都成了香港追求主權在民的群體共同擁有的記憶,且不斷通過傳講、儀式、出版來強化彼此的記憶,自然也包括了彼此的身份認同了。因此,個體記憶和社會記憶(或稱作公共記憶)是互為表裡,缺一不可。

只是想當然,任何敘事都不能包羅萬象,一切都涵蓋進去。相反,敘事像電影一般,總是有主線的,掛一而漏萬,因此記憶與遺忘是共生的。沒有遺忘大多數的資訊與內容,則記憶是不可能的。十九世紀法國思想家勒南(Ernest Renan, 1823-1892)的主張深有洞見,「遺忘的藝術,甚至是歷史認知的缺失,才是所有民族建立所不能避免的根本要素。這便是為何歷史學的進步,往往會視之為對民族性構成威脅。」[8] 勒南這段話,點出了兩個重要而相關的要點:第一,記憶有歷史的成份,但不等同於單純的歷史敘事或研究。第二,歷史記憶是任何主體得以形成的契機,沒有歷史和記憶的主體是不存在的。

首先，記憶既然指向著發生過的歷史維度，自然是跟歷史有關，通過一些線索的追溯，使舊日發生過的人和事變得合理和有意義，事件人物之間產生相應連貫的意義。一如拍電影的場面調度（Mise en scène），所有在畫面中鏡頭前出現的道具、佈景、裝潢，都是帶有一些導演精心安排的意義，但只有將這些元素放在一起來思考，人、事和物之間的意義才能呈現出來。

　　但兩者最大的分別，在於集體記憶跟個人記憶有所分別，兩者不一定重疊，甚至會出現一種身份，多重集體記憶的情況，不一定服務某種既定的敘事觀。而個人記憶，總是跟某個特定的記憶者有關，即使這也無可避免地會跟一種或多種集體記憶交雜混和。或如啟蒙時代大哲學家笛卡兒（René Descartes, 1596-1650），他所提出的終極懷疑活動必先預設有懷疑之主體[9]。記憶也是跟記憶者的主體並生，因此當中掛一漏萬的原則，其實在於回望往事之中，通過不同線索梳理其發展軌跡，追溯至當前主體的不同特質和面貌。

　　故此，記憶服務著主體的形成，主體又需要記憶來建構。至於記憶建立身份連續性的討論上，在啟蒙時代的思想家洛克（John Locke, 1632-1704）[10] 或者休謨（David Hume, 1711-

1776）[11] 已多有論述，我便不再重複了。休謨甚至在歷史中也以撰寫六卷《英國史》（*The History of England*）而聞名於世，著史的客觀意義自然正是建立起民族的意識和共同記憶，這正是為何他由凱撒入侵一直寫到十七世紀，以優雅的英語將古羅馬到現代英國連結起來 [12]。

香港已故作家李怡（1936-2022）曾引用法國作家馬爾羅（André Malraux, 1901-1976）的話，「一個人是他一生行為的總和：他所做的，和他能做的。」[13] 其中「能做」所包含的可能性，除了技術條件以外，正是意識通過記憶跟遺亡所建立同一性敘事，當中產生各種的人的潛在可能。一個人的主體身份並不是一生行為的總和。個人的記憶往往是選擇性地將某些塑造自身身份的時刻，或自豪或羞愧或溫馨或哀痛，然後有意無意地保存在記憶敘事中，串連成主體的身份和性格來由。

同時，借用精神分析的自我防衛機制的研究，人往往會將負面的記憶片段加以壓抑，變成潛意識的內容，或者在有意識或無意識的情況下，加以修改自我的記憶，令自身不致被負面記憶和伴隨以來的強烈情感所纏，陷入無間創傷地獄之中 [14]。這些都令記憶變得不符合真實歷史。

所以，我們必先要認知到，歷史作為集體的記憶和敘事，而集體記憶跟個人記憶既有重疊又有落差的，這是釐清概念的第一步。

只是當我們要進一步分析敘事和歷史記憶（而不是回到某種結構的歷史主義）時，便需要更細緻地區分敘事主體的不同層次。我在第二部份會提出敘事的四層，這四層是互相指涉的，不存在獨立的存在狀況。只有掌握整全的敘事結構，才能有助運用敘事論在社群建構和政治實踐面向。其中，幾個相關而重要的概念如肉身性、虛擬真實、共同性和行星性等能夠一方面被問題化（problematize），也就是從日常的預設中變得陌生，刺破種種的理所當然，再成為需要詰問的對象，最終我們能更深入了解主體和實踐的意義和作用。

二、四層主體敘事觀

本章所點明的所謂四層敘事，其實是從四個不同大小尺度的主體來陳述，這些層次的主體並沒有存有論（ontological）意義上的區別，這些層面也是互相指涉互相交雜，絕不會單獨而自足地存在的，因此這四層分類只是在論述上方便分析，或稱作說明上（didactic）的區分。四層分別從小至大是肉身主體、虛擬主

體、公共主體和行星主體。

　　宏觀地說，主體的分析框架不必預設哪層才算是「真我」，
才屬於個人主體（subject）。每一層的主體都對照著不同的關係
性存在（relational being），如肉身與器物、肉身與技術物、肉
身與他者、肉身與自然萬物之關係。建基在關係性（relationality）
的前設下，設想一個笛卡兒式的思維主體作為一切理性分析和感
知關係的起點是有問題的。相反，主體更像是不同層次主體交雜
互動以至拉扯的結果，從而呈現著不同的記憶和視野，理解自身
的過去與未來，我者和他者的關係和邊界也會持續變化。這些交
雜的關係本是隱然難見的，但通過敘事的結構關係，尤其是不同
文化藝術作品的幫助下，或者我們能夠點明一點其中的交互性。
更重要是，關係性乃是敘事之基石，是敘事者和世界之連結，也
是敘事本身之目的所在。

── A. 肉身主體

　　以個體作為主體，似乎是非常直覺的結果。我作為我，當
然是指這一個小我。若論及康德式的理性批判，個體便是基於感
知的集結結果，而肉身肢體僅僅是感知的對象而已，理性主體終
究不同於肉身主體[15]。同時，如現象學家梅洛─龐蒂（Maurice

Merleau-Ponty, 1908-1961）所主張，肉身不是身體，更不是個體，肉身總是種逾越性的存在，也便是說，每當你設想和框架這肉身的意義時，它卻又不斷產出的額外的可能性是我們用任何一概念都難以完全把握的，像是「地水火風」的根本自然元素一般 [16]。

　　我在這主體層面強調其肉身性（corporality）的維度，其中有幾個原因。首先是肉體與器物的關係，器物如何構成了肉身的生活世界。肉體作為歷史陳述的主體，離不開通過個人的歷史記憶，建立自身的同一性和身份。但歷史意識不是單純頭腦上的意識，而是有外延性的。換句話說，記憶跟肉身與外物的接觸，有著非常重要的連結。試想想過去的你到底是誰，若然抽空地回憶可能只記得一些深刻片段，但如果能夠接觸到保存舊日的相片、日記、相簿、旅行所得的手信、獎盃、小時脫落的乳齒、成績單、玩具、書本、定情信物等等的結集，這些物品都不是可有可無的，反而是在有意無意中記載著主體的記憶與歷史，甚至能提醒自己在記憶中所忽略或者記錯的地方。因此，這些事物一點一滴累積成當下的自己。這些外物與主體的關係，印證著肉身主體的重要性。若然失去了這些外物，即使腦海上還可以保有相應印象，但也代表到我們失去了一點過去甚至記憶，以至是自己延伸的一部份。至於書寫和紀錄，更是印證著人的存在和流動的痕

跡，不論是出生紙死亡證或者祠堂族譜，都指涉肉身主體、記憶和器物世界的關係網。

　　若滲入海德格（Martin Heidegger, 1889-1976）的存有現象學分析語言，生活世界作為哲學分析前的原初生存狀況，那麼肉身性首先反映在「在世之在」（being-in-the-world/In-der-Welt-sein）。「在世之在」代表著未進入主客二分世界以前的世界性（worldhood/Weltheit），在其中，器具總是呈現成「上手」（ready to hand/Zuhandenheit）的關係，便像是人身體之一部份[17]。就像人穿起了鞋出門，雙腳卻不會時刻「感覺到」鞋和腳的分別，鞋和腳在生活世界並無二分。但人，或曰在生活世界的「此在」（Dasein）能不假思索地穿鞋出街，當然是因為鞋的意義是先於「此在」而呈現在其面前。換句話講，先有很多「此在」共同織出這雙鞋的意義，於是某個「此在」才會如此不假思索地穿鞋，因此生活世界的意義代表著「共同此在」（being-with）關係[18]。而最重要是，這些關係網都是跟肉身而不是主體的概念相連結的，戲劇地說，在我還未動腦袋來分析這個世界前，這肉體早已在生活世界中與器物和他者結成的意義網連成一氣。

　　但上述之器具意義似乎都必須理解為工具性的作用，它是為了甚麼而存在，這目的也是個體肢體或者感知能力的延伸，

形成身體和工具的無縫接合。但在這工具世界之中，記憶往往好像無處容身。一如沒有人會記得最日常的每一刻感受，或者你閱讀這段第一個字直至現在的身體變化。除非這無縫的意義網受到干擾，令你意識到該器物的存在異樣，記憶才能真的植根。一雙好端端的鞋，你不會記得穿上它的每一刻感受，但當鞋中多了一粒沙，卻成了天大的差別。鞋與腳頓時有了天和地的距離。同時，這隻鞋也從「上手」變成「在手」（presence-at-hand/ Vorhandenheit）的他者，而理性觀察和思考的主體也才真正現身[19]。但是，潛藏在意識之下的記憶不等於沒有記憶，一如肌肉記憶之不假思索，並非等於其沒有存在，只是其作用更隱然地滲透在日常之中。

但肉身和物的關係往往是多重的，工具性不過是其中之一。班雅明在《拱廊街計劃》（*Das Passagen-Werk*）中有篇文章，題為〈收藏家〉（The Collector）。在其中，他提到收藏之目的往往不為甚麼，只是在蒐集過程中，把這些零零落落的物件集合起來，使其不再是飄浮在商品世界而成為收藏品的一部份。這完滿的收藏呈現著新的物件世界景觀，這景觀賦予了那件物品的意義價值，一如賦予給收藏者的意義。因此，「收藏成為了記憶的行為（practical memory）」[20]，也便是通過收藏產生收藏家的記憶，進而定義了收藏家本人的獨特性。收藏之意義，在於器物之

無工具性，收藏是為了收藏，而收藏之物也產生了另一種意義，純然因為收集之物間的關係而產生的獨有性。這有別於工具的「向度性」（intending toward），而是自存地產生新的意義，甚至可謂是「在己之存」（being-in-itself）的意義[21]。隨著收藏物之變化，也會影響到每件器物，以及對收藏者理解藏品與自身身份的意義。這收藏甚至不用是貴價陶瓷或者紅酒，「李爾啊！不要跟我說甚麼需要不需要；最卑賤的乞丐，也有他不值錢的身外之物」，莎翁在《李爾王》中這樣寫道。這些微小的物品，也會構成肉身之我的一部份。

除此之外，還有一層肉體性的維度值得注意，那便是肉體被規訓（discipline）成知權／權力應用的面向。有別於上述海德格或者班雅明的討論中，記憶和關顧（Care/Sorge）之主體往往是中性的，肉身是沒有性別地存在。但這其實根本地消除了肉身的額外意義（excess），或曰將「肉身」化約為知識系統內的「身體」。因此，人並非先有中性的身體，然後再賦予其性別化的符號意義，像白色衣服在流水線上等待漂染成不同顏色。性別的符號以至其背後的整個知識權力秩序，必將先於身體性別而存在，使肉身不再如傳統哲學所理解的白紙般（tabula rasa）有待詮釋，反而是早已充滿了各種社會文化的理解框架和觀念，令肉身變成某種「可理解的身體」。而我們往後的敘事和記憶中所理解的身

體，早已是馴化後的肉身了。

在此，我不妨借酷兒思想家朱迪斯・巴特勒（Judith Butler）的身體政治觀作為基石，進一步闡釋其中的爭議。如果概念思維和可延物質的對立，令主體的概念一再被顛覆的話，巴特勒正是要在此尋求否定的否定。有別於傳統啟蒙時代對理性思維主體的膜拜，肉身物質的歷史性似乎是徹底重新敘述主體之所在。只是對巴特勒而言，身體首先作為純物質的存在主張，依然是重覆著上述現代性二元的對立結構，依然是有問題的。對她而言，性別意識不是令身體變成女性、男性、不男不女意義的添加劑，令原來中性的身體變成有性別的身體，反而身體的肉身性（corporeality）是來自性別的權力生產結果。換句話說，肉身性是權力或者性別論述的產物。一如海德格所言的「共同此在」作為語言和意義的必要條件，這亦一併生產了性別的身體。所以在高舉純肉身性和否定肉身性的二元世界之外，巴特勒意圖尋求新的出路，肉體被知識權力器具化之時，又如何通過概念的根本相異性（alterity）翻譯成抗爭的力量，並且在肉身的戰場上反映 [22]。

為何需要首先點明主體的肉身性面向呢？這點上我深感巴特勒的想法啟發，認為肉身性本身內藏了危脆（precarity）的表

象，指向著互相倚靠的需要。因為身體的概念，只有在肉身之中才能表現出暴力的傷害，將暴力放到觀眾的眼前[23]。當我們談到防暴警察的國家機器暴力時，示威者被催淚彈攻擊的軟弱，甚至被橡膠子彈殺傷時流出的血肉，無不呈現著公民肉體的存在，以及肉身的危脆性。而這危脆性卻又是我們彼此相認的倫理普遍基礎，是我們走出族群中心主義，跟全世界受苦的人相連的契機。因為肉體的危脆性是超越國族地域的，是眾多弱者受難者的肉身共同呈現的特質，因而彼此得以相認相連。

至於肉身的身體面向，有否令其能夠逃逸出論述與語言的宰制，成為另一些政治可能的本體，哲學概念或者敘事又應扮演著甚麼角色，正是我們面對肉身主體時必然觸及的問題[24]。但我希望先擱下這問題，回過頭來看肉體主體和技術之間的關係。畢竟，肉身主體何時曾離開過技術，還有當下極為普遍的數碼物（digital object）網路呢[25]？因此在廿一世紀談論肉體主體，必然會涉及到虛擬和真實的辯證上，這便是另一層的主體。

—— B. 虛擬主體

但談起肉身和器物之關係，自然不能忽視了技術物或者數碼物的問題了。因為我們不單肉身會跟外物相連，也想當然地跟諸

多虛擬物如社交平臺戶口、網上遊戲替身、串流平臺歌單或者電影選單互動，這些物也成了我們的身份和記憶一部份。

在數碼時代，我們不單花費大量時間在互聯網，在遊戲中或者社交媒體上經營自身的替身戶口（avatar），甚至像電影《挑戰者一號》（*Ready Player One*）或者《廿二世紀殺人網絡》（*Matrix*）般，網上的身份和人生比起所謂現實的更精采更值得投入。或者虛擬世界也是另一層夢境，只是當中的邊界可謂愈發模糊。隨著 Vision Pro 或者其他增強現實（Augmented reality）與虛擬現實（Virtual reality）的技術愈來愈成熟，我們可設想在不久將來，肉體、物體和技術物，將會更加無縫地接合一起。電影《緣路山旮旯》那經常亂入現實世界的 app，不過是人－數碼器物關係之原始想像而已。

這種技術和人的主體連結，在當代思想中也產生了一波波的大辯論。其中之一，便是技術之於肉身主體的關係。從阿里士多德到馬克思，在很長的時間中，哲學思想都是將人作為使用工具的獨特物種（Homo Faber），因此人必然先於技術物而存在 [26]。但若然站在宏觀智人發展歷史的高度看，顯然這是站不住腳的。不論是現代智人還是許多其他物種，其實都是有賴於技術才變成今天的模樣。所以，借用香港哲學家許煜的話，是「工

具發明了人，而不是人發明了工具，因為『人』這個概念其實是個歷史概念[27]」。

　　或借用美國哲學家唐娜‧哈拉維（Donna Haraway）的講法，現代的技術和媒體如科幻片，使得我們得以想像和理解賽博格（cyborg）或者合體生化機械人的政治概念[28]。不用說得太複雜，單論社交媒體或者電子遊戲的分身，跟機主或者使用者的身份同一性與關係問題，其實已是肉身主體跟虛擬主體交雜的現象[29]。這不禁令我想起經營多年的 Facebook 或 Instagram 戶口。雖然跟隨者人數不多，但這些戶口的虛擬我也是我的一部份，也是行動與實踐，思考和批判所需的「數碼義肢」，因此設想若有天永久刪去了，即使我會少了成癮的對象，多了時間讀書寫作，但隱隱然還是會感到生命的缺失，彷彿資料的消失成了難以彌補的黑洞。

　　但這作為另一層的主體討論，原因是因為虛擬主體跟肉身主體之間，似乎有著一定的落差。若從 Facebook 的媒介作自我詰問，到底 Facebook 中不時分享感受和相片的「我」，那個以我的名字登記與示人的戶口，是不是現實的我呢？我的個人主體性是否也應包含 Facebook 上的個人帳戶呢？借用哈拉維的賽博格概念，我也覺得我自己的一部份是跟那社交戶口有關，恰如在

《哈利波特》世界中，大奸角佛地魔所用的分靈體（Horcrux），將靈魂一部份放到日記中。對於讀者而言，Facebook 便是我們的公開日記。甚至像書中所記，物主一部份儲存在日記的靈魂甚至能比肉身還長命，以至 Facebook 戶口與資料，也能讓一部份的我永久地存活在互聯網的世界[30]。同樣地，那些社交平臺上的個人簡介、相片、近況字句，無一不是精心打造出來的形象，為的是呈現著我希望別人認識的我，或者是我所期望的我的形象。若借用柏拉圖的洞穴比喻，在社交媒體中，彷彿我才能站在洞穴中舞弄影子來製造幻覺，令 Facebook 的朋友會因為這些社交媒體市場化操作，認定社交媒體的「我」便是整全的我。

洞穴比喻的奇妙之處，正是在於我自認為宰制其他人對真實性的掌握時，其實往往自己的真實性也是受其他人所控制[31]。手持火把便是真實嗎？你真的看過洞口的光影嗎？即使不用接受精神分析大師拉康（Lacan）對於他人欲望於我的全面宰制[32]，社交媒體也是充滿了社群與他者的凝視、欲望與期待，並通過各種直接或間接的方式，像讚好分享、直接留言謾罵或者忽視，從而有力地規訓我在社群內的行為與想法，換句話說便是虛擬世界的社交化（socialization）和教育、監控和約束。因此在個人和虛擬主體之中，如今也要一併思考公共主體的位置和關係了。

當然，良性的討論也是存在的，在網絡發達和資訊極之流通的年代，無視地理限制的溝通空間也成就了前所未有的全球公共交流[33]，甚至推動了網絡外的真正連結，使得一些政治革命或者社會運動在這技術條件下得以可能，如阿拉伯之春[34]，或者香港的社會運動[35]。但與此同時，社交媒體作為一個由科技公司控制的半公共空間，接收的資訊也會受到大數據或者演算法的影響，令得回音壁問題愈發巨大，人在互動中更加少接收到不同立場的講法，偏見是愈發增強，加上社交媒體在沒有太多現實媒體監控機制的情況下，也是成了假新聞假資訊盛行的地方。連德國批判理論家哈貝馬斯也會擔憂，在監控不足的情況下，社交媒體和網絡世界不僅不能成為良好的溝通理性平臺與公共空間，反而使得政治更加兩極化，敵對性更加強[36]。因此，技術物的網絡，最終也會拉扯到人與人的跨主體關係（intersubjective relations）上，這裡只著眼於主體和技術物間的關係。特別是虛擬世界所需要的基建、物體、介面、伺服器之類，也是某種物的集結（assemblage），且物件也會有其主體性的空間。若追問下去，人與技術物之邊界也是甚為模糊，只是技術本體論是另一個大哉問，在此暫且擱下[37]。

值得注意的是，雖然我們像是在抽空地談論人和技術物之關係，但物體之集結和人與物之關係，並不如新唯物論或者物導向

本體論（object-oriented ontology）的討論般著重存在論的討論，反而在技術物之間的社會關係，同樣涉及到種種的地緣政治和政治經濟角力，不下於公共主體的權力拉扯。簡單如監聽監看系統，作為身體規訓之技術來控制人的身和心，正是技術物間的社會關係作為權力微細管作用的體現[38]。因此，若技術物在於加強人的不同能力，如計算力、記憶力、五官感知力之類，那麼我們在技術物關係中可以問的是，到底誰以技術物加強了甚麼能力來支配誰，為的又是誰的利益[39]。

例如谷歌公司在全世界建設海底光纖電纜，加強傳輸資訊的能力；或者在不同國家興建伺服器廠房，我們便可追問，到底谷歌公司的技術建設正在加強了甚麼能力、服務的又是誰，付出代價的又是誰。全因為學者的研究，我們才了解到主體每分每秒在網上的活動，都成為谷歌公司大數據的一部份，這些數據成為它建立預測人判斷的模型，並以商品形式推銷給各大企業消費。以便愈來愈準確方便地預測甚至控制每個消費者如我的行為。這正是監控資本主義的特色之一，消費者不再是商品，而只是製作商品的原材料[40]。創業發明家馬斯克（Elon Musk）的公司 SpaceX 擁有尖端的星鏈衛星群（Starlink），可以使地球上任何一個地區都能夠連上互聯網，加強世界的連結性。這技術後來也成為支援烏克蘭政府對抗俄羅斯的重要技術，烏克蘭的無人機得以利用

星鏈衛星群進行導航和攻擊 [41]。同時，俄羅斯也能夠利用黑市裝備連結星鏈衛星群並進行反擊 [42]。技術的連結性，既改造著個人主體，也是左右地緣政治的重要因素 [43]。

因此，我們會看到不論是肉身主體還是虛擬主體，其實早就糾纏在公共世界之中，與其他物和技術共生。不單是共生，也是掙扎和迎合在各種權力張力與社會關係之中，甚至是主體也無可避免地通過技術物而塑造出來。只是，肉身卻又不會被技術所制約，這也是肉身與身體之不同地方。

── C. 公共主體

對於主體的公共性陳述，範疇上至少要區分開經濟公共性跟政治公共性，因為兩者雖有重疊卻不完全等同，兩種社會關係也想當然對歷史書寫與身份建構造成不同影響。

先談政治公共主體，這作為超越個人的大我政治體想像，毫無疑問是相當古老的傳統。從柏拉圖的靈魂三分政治體比喻 [44]，聖奧古斯丁（Augustine of Hippo, 354-430）的地上之城 [45]，再到霍布斯（Thomas Hobbes, 1588-1679）借利維坦（Leviathan）的史詩級怪物來理解人民整體 [46]，我們千年以來一直在理解群體的

同一性和主體問題。大我與小我的關係何在，大我的行動意志和利益跟所有組成大我的小我總和的異同，長期都是困擾思想家的大哉問。而歷史作為群體意識跟政治體的建立上，也是由古至今史家、政治家關心的對象[47]。

　　一如現代民族主義跟民族國家的興起，國別史與地區史的研究也是大為盛行，與此相關的還有相應的文獻檔案館、博物館之類，從學術生產到傳播教育上，不斷「填補」與「創造」新的歷史記憶，以建立起全新的政治族群與主體認知[48]。一如今天的港、臺地區大力推廣去中國化的史觀，並改從香港或臺灣作為歷史本位來書寫地區史[49]，藉此抗拒以大中華作為必然的朝代更替興衰史觀，重建自身的地方記憶與主體認同。

　　只是，個人記憶和集體記憶，不僅不會完全重疊，而且存在著一個非常動態的關係[50]。若以字典收錄字詞用法作為例子，每個人都不必記得正規字典中蒐集的所有用詞。而且對於個別用詞的意義理解或用法，每個人也可能有出入，而字典便是社會紀錄當時社會主流理解所有字詞意義、寫法和用法，將之變成規範式的標準，要求其他社會成員跟隨。但字典同時也得與時並進地更新，而不是死抱著一時一地之標準來普世永恆化，走上了某種拜物主義之路。例如英文牛津字典便在 2018 年，將「add oil」列

入規範用詞之中 [51]。因此你若使用「add oil」在英文寫作上,理應被英語世界接受,視之為香港英語中約定俗成的新詞。又如同英文新字「guanxi」,跟關係的意思是不一樣的 [52]。我想,前者代表著更隱匿更多潛規則的意味,如同把中國官場商場的非形式做法表達出來。所以,「guanxi」的意思便更受主體的集體記憶影響的概念運用。

因此比起單一字詞,豐富多面的記憶有著更多身份認同、國家或群體責任,也帶有各種信念、價值之類,左右著記憶和敘事的內容,進而產生各種的關係和張力。一如二〇一九年在香港發生的事,對於政治立場相左的人而言,同一時空的意義差天共地,而各自也形成了不同的公共記憶,影響和修正著無數人的個人記憶,而且這些眾數的公共記憶也會彼此爭奪正當性的位置。

社交媒體不僅代表著個人主體和物自體的交纏,也連結著一個更大的網路,從自然到技術,再到巨大的跨國群體,全都交疊在一起,連結成一個巨大,以致一時三刻難以把握的網絡。上述所集中的個人或者集體主體行動,都是在社交媒體的用戶介面上發生。但社交媒體本不純然是一個在螢幕上顯示的平臺,從社交媒體公司的伺服器基建、網路路由器和線路基建,還有電力、牌照、程式、熱力、污染物,還未算上電路板上的晶片電鍍物料,

來自世界各地的原材料、人力和社會關係，共同組成了社交媒體的存在必要條件。一如任何其他的商品或者事件，其存在總不是孤立的，而是陷入千千萬萬的因和緣之間，構成物體組成之世界（object world）的集結（assemblage），這也呼應了荷蘭社會學家薩森（Saskia Sassen）的講法，視全球化作為集結性而非單一範疇的全球擴張的理解[53]。

　　至於拙作，則會以虛擬主體，跟社群和個人主體交疊來加以詮釋。若繼續發掘公共記憶和身份跟個體的關係，必然牽涉到關於「肯認政治」（politics of recognition）的問題[54]。個體之身份是否需要先被公共群體所證受，讓使得個體得以被群體所接納和肯定，因而得到公共面向的自由自主。這在《主權在民論》已略有談及，這裡不再深究[55]。

　　另一方面，在現代政治經濟的場域，公共記憶不可能不觸碰到經濟面向。經濟關係最直接的便是金錢，而金錢也便是社會關係的抽象化約，這在馬克思《資本論》中已多有討論[56]。而在金錢關係底下，人與人得以通過金錢和貿易連成一氣，成為一個跨越全球的合作生產和消費的龐大網絡，這正是智人建立文明以至一切的開端。在金錢關係的視野下，人或成為生產者，或成為消

費者，流動在這些關係之中的，便是交換價值，而交換價值的載體正是商品[57]。這部份對於許多讀者來說，大概是相當基本的政治經濟觀。

但在公共主體的議題上，真正的問題有兩個，公共主體所預設了政治關係，能否或應否被經濟關係所主導，成為大我的主要凝聚力來源。另一問題是經濟關係如何影響公共以至個人記憶，這影響是否無可避免。第一個問題之所以存在，是因為在很長時間之中，我們都會設想經濟關係或是某種非公共面向的關係（一如「經濟」一詞的希臘字根來阿里士多德的書卷〔Economics/Οἰκονομικά〕，意指家庭管理）[58]，或是將一切價值都化約為經濟價值，其他的公共信念或者紐帶都不用帶有獨立甚至更高的意義。

前者自然在當代由新自由主義的哲學所擁抱，如英國前保守黨首相戴卓爾夫人（Margaret Thatcher, 1925-2013）在一九八七年接受雜誌訪問時的名言，「社會是不存在的，只有男人與女人，還有一個個家庭。」[59] 社會之不存在，因為沒有比起家庭關係更大的公共大我，所有都是為了維繫眼前人的經濟關係，也便是利己的利益關係，或者至少是家庭功利主義。如果套用德國哲學家哈貝馬斯的講法，便是「生活世界的殖民化」（colonization of the lifeworld），意思是令公共世界塌陷成單純一買一賣的經

濟關係，失去了公共性的面向[60]。這成了哈貝馬斯所理解的公共世界和社會關係的「物化」（reification）[61]。

但是單純以二元方式區分開政治和經濟關係是不現實的。首先戴卓爾夫人式的個人原子觀，背後實是作為論述，強化著資產中心個人主義的價值觀，而非陳述著甚麼新現實處境。政治經濟之結合關係，不僅體現在資本秩序跟政治秩序的宰制關係上，即資本盡然將更多人和物納入商品世界之中，成為可供買賣的交換價值載體，使得其剩餘價值得以被進一步剝奪；同時經濟關係不等於資本宰制的面向，也可以是人與人和工具的另一層合作信任和許諾的關係，並連結起千千萬萬跨越五洋七洲，素未謀面的生產者跟消費者[62]。這也是為何長距離貿易史，遠比資本主義的歷史長[63]。更重要的是，經濟自足也能成為新政治主體的形成契機，一如香港前幾年嘗試的「黃色經濟圈」[64]。

黃色經濟圈，說白了便是對照著過去二十年，國家資本主義下主導的紅色經濟圈所形成的。後者通過國企或者國家主導的公司，逐步吞食各個市場和工業，使得國家的生命政治（biopolitics）得以通過相對隱性的方式（尤其跟早期蘇聯或中國的五年計劃相比），動用市場資源作監控或者佔據更大市場來服務國家需要，企業的利潤也能隨時成為國家資產[65]。這些看似

私人擁有的經濟關係，在一定程度上是從屬於政治秩序。黃色經濟圈則以此相反，由下而上的模式推動著新的經濟活動想像。只是兩者相似的地方是，黃色經濟圈也預設了經濟關係從屬於政治秩序。因此，支持同路人的方式便是「在經濟上懲罰黃店」（即光顧親抗爭者的店），也便是只在親進步政治和主權在民的店鋪或者批發或者原材料供應點買賣，讓經濟收益變成互相支持的物質基礎，使政治抗爭的經濟代價不致由個人來承受。這種令經濟關係「再政治化」的權力操作，使得公共主體得以在每次消費和生產的活動中形成和強化，兩者變成互為表裡，紅色經濟圈的內部殖民也便反轉過來，變成抗爭公民充權的樣式，這正是政治和經濟關係的辯證動態。

另一方面，公共主體之形成和變化，也很受公共記憶的生產所左右。而產出公共記憶的活動過程是有其物質基礎（materiality）所影響，亦即知識產生的物質基礎[66]。當學者或者民間知識份子需要通過研究和著書立說時，或是當藝術家需要用各式媒體來傳播不同公共記憶時，他們也需要吃飯，也需要打工，也需要資源來進行研究和創作。同時，記憶的載體如書本、電影、文物、儀式等也需要各種機構或形式的保存記錄，如大學、博物館、圖書館、檔案館、畫廊之類，這些制度和機構想當然需要資源來維持運作。誰撥出資本，誰批准展出甚麼，決定

了公共記憶的內容和可能性，從而改變個體的記憶可信性或者內容。或如奧威爾（George Orwell, 1903-1950）在小說《1984》中擲地有聲的說話，「誰控制了現在便控制了過去，誰控制了過去便控制了未來」（Who controls the past controls the future: who controls the present controls the past），指的便是在公共記憶的宰制。

毫無疑問，在中央撥款、大學體制和法政威權主義下，知識生產還是較容易傾向權勢一方，即政權樂見的史觀。例如在當前的香港社會脈絡，官方香港史由團結香港基金領頭成立「香港地方志中心」，撰寫一大部全新的香港官方論述歷史名為《香港志》[67]。不管有多不符歷史史實，這本巨著仍然能權威地一錘定音，堅壁清野地掃除任何不符官方所需的歷史敘事[68]。歷史記憶的規範，也想當然會延伸至教科書和博物館。例如在新的中小學教科書，不僅不能再稱前九七的香港為殖民地[69]，甚至若然刊登了不是最新的南中國海地圖（十段線而非九段線），更會被中國海關即場撕書[70]。至於將科學館改建成歌頌國家成就和發展的展覽館，更盡顯新民族意識教育的赤裸操作[71]。

但是，各種異端不單從沒有在世上消失，也長期能與正統觀念周旋。在廿一世紀的各種新的技術經濟條件下，資訊的流通程

度和接觸門檻之低是前所未見，金融基建也使得價值流動變得光速地快，眾籌資金予民間生產知識的單位也容易得多，這也使得論述與歷史敘事的民主化變得更真實，這勢頭也是無可逆轉。即使數碼世代的條件帶來新的挑戰，諸如監控資本主義或者人工智能的種族主義[72]。但在生產非官方知識或者史觀上，我們比前人路已寬，行動抗爭的空間已經相對廣闊。

從政治到經濟主體，都反映著人與人的緊密關係，群眾與個體之間的連結性存在。主體是不能脫離集體而存在，卻又無法被集體所消弭，失去了個體的單一性（singularity）特質。這單一性並非如鄂蘭所言，是基於人作為人的政治行動及其必備的新生性（natality）[73]，而是個體主體在物和技術物的不同交雜連結中，有著更多層次的網絡交互性和關係性。這關係性除了物集體之外，還應包括廣闊如行星大小的自然視野。這也是最後一層的主體面向。

—— D. 行星主體

然而，這些面向尚未觸及國家民族之外的更大世界，許煜或稱之為「行星思考」[74]。這指向著的是一個由人類、其他動植物的物種、還有各種非生物的生態環境元素所纏繞在一起的行星政

治（planetary politics），抗拒人類中心的行星政治，直至近十年才開始受到關注，真正將社會關係網絡「翻譯成」地質化的存在（geologize the social）[75]。但這地質化的主體，並不等同於人類世或者蓋亞式（Gaia）的存在體[76]，這兩種都是現代性之下的產物，認定人的概念作為語言技術，能力上可以完全把握到整個生態世界的面貌，並嘗試去加以理解其變化的主要因果，從而進行監控和改造。

我們每每談到行星主體，其實並非談論著一個固定的，穩定的主體結構，或者像明明白白的阿基米德支點。反而每一次探問行星主體並由此來觀照公共與個人主體時，都是在打開某些人與自然、人與技術的網狀關係[77]，而在這些關係之中，人類也不必然是唯一的生態地質主體（geological subject），擁有改造大氣環境的力量。因此改寫了約翰‧多恩（John Donne, 1572-1631）的詩句，不單是「沒有人是孤島」[78]，而且所有事與物都不是孤島，行星政治便是觀照這個宏觀的層面。

所以，我們所談的行星地球仿若只有一個，但每次以這層次來觀照政治社會時，實質上都無法指涉著這浩瀚無邊的整體性，像佛家所言的「因指見月」[79]，見指而忘月一般，整體性總是在概念的邊陲逃逸。當告別現代性之後，便要接受面對生態危機的

是眾多的社會世界，而不是同質的人類共同面對同一命運。這差異性正是解殖思想所希望點明的重要政治分野，作為普遍大寫人類歷史以外，批判帝國知識體系後的諸多可能性。或以印度歷史學家查卡拉巴提（Dipesh Chakrabarty）的話，便是「同一星球下的諸多世界」（one planet, many worlds），這正是我們要談論行星自然史作為我們人類主體的歷史意識時必然面對的情況 [80]。

關於行星主體，我不禁想起一眾科普作家的觀點。英國天文學家兼科普作家布萊恩‧考克斯（Brian Cox）曾多次在訪問中談到，銀河系中若莫有一千億個太陽般的恆星，但當中很可能只有一個不起眼的恆星系統，孕育出會思考的文明出來，那便是太陽系的地球。因此相比起近年興起的反生育主義（anti-natalism）或者自願滅絕主義（Voluntary Human Extinction Movement）哲學思想 [81]，考克斯提出一個很重要的觀點，人類所居住的故土地球和太陽系，很可能是上千億恆星系統之中唯一能孕育文明的地方，因此人類的誕生不僅不是地球生態系統的魔鬼終結者（terminator），反而是宇宙無機自然世界發展出來的唯一自省和敘事的意義所在 [82]。

我們既是星塵之受造物，同時也是銀河系發展出來的自我意

識的成果，我們的存在使得宇宙不再一樣，像是云云的隨機與因果之中，生成出意識到追求自由的生命體。這也使得人類本身帶來遠遠超過自身存亡之意義，換句話說，人類之滅亡將令整個浩瀚宇宙失去了存在之意義，因為我們是宇宙上百億年來孕育出的極少數有意識物種，能為宇宙的運動和變化賦予故事和意義。所以我們的故事，也是宇宙運行的一部份，我們對宇宙之敘事，也便是宇宙物質之自我意義的生產。

容我再次提醒讀者，這四層敘事主體論純粹作為不同維度和廣度分析的作用，並不是存在論式的自足存在，它們這幾層之間也必然是互相構成互相影響的。但這四層的作用，在於作為一個提醒，讓我們時時警惕著，不要陷入單純的國族主義或者個人主義的敘事之中，因為這些層面的主體詢喚，都是跟其他層面有著密切的跨界關係，並且充滿了各種的關係性的表述。

沒有主體不是關係性的，不是處於成住壞空的關係之中。

三、敘事作為實踐

陳炳釗的話劇《月明星稀》，使得香港離散與身份的焦慮又再冒起[83]。很多人都在逼著在飄散流離的時代，詰問我是誰的問

題，我所歸屬的群體又是誰。在離散與在地之間，主體性重新成為一個有待安頓的問題。

我認為，四層主體論或能有助重新打開不同可能，令離散不再輕易掉進舊日民族主義的國家想像之中。即使我們知道，民族主義與共和革命曾經都是國際主義運動的先聲，但如今早已過時了[84]。只是這是二百多年前的光景，如今的主權秩序早成了帝國資本擴張的基礎，以國族來保護自我同一性，還有集體與個人之自主自由，無疑是緣木求魚，自欺欺人。

當然，以詮釋敘事作為本位的理論方法，聽起來仍虛無縹緲得很。到底面對政權的無情打壓，飄泊四方的無助下，敘事對價值、身份和國際政治還可以有甚麼幫助呢？

相對於傳統理論建構，敘事方法學不但門檻更低，更加民主，而且擺脫重抽象輕現象的基礎主義，強調政治概念或價值必須通過具體脈絡展現整全意義。也便是說，在殊別的經驗世界，價值理念的內容往往在處境之中才得以呈現，因為在應用和體現，正正構成了那些理念的重要內容[85]。例如自主的觀念，在不同處境之下，其意義也是大不相同。相反，在抽空脈絡的純粹概念處理中，絕大多數的指涉和關係都被化約，即使沒有扭曲概念

的意義，但內容上也無可避免的變得單薄，只能教條地回應著流變的世界。

在敘事的世界中，概念的文本是整個世界的故事性[86]。因此，在敘事中打開的，其實是世界作為文本的不同可能，這些可能性在詮釋循環（hermeneutic circle）之中[87]，擺盪在殊別和整體之間來回返復，在不同視野和層面上不斷打開新的詮釋空間和可能，使得意義的累積日漸豐富。因此，同一樣的概念價值如自由或者自主，公平或者公義，其當下的重要意義其實必須在敘事之中打開，通過探問自由自主於我的處境的重要性和作用，再以不同敘事的主體性可能來打開自由在這些權力秩序、知識生產、虛擬／真實／自然的交雜網絡之中如何可行，這正是離散的敘事理論可以為今人提供的一點啟發。

在這以敘事為本的思想方法上，不會再區分思考（theoria）和實踐（praxis）。即使馬克思在《費爾巴哈哲學提綱》（*Theses on Feuerbach*）提出那經典名言，「哲學家只是用不同的方式詮釋世界；重點在於改變它」[88]，後來的馬克思主義者也著重於改變和實踐，多於純理論思考（可能之後的法蘭克福學派和齊澤克〔Slavoj Žižek〕算是例外）[89]。然而我會說，這思維仍然深陷入傳統古希臘哲學的形態二分（若對鄂蘭而言則是兩種生命形

態的區分，即沉思生活〔vita contemplativa〕和實踐生活〔vita activa〕[90]），往往都是著重於理念，而實踐自然屬於後一步的應用上。因此實踐總是作為衍生性的、附從性的，先有了良好的理念才去求實踐。

但敘事性政治思想代表著敘事即實踐。因為在每一次敘事之中，作者都是通過重新敘述事情的發展和關係，其中的得失之類，賦予其新一層的意義。這新的意義將會透過各種敘事和再敘事，不斷生產和建構著當前的意義世界，成為閱讀者理解身邊的世界，理解自身和社會關係的文本，而同時閱讀者也會在理解和溝通中再生產著有主體意識的敘事，連結至更多的人。因為敘事不同於純理論的世界，它總是開放的、創造性的、自由出入的、甚至充滿衝撞性的，任何人都能獲取又能同時添加，人既在敘事之中不斷找尋自我，卻又在建立自我的同時，建起社群和世界，以至整個行星性的各種人與非人的關係網。

同時，敘事也不限於做政治評論或者思想反省，反而在更平常的大眾媒體與娛樂之中，我們處處看到敘事的經驗，不管是電視、電影、歌曲、話劇、海報、部落格、社交媒體之中，我們都在不斷生產文化藝術的敘事，也在不斷地評論和再敘述那些事件和意義，記憶和認同感。不管是白雙全的藝術創作、莊梅岩的

六四劇作《五月三十五》、梁莉姿的小說《日常運動》、黃照達的漫畫《那城》、還是廖偉棠的詩集《拓孤之地》之類，文藝的敘事生產充滿生命力。喚回柏拉圖對流行文化的導引和討論，卻隻字不提當世的歷史書寫，其實正正因為前者才有著巨大的政治影響力，直接使得民眾產生相應的歸屬感、政治情感和行動，這些也便是柏拉圖所關心的政治性。

我認為，柏拉圖的精闢之見，放在廿一世紀也不過時。敘事不是從天而降的東西，不用等待哲學家啟蒙才出現的東西，相反它是如此的無處不在，對人的意識和社群的塑造也有巨大影響。只是我們必須注意的是，敘事也想當然成了資本的工具，變成商品化的對象，售賣故事成為小說電影電視劇行業的金蛋。但班雅明在《拱廊街計劃》曾提醒我們，商品的幻象化並非只有拜物之可能，敘事也有著歷史覺醒，群眾革命的新可能[91]。因此比起韓炳哲（Byung-Chul Han）在《敘事的危機》（crisis of narration），只見到敘事在現代消費世界的陷落，我倒處處感受到敘事之解放力量的所在[92]。

如果葛蘭西說人人都是知識份子[93]，那麼約翰・柏格的講法無疑更貼近敘事者的實踐性，「宇宙類似頭腦，而非機器。生命是一則此刻正被訴說的故事。第一真實的就是故事。」[94] 故事對

柏格來說，不單是記憶的載體，讓天人相隔的生者和死者得以互通，讓記憶得以流傳下去。而且這流傳是帶著期盼的，深信終有一天，故事的終結是暴政之亡，真理會得到彰顯，「所有的故事終歸會指向暴政必亡。」[95] 這類近基督教化的德福一致的期許，讀者大可加以質疑。但柏格在這裡所點明的政治希望跟記憶和實踐的關係，乃是非常重要的反省方向，下章會詳加述之。

四、敘事作為政治思想的基進性

敘事作為離散時代的政治思想實踐，至少有幾個相互扣連的重要面向，使其有效地挑戰當前的自由主義資本秩序，跳出舊有的理論框架，迎向更豐富的可能性。這種進路有幾個基進的面向。

首先，離散敘事思想不用預設理性主體作為政治思想的核心關懷。在傳統啟蒙現代性的框架下，理性的人視作世界中心，接著由此建立起所謂理性排列的階梯或者食物鏈，其他非理性或者理性能力薄弱的不同物種，便會安放在被宰制的下層位置。若上帝喚亞當要代為管理萬物（創 1:28），那麼現代世俗化的科學主義（scientism）即使再世俗化再改頭換面，但也不過是現代版的創世記神話，邏各斯（Logos）之神將命名與管理萬物的責任，

再次放到人類之手上[96]。這還未算上許多族群的人，被政權以各式原因而「非人化」[97]，從帝國殖民到主權國的國內殖民，都是通過非人化的過程，將某些人從擁有人權的空間中剔除，令其變成「低端人口」[98]或者「裸命」（bare life）[99]，從而證成國家的種族壓迫的政策措施，也想當然是帶來離散的成因之一。這些生命政治（biopolitics）的權力操作，在殖民秩序非常普遍，也是人─自然的二元對立中被忽視的重要權力不對等結構。

與此相反，論述體系所著重的是後人類（posthuman）的想像，也便是在帝國對於土地、物種和人類的暴力之外，尋求其他理解人和土地、海洋和世界的可能性。只是現代性（modernity）所高舉的大自然宰制價值觀，正正有賴於科學知識論對於概念體系如何支配經驗世界的操作，並生產出物種間、人的國族之間權力不對等的階級關係[100]故此，要重新尋求新的思想空間和切入點，而同時不重覆舊日覆轍，將理性高舉並帶來「管理世界」（administered world）[101]或者「鐵籠子」（iron cage）[102]，那麼敘事大概是最能跳出概念的宰制性關係，這種以普遍性壓倒殊別性的新理性神話。

因為在敘事之中，理念概念和價值的定義並非來自自足的存有世界，反而是在殊別的處境之中才得以完滿。更重要的是，

這敘事並非單指直接的文化生產，反而是從詮釋敘事來打開世界的文本閱讀性，讓一切都化成有待詮釋的意義素材，而在詮釋敘事本身，便是在塑造著意義世界和主體性，歷史記憶跟新的實踐條件。由於在四層主體分析架構之中，物的存在跟非人類的環境條件，都是構成人所不能缺少的面向，因此人類中心的物種主義（speciesism）所象徵的支配關係，跟這敘事性思考上是無法相容的。

　　同一時間，若然我們認知到概念應用的思考方法上，很可能存在著知識理性的宰制關係，即擁有相應知識生產的利益階層或者管治者，以抽象概念的權威性來控制和調控人口，最終達致生命政治的目的話，敘事政治觀所提倡的便是以關係性（relationality）主導的思想方式和實踐。

　　借用當代生態政治學者 David Chandler 和 Jonathan Pugh 的說法，傳統視技術知識作為控制調度大自然資源為己所用的思維方式，可稱作大陸型思想（continental thinking）。對他們而言，這思想模式老早已無法幫我們跳出現代性的框框，無法容納其他型態的思想觀，因此我們需要一種政治思考的範式轉移，他們稱之為「群島式思考」（archipelagic thinking）[103]。

所謂群島式思考有幾個相關的面向，首先是批判現代性的線性進步史觀的問題，並改為主張以適應性（resilience）作為迂迴的發展路徑，且沒有必然進步的目的性。對比起線性進步，適應性更強調的是外力環境的條件對於主體的壓力，而主體在這脈絡下認識相應的外力，並作出適應性的調節，順勢而為，這便是關係性的其中之一 [104]。而且，這不是在描寫人終勝天的故事，而是島嶼才是這新存有論的主體，通過不斷的碰撞和磨合，使其不斷的發展，有著其個體化（individuation）的過程 [105]。那些外力如碳氮循環、氣候、水流、陽光、季風之類，都是令島嶼不同部份需要不斷克服和改造自身，在互動所帶來相互改變下，主體和客體的對立也變得模糊 [106]。同時，島嶼跟島嶼以外的牽絆也是沒法限制的，連帶島嶼間的界線也是含糊的，一如島上的生態系統。

　　放回離散的討論上，離散群體在這新時代，對應著的是全球的氣候轉變、網絡技術連結的無遠弗屆、經濟上的財金資本全球流動，以及主權國家正日漸民粹化和威權化，每個挑戰都彷如泰山壓頂。但是我們在每一次敘事時，其實都在打開著離散群的適應發展，使其得以應對來自生態、經濟、技術和政治的壓力，在不同烏托邦的想像可能性之中，慢慢適應和吸收那些條件，成為關係性的主體（relational subject）。也就是說，沒有條件是必然有害於離散發展出共生狀態的可能，需要的只是有效的敘事進行

解碼。因此離散群體的存在性跟上述島嶼相似，都不是先天地定義和安排預設好的，而是在不同脈絡的壓力下尋找適應和共生的可能，而這個體化發展過程才是離散思想能發揮的歷史意識和政治作用。

最後一個重要性，在於敘事實踐成為群眾充權，實踐基進民主（radical democracy）的新進路。相比起理論的建構和運用作為實踐方法，敘事是所有人擁有的能力[107]。這也是為何電影、話劇或者小說，始終比許多磚頭哲學書或者思想課程更受歡迎。但同一時間，群眾的親近卻又不代表那是錯的，或借用柏拉圖的知識區分，群眾想法始終是浮動的意見（doxa）而不是永恆的真理（eidos），而鄂蘭想當然狠批這種重視真理而輕視意見的取態，是一種「去政治」的表現[108]。況且，一如前述，蘇格拉底或柏拉圖也是不斷二創希臘傳統敘事的能手，這些都是更靠向意見之表現。畢竟，敘事是開放的公共舞臺，供所有說故事的人隨時參與其中。借美國詩人惠特曼（Walt Whitman, 1819-1892）的話，所有人皆可「貢獻一句詩句」（you may contribute a verse）[109]。

有別於一些敘述論學者如阿皮亞（Anthony Appiah）般，關注敘事結構所預設聽故事觀眾（audience）之必要[110]，拙作的敘事論採取的是對話性（dialogical）的世界結構，以多向式對話瓦

解說話者和聆聽者的邊界。且敘述作為多重的，從詮釋閱讀者角度來理解和賦予新的意義，這產生的不僅是對自己的意義，也是對文化價值世界的意義。這些意義使得不同的政治概念和價值，有了更豐富和多面的內容和意思，也能連結和改造更廣闊的世界。這多少帶有法國哲學家洪席耶（Jacques Rancière, 1940- ）的美學觀中，美學作為可感性的重新分配（partage du sensible）的政治作用，令忽視的人和事得以重新被看見[111]。順著洪席耶的想法，我也認為可以通過新的敘事，令歷史發展觀產生分歧，不同的人納入進「我們」的過去記憶，成為今天的我的身份主體的一部份，因此產生了可感性的分別。但這不一定從視覺來談感性分配，任何敘事的形式也能擔當這美學政治之要角。

因此，離散式的實踐，正是視世界不同創作、事件和東西作為文本來詮釋和介入，且這些文本都不是封閉的、自足的意義世界。意義的生產全在乎於文本的第二序介入閱讀，這也更接近保加利亞哲學家克里斯蒂娃的跨文本框架，文本作為非結構主義理解的整體性，任何文本都在跨文本之間的不同關係之中，如引用、戲仿、暗示、回應之類，而在這些關係之中，又會不斷改造文本自身的意思[112]。故此，敘事即解讀，解讀即實踐，根本不存在理論和實踐的二元分別。而解讀的空間終究要開放的，如同真相的總體性總是鏡花水月，沒有所謂整全的真理，總是留待更多

的補充和發掘。

借敝校文化研究學者沃克（McKenzie Wark）所言，理論書寫和生產同樣也必然是集體勞動的結果，這也是為何每章每節都有著數之不盡的參考書目 [113]。同時，抽象的理論系統並不是可以獨然而生的，必須倚賴了無數通過實踐而得到的在地觀念或者經驗，或稱之為「在地理論」（low theory），後者往往是非理論勞工從各種溝通和行動之中所學習和領略並化成的概念性經驗。因此這也成了拙作所論說的對象，亦是我所理解的離散論述的基進民主面向。

由此之故，若讀者能讀到這裡，便會發現其實離散思想並不一定只適用於已經飄洋過海的異鄉人身上。即使生活在（自視為）家鄉之中，同樣都能夠借離散思想、借助故事和電視電影述說人和自然和物的各樣關係，如何對應當前政治經濟與技術發展的挑戰。且更重要的是海外的離散群跟本地的連繫，這些正是群島思考中的島嶼連結。在離散的時代，全世界受苦的人都是離散者，全都屬於這些關係網絡的共建互構之中，更何況是休戚相關的人和事呢。

五、關係性本體與敘事（者）

在本章的最後一節，我希望從倫理政治的面向來理解敘事主體的多向度關係性，如何有助我們從深入地切入敘事之於人的重要性，以及敘事者之間的敘事關係到底是所謂何事。

主體之四層結構，從肉身主體、虛擬主體、公共主體到行星主體，分別對應著四種關係性，分別是物關係、技術關係、跨主體關係和自然關係。這些關係只是相對於連結對象而命名，本身沒有高低或先後之分。這些群島式或者後人類式的政治主體想像，大大加強了我們對於政治主體作為關係性存有（relational being）的理解。而這關係性質，或曰主體之倫理性（ethics）[114]，也能體現在敘事者社群的幾個根本面向上。只有把這些都交代清楚，才能讓讀者更加明白，為何敘事在新政治主體的構建中是如此重要。

首先，主體若然是一個動態形成之過程，不斷在各種權力、象徵、欲望、關係拉扯中變化的話，敘事正正是作為媒介，構成與改造著這些「之間」（in-between）的力量或者牽絆。不同於抽象化的觀念理論，敘事是世界的流淌，通過展開意義之網絡來盛載各種情感、信念、價值和記憶。在觀賞劇集電影或者小說散

文時，我們可通過敘事代入角色，感受當中的喜怒哀樂，與劇中人同喜同哀。即使劇終人散，這些情節或感受仍會化作主體的記憶，甚至是化成主體的一部份。敘事塑造著主體，改造著牽絆主體的關係網絡。

如果觀劇在某意義下仍算是敘事之消費活動，那麼公共記憶的敘事同樣亦然。在博物館、公共展覽、書本刊物、互聯網等不同媒介上，都會或多或少地觸及到一些史觀對歷史的描述。如中國的血淚殖民史到民族復興夢，便是當前一個非常受官方喜歡的史觀，也屬於先前提及的宏大敘事。在這宏大敘事下，不僅個別歷史事件會通過這評價標準來決定重要性或存在價值，且也會從歷史教育中改造人對自身、族群和生活世界的感受和判斷。先有國族敘事，伴隨著相應的教育、制度和器具標記，然後才生產出國民和族人。古有圖騰成人禮，今有愛國電影《建黨偉業》或者《建國大業》，這些都是敘事的一部份，也是主體成為主體所需要的連結性。

第二，除了情感和連結的需要，敘事的結構本身也體現了集體與個體，同一性和獨特性的奇異結合，這是另一層的連結意義。敘事本是世界的展現，是人與物、物與物之間的意義網絡，但同時這「世界」不是一個封閉的整體（totality），不是一切

物之總和，而是一個始終在招手發出邀請，讓主體參與其中的世界建構過程（world-making）。想想二〇一四年或者一九年的香港社會運動，或者 318 太陽花學運，宏觀非個人的歷史陳述當然是存在的，但同時又不是現實的全部。不管讀者當時是否親身參與其中，但我們當時的觀察和經歷，當時的人和事都成為了個人敘事的一部份，這個人敘事在集體記憶之中不是可有可無，反而是後者永遠在邀請前者匯聚一起，豐富和複製化後者的內容，兩者亦會並存於主體之中。但集體記憶總是扁平而片面的，公共記憶始終無法主宰或取代個人記憶和敘事，因此在蘇朗欣的短篇小說集《觀火》、陳梓桓的電影《憂鬱之島》或者周冠威的紀錄片《時代革命》，集體是沒法取消個體獨特性之存在，這些混雜甚至衝突，乃是敘事結構之連結性所必備的面向，也是敘事的基進民主特質之一，也是柏拉圖在敘事論中同時突出敘事文本和再敘事的複合關係。

第三，如柏拉圖所言，敘事並非單純是情節的鋪陳，故事世界的呈現，單純作為真實世界的替代物。敘事也應帶有敘述成份，即價值判斷之切入，目的王國的降臨。因此，敘事不單在乎有多真實，也應該著眼於其盛載的道德價值和政治信念，尤其當我們考慮到敘事對於主體和世界之巨大影響。而敘述之價值信念再生產，往往是來自理解者與敘事結構之互動，而非與創作者動

機而產生，因此傳播者和理解者也是生產者，不斷在敘事當中強化或動搖當中的價值和信念。

以離散者熱衷傳承香港故事為例，海外港人希望保存不受官方過濾和收編的真香港歷史文化觀，因此會努力向外宣揚廣州話文化和殖民香港史，社會運動記憶和理念的追求 [115]。這些對香港的敘事和記憶都是在一定程度真實而有限的，同時又不止是停留在真實的保存中，而是通過保存記憶和信念來建立離散社群。我想，敘事的倫理性既有於通過故事連結世界，也是以此來訴說我們的共同追求。即使彼此的追求未必一致，但在獨特性的敘事張力中，但願我們能求同存異地看見彼此。

倒過來說，徹底排他的敘述當然也是存在的，特別是上述的宏大敘事，往往不容於異見出現。或如在民族主義史觀的世界，只有我族和非我族類的存在，而後者通通都是漢奸或奸佞。或如以色列錫安主義和哈馬斯，各自都是不容於對方之史觀之中，各自都不容於對方的存在。這顯然是缺乏倫理性的敘事政治。失去連結和包容的敘事世界，只餘下暴力和支配，這使得他們成為所有行星主體之共同敵人。

所以，「敘事聯邦」的世界觀不等於是片面的和平、理性，

非暴力，打不還口罵不還手。敘事論是有其倫理性，而倫理性是帶有道德政治指向的。這既是回應著主體的連結網絡，也是我們構建理想世界所需要具備的視野。同時，倫理性是帶有規範性的，不單我們應該擁抱連結和尊重無數人與人、人與物之連結交互，同時也應警覺甚至阻止缺乏倫理性的敘事政治的存在。集權與獨我的反敘事世界，只會帶來更多的暴力和不幸。

　　總而言之，本章的討論是梳理離散政治思想如何借鑑當前批判理論的最新發展，使得其能夠跳出人類中心和現代性的發展路向，通過以敘事為方法，嘗試重塑一套新的離散政治理念的實踐方式，我們才有可能走出政治哲學的現代性困窘，重尋理念的革命力量所在。

第四章　記憶、身份和主體性

1. "We should admit rather that power produces knowledge (and not simply by encouraging it because it serves power or by applying it because it is useful); that power and knowledge directly imply one another; that there is no power relation without the correlative constitution of a field of knowledge, nor any knowledge that does not presuppose and constitute at the same time power relations." 詳看 Michel Foucault, *Discipline and Punish: The Birth of the Prison* (London: Vintage, 2012), p.27.

2. 這個概念是源自 Macpherson 對早期自由主義中的個人觀的看法，詳參 C.B. Macpherson, *The Political Theory of Possessive Individualism: Hobbes to Locke* (Oxford: Oxford University Press, 2011). 另參 Larry Siedentop, *Inventing the Individual: The Origins of Western Liberalism* (Cambridge: Harvard University Press, 2017).

3. Paul Ricoeur, *Time & Narrative* (vol. 1) (Chicago: University of Chicago Press, 1990).

4. Stuart Hall, "Cultural Identity and Diaspora," in *Selected Writings on Race and Difference* (Durham, North Carolina: Duke University Press, 2021).

5. John Berger, *Hold Everything Dear* (New York: Knopf, 2007).

6. Paul Ricoeur, *Time and Narrative I* (Chicago: University Of Chicago Press, 1990).

7. Maurice Halbwachs, *On Collective Memory, trans. Lewis A. Coser* (Chicago: University of Chicago Press, 1992), p.38.

8. Ernest Renan, *What Is a Nation? and Other Political Writings* (New York: Columbia University Press, 2018), p. 251.

9. Rene Descartes, *Meditations on First Philosophy* (Cambridge: Cambridge University Press, 2017).

10. John Locke, *An Essay Concerning Human Understanding* (New York: Hackett, 1996). 另參 Etienne Balibar, *Identity and Difference: John Locke and the Invention of Consciousness* (London: Verso, 2013).

11. 爭議正正在於，因為休謨的絕對經驗主義，令他無法相信自我同一性能夠證立，David Hume, *An Enquiry Concerning Human Understanding* (New York: Independently published, 2020).

12. David Hume, *The History of England: From the Invasion of Julius Ceasar to the Revolution in 1688* (6 Volume Set) (Carmel: Liberty Fund, 1985).

13. 李怡，《一個人是一生行為總和：生命散章・名言筆記》（香港：天地圖書，2014）。

14. Anna Freud, *The Ego and the Mechanisms of Defence* (London: Routledge, 1992).

15. Immanuel Kant, *Critique of Pure Reason* (Cambridge: Cambridge University Press, 1999).

16. 引至 Michael Hardt & Antonio Negri, *Multitude: War and Democracy in the Age of Empire* (London: Penguin, 2005), p.192. 另參 Maurice Merleau-Ponty, *The Visible and the Invisible* (Evanston: Northwestern University Press, 1968).

17. Martin Heidegger, *Being and Time* (London: Blackwell, 2001), p. 99.

18. Martin Heidegger, *Being and Time*, p. 113.

19. Martin Heidegger, *Being and Time*, p. 67.

20. Walter Benjamin, *The Arcades Project, trans. Howard Eiland & Kevin McLaughlin* (Cambridge: Harvard University Press, 2002), pp. 204-205.

21. 雖然這概念取自沙特的 being-in-itself 跟 being-for-itself 的字面意義，但完全不是對應同一意義，我用作來理解非工具性之器物對主體的影響，尤其是身份記憶的關係。

22. Judith Butler, *Bodies that Matter* (London: Routledge, 2011), p. 30.

23. Judith Butler, *The Force of Non-Violence* (London: Verso, 2020), pp. 196-7. 另參 Judith Butler, *Precarious Life: The Powers of Mourning and Violence* (London: Verso, 2020).

    李宇森，〈從女性主義到非暴力抗爭（下）：專訪巴特勒〉，《燃燈者》，2021 年 11 月 16 日。

24. Laura Quintana, "Jacques Rancière and the emancipation of bodies," *Philosophy & Social Criticism*, 45 no.2(2018): 212-238.

25. 關於技術物的存有性理論思考，可參考 Gilbert Simondon, *Being and Technology* (Edinburgh: Edinburgh University Press, 2012). Gilbert Simondon, *On the Mode of Existence of Technical Objects* (Minneapolis: University of Minnesota Press, 2017).

    Yuk Hui, *On the Existence of Digital Objects* (Minneapolis: University of Minnesota Press, 2016).

    Yuk Hui, *Recursivity and Contingency* (London: Rowman & Littlefield Publishers, 2021).

26. Chris Byron, "Essence and Alienation: Marx's Theory of Human Nature," *Science & Society*, Vol. 80, No. 3, July 2016, pp.375–394.

27. 潘曉彤，〈超脫人類中心主義 開拓科技想像——專訪哲學家許煜〉，《明報》，2019 年 7 月 14 日。

28. Donna Haraway, "A Cyborg Manifesto: Science, Technology, and Socialist-Feminism in the Late Twentieth Century," in *Simians, Cyborgs and Women: The Reinvention of Nature* (New York: Routledge, 1991), pp. 149–181.

29. McKenzie Wark, *Gamer Theory* (Cambridge: Harvard University Press, 2007).

30. Kate Eichhorn, *The End Of Forgetting: Growing Up With Social Media* (Cambridge: Harvard University Press, 2019).

31. Plato, *Republic*, 514a–520a.

32. Jacques Lacan, *Desire and its Interpretation: The Seminar of Jacques Lacan, Book VI* (Oxford: Polity, 2021).

33. Jason Gainous & Kevin M. Wagner, *Tweeting to Power: The Social Media Revolution in American Politics* (Oxford: Oxford University Press, 2013).

34. Philip N. Howard & Muzammil M. Hussain, *Democracy's Fourth Wave?: Digital Media and the Arab Spring* (Oxford: Oxford University Press, 2013).

    L. Hudson, A. Iskandar & M. Kirk (eds.), *Media Evolution on the Eve of the Arab Spring* (London: Palgrave Macmillan, 2014).

    S. Bebawi & D. Bossio (eds.), *Social Media and the Politics of Reportage: The 'Arab Spring'* (London: Palgrave Macmillan, 2014).

Reza Jamali, *Online Arab spring: social media and fundamental change* (New York: Chandos Publishing, 2015).

Albina Osrecki, "New Media and the 'Arab spring'," *Politička misao*, 2014, Vol.51 (3), p. 101. 但之後的社交媒體技術和去中心的資訊交流，也使得運動走向衰落，威權政權得以重來。詳參 Laila Shereen Sakr, *Arabic Glitch: Technoculture, Data Bodies, and Archives* (Palo Alto: Stanford University Press, 2023).

35. Francis L.F. Lee & Joseph M. Chan, *Media and Protest Logics in the Digital Era: The Umbrella Movement in Hong Kong* (Oxford: Oxford University Press, 2018).

Pang Laikwan, "Retheorizing the Social: The Use of Social Media in Hong Kong's Umbrella Movement," *Social text* 35, no.3(2017): 71-94.

Lin, Zhongxuan, "Traditional Media, Social Media, and Alternative Media in Hong Kong's Umbrella Movement," *Asian politics & policy* 8, no.2(2016): 365-372.

Shibani Mahtani & Timothy McLaughlin, *Among the Braves: Hope, Struggle, and Exile in the Battle for Hong Kong and the Future of Global Democracy* (New York: Hachette Books, 2023）. 但香港在政治抗爭運動中，同樣也有出現社交媒體假消息廣傳而難以證實的問題，詳見 Francis LF Lee & Guobin Yang, "Social media and the spread of fake news during a social movement: The 2019 Anti-ELAB protests in Hong Kong," *Communication and the public* 5, no.3-4(2020): 122-125.

36. Jürgen Habermas, *A New Structural Transformation of the Public Sphere and Deliberative Politic* (Oxford: Polity, 2023).

37. Graham Harman, *Object-Oriented Ontology: A New Theory of Everything* (London: Pelican Books, 2018).

38. Michel Foucault, *Discipline and Punish: The Birth of the Prison* (New York: Vintage, 1995).

39. 這多重問句是啟發自 Raymond Geuss 對於 real politics 應該提問的幾個未知項，詳見 Raymond Geuss, *Philosophy and Real Politics*, (New Jersey: Princeton University Press, 2008).

40. Shoshana Zuboff, *The Age of Surveillance Capitalism: The Fight for a Human Future at the New Frontier of Power* (New York: Public Affairs, 2019).

41. Nick Paton Walsh, Alex Marquardt, Florence Davey-Attlee and Kosta Gak,

"Ukraine relies on Starlink for its drone war. Russia appears to be bypassing sanctions to use the devices too," *CNN*, Mar 26, 2024.

42. "Russia is using Starlink in occupied areas, Ukraine says," *Reuters*, Feb 24, 2024.

43. Mary Bridges, "Infrastructure Is Remaking Geopolitics; How Power Flows From the Systems That Connect the World," *Foreign Affairs*, May 10, 2024.

44. Plato, *The Republic*.

45. St. Augustine of Hippo, *City of God* (London: Penguin, 2003).

46. Thomas Hobbes, *Leviathan* (Cambridge: Cambridge University Press, 1996).

Carl Schmitt, *The Leviathan in the State Theory of Thomas Hobbes: Meaning and Failure of a Political Symbol* (Chicago: University of Chicago Press, 2008).

47. 試舉一個例子，在古羅馬時代，尤其在共和與帝國交界之時，無數史家像波利比烏斯（Polybius, 200 -118 B）、李維（Livy, 59BC-14AD）或者塔西陀（Tacitus, 56-118）等都會嘗試從宏觀角度，探問為何羅馬能脫穎而出成為歐洲的霸主，甚至將地中海變成帝國內海。但在史家之中，其中一位卻刻意不以史學來書寫帝國整體史，像是一再用文字作技術來認可帝國的存在及其合理性。這位史家，便是猶太出身的約瑟夫斯（Flavius Josephus, 37-100）。身為前猶太地區抗爭的領袖，約瑟夫斯在人生中後段期投靠羅馬陣營，並著力著史，寫成極為重要的《猶太人對羅馬人的戰爭史書》，或簡稱為《猶太戰爭》（*The Jewish War*），記述那場他有份帶領和參與，發生在公元一世紀六〇年代的猶太叛亂。身為史家他自然不能只將當時的第一身觀察寫進史書，也要把叛亂發生的前因後果一併陳述。這自然涉及到部份羅馬帝國史，但值得注意的是他不同於一般羅馬史家，只將猶太人反抗事件看成羅馬的帝國邊陲的小事，從帝國中心來觀看與衡量偏遠行省的地重要程度。反而整本書開首便開宗明義，這是為了討論猶太地區史的書。「對於歷史學家而言，勤奮研究不僅僅是重新安排他人作品的總體框架和細節順序，而且在處理新的課題並創造出屬於自己的歷史結構。」因此整本史書都是以猶太地區為中心，而作為羅馬帝國中央的意大利半島反倒成了小配角，更不用說其他地區的羅馬行省。因為在這新視野之中，猶太地區和民族成了新的歷史敘事主角，而不是整個羅馬帝國，而反抗也成了歷史記憶的主要部份。一如名導盧卡斯（George Lucas, 1944-）將《星球大戰》的劇情聚焦在帝國反抗軍之中，突出歷史觀的進步意味。詳參 Josephus, The Jewish War, trans. Martin Hammond (Oxford: Oxford University Press, 2017).

48. 李宇森，《主權神話論》，頁 106-114。

49. 香港中心史觀的例子有 John L Carroll, *A Concise History of Hong Kong*. 蔡榮芳，《香港人之香港史 1841-1945》（香港：牛津大學出版社，2000）。

徐承恩，《城邦舊事：十二本書看香港本土史》（香港：紅出版，2016）。

徐承恩，《香港，鬱躁的家邦：本土觀點的香港源流史》（臺北：左岸，2019）。

至於以臺灣中心史觀著史的例子，最早和最重要的代表自然是史明所寫的臺灣史，詳參史明，《簡明臺灣人四百年史》（臺北：前衛，2017）。至於近年的發展，可參考張炎憲策劃的七本《典藏臺灣史》，將臺灣史和南島史連在一起，使其有別於中國大陸的歷史詮釋，試參劉益昌，《典藏臺灣史（一）史前人群與文化》（臺北：玉山社，2019）。詹素娟，《典藏臺灣史（二）臺灣原住民史》（臺北：玉山社，2019）。林偉盛，《典藏臺灣史（三）大航海時代》（臺北：玉山社，2019）等等。另參張萌、劉相平，〈臺灣「臺灣史」研究譜系及其史觀嬗變述論〉，《太平洋學報》9 期 (2016)，頁 74-85。。

50. Paul Ricoeur, *Memory, History, Forgetting*, Kathleen Blamey & David Pellauer (trans.) (Chicago: University of Chicago Press, 2006).

51. Ernest Kao, " 'Add oil' entry in Oxford English Dictionary is just latest Cantonese phrase to hit mainstream," *South China Morning Post*, Oct 17, 2018.

52. https://www.oed.com/dictionary/guanxi_n

53. Saskia Sassen, *Territory, Authority, Rights: From Medieval to Global Assemblages* (New Jersey: Princeton University Press, 2006).

54. Charles Taylor, *Multiculturalism: Examining the Politics of Recognition. Axel Honneth, The Struggle for Recognition: The Moral Grammar of Social Conflicts* (Oxford: Polity, 1995).

Axel Honneth, *The I in We: Studies in the Theory of Recognition* (Oxford: Polity, 2012).

Nancy Fraser & Axel Honneth, *Redistribution or Recognition?: A Political-Philosophical Exchange* (London: Verso, 2004).

55. 李宇森，《主權在民論》，頁 144-7。

56. Karl Marx, *The Capital: A Critique of Political Economy, Volume 1* (London: Penguin, 1990), p. 274.

57. Karl Marx, *The Capital*, p. 255.

58. Aristotle, *Economics* (New York: Aeterna Press, 2015).

59. "Margaret Thatcher: a life in quotes," *The Guardian*, Apr 8, 2013.

60. Peter J Verovšek, "Taking Back Control over Markets: Jürgen Habermas on the Colonization of Politics by Economics," *Political Studies* 71, no.2(2023): 398-417. 另參 Jurgen Habermas, *Europe: The Faltering Project,* trans. Cronin C (Oxford: Polity Press, 2009).

61. Timo Jütten, "Reification," in *The Cambridge Habermas Lexicon*, eds. Amy Allen and Eduardo Mendieta, (Cambridge: Cambridge University press, 2019): 390–93.

62. Georg Simmel, *The Philosophy of Money* (London: Routledge, 2011), pp. 191-2.

63. 威廉．伯恩斯坦著，潘勛譯，《貿易大歷史：貿易如何形塑世界，從石器時代到數位時代，跨越人類五千年的貿易之旅（臺北：大牌出版，2018）。

    James D. Tracy (ed.), *The Rise of Merchant Empires: Long-Distance Trade in the Early Modern World 1350-1750* (Cambridge: Cambridge University Press, 1992).

    Ron Harris, *Going the Distance: Eurasian Trade and the Rise of the Business Corporation, 1400-1700* (New Jersey: Princeton University Press, 2020).

64. 劉修彣，〈黃色經濟圈的理想和掙扎：紅藍之外，他們要重掌經濟自主〉，《端傳媒》，2020 年 5 月 5 日。

65. 李宇森，《主權神話論》，頁 292-5。

66. Derek Hook, "Foucault, Discourse, Knowledge, Materiality, History: Foucault and Discourse Analysis," *Theory & Psychology* 11, no.4(2001): 521-547. 另參 Michel Foucault, "The order of discourse,"in *Untying the text: A post-structural anthology*, ed. Robert Young (London: Routledge & Kegan Paul, 1981): 48-78.

67. Y.t.Chan，〈獅子山下的「香港志」故事——把歷史簡化、滿足特定階層的歷史與經濟學者〉，《關鍵評論網》，2021 年 1 月 11 日。〈團結基金《香港志》出首冊稱「述而不論」無意洗腦〉，《明報》，2020 年 12 月 29 日。

68. 馮睎乾，〈《香港志》如何扭曲「三一事件」〉，《大紀元》，2024 年 3 月 1

日。〈團結香港基金牽頭編撰《香港志》 淡化扭曲敏感議題 教育界質疑「政治先行」〉，《自由亞洲電臺》，2020 年 12 月 29 日。

69. 〈新版香港教科書稱香港不曾是「殖民地」〉，《BBC News 中文》，2022 年 6 月 15 日。

70. 〈港課本「舊地圖」遭中國海關撕書 出版社教育局互卸責惟不提執法問題〉，《自由亞洲電臺》，2024 年 3 月 15 日。

71. 〈科學館擬於沙田重置 原址改建為國家成就和發展專館〉，《香港電臺》，2023 年 12 月 6 日。

72. Cathy O'Neil, *Weapons of Math Destruction: How Big Data Increases Inequality and Threatens Democracy* (New York: Crown, 2017).

Safiya Umoja Noble, *Algorithms of Oppression: How Search Engines Reinforce Racism* (New York: NYU Press, 2018).

73. Hannah Arendt, *The Human Condition.*

74. Hui Yuk, *Machine and Sovereignty for a planetary thinking* (Minneapolis: University of Minnesota Press, 2024).

75. Dipesh Chakrabarty, *One Planet, Many Worlds: The Climate Parallax* (Chicago: Chicago University Press, 2023)

76. 最著名的蓋亞理論，自然是 James Lovelock 的理論。詳參 James Lovelock, *The Ages of Gaia: A Biography of Our Living Eart* (London: W. W. Norton & Company, 1995). James Lovelock, *The Revenge of Gaia: Earth's Climate Crisis & The Fate of Humanity* (London: Basic Books, 2007). James Lovelock, *We Belong to Gaia* (London: Penguin, 2021). 另參李宇森，〈一生為蓋亞招魂──悼 James Lovelock〉，《燃燈者》，2022 年 8 月 6 日。

77. Anna Tsing, *The Mushroom at the End of the World: On the Possibility of Life in Capitalist Ruins* (New Jersey: Princeton University Press, 2021).

78. Ernest Hemingway, *For Whom the Bell Tolls* (New York: Scribner, 2002). 當然我們也知道，海明威並非首個提出這詩句的人，他是取自詩人 John Donne 的作品，詳看 John Donne, *No Man is an Island* (New York: Souvenir Press, 1988).

79. 《大正藏‧1739‧39 冊；圓覺經略疏‧卷下》：唐‧圭峰宗密禪師（780─841 年）：「以標月之指喻於言教，謂見月須藉指端，悟心須假佛教。因指見月，

見月忘指。因教筌心，悟心忘教。存指則失真月，執教則失本心。」

80. Dipesh Chakrabarty, *One Planet, Many Worlds: The Climate Parallax* (New York: Brandeis University Press, 2023). 另參 Dipesh Chakrabarty, *The Climate of History in a Planetary Age* (Chicago: University of Chicago Press, 2021). 李宇森，〈行星政治與生態批判的重構：訪查卡拉巴提〉，《明報》，2024 年 2 月 21 日。

81. David Benatar, *Better Never to Have Been: The Harm of Coming into Existence* (Oxford: Oxford University Press, 2006).

   Thaddeus Metz, *Contemporary Anti-Natalism* (London: Routledge, 2022). Alan Weisman, *The World Without Us* (London: HarperCollins, 2010).

   森岡正博，卓惠娟譯，《不要出生，是不是比較好？厭世時代的生命哲學》（臺北：衛城出版，2024）。

82. Thijs Roes, "We Asked Professor Brian Cox About Life, the Universe, and Everything," *Vice*, Oct 21st, 2014, https://www.vice.com/en/article/5gkqwd/professor-brian-cox-interview-172.

83. 何雪瑩，〈《月明星稀》搬演移英故事拉開距離看離散〉，《明報》，2024 年 5 月 19 日。甄拔濤，〈雖已分道揚鑣，仍可藕斷絲連——由《月明星稀》談起〉，《明報》，2024 年 6 月 29 日。

84. 李宇森，《主權在民論》。

85. 這種進路，無疑是受到當代美國現實主義的影響，其中又以 Richard Bernstein 至為明顯，詳參 Richard J. Bernstein, *Praxis and Action: Contemporary Philosophies of Human Activity* (Philadelphia: University of Pennsylvania Press, 1971).

   Richard J. Bernstein, *The Pragmatic Turn* (Oxford: Polity, 2010).

   Seyla Benhabib & Nancy Fraser (eds.), *Pragmatism, Critique, Judgment: Essays for Richard J. Bernstein* (Cambridge: MIT Press, 2004).

86. Hans Blumenberg, *The Readability of the World* (Ithaca: Cornell University Press, 2022).

87. Hans-Georg Gadamer, *Truth and Method* (Oxford: Continuum, 2004).

88. Karl Marx & Friedrich Engels, *The German Ideology, including Theses on Feuerbach*

(New York: Prometheus, 1998).

89.　Andrew Feenberg, *The Philosophy Of Praxis: Marx, Lukács And The Frankfurt School* (London: Verso, 2014). Slavoj Zizek, *The Sublime Object of Ideology* (London: Verso, 2009). 或者這也是為何 Leszek Kolakowski 會認為法蘭克福學派等學者對理想政治社會的模糊，或者革命的抗拒是耽於某意義下的左翼墮落。詳看 Leszek Kolakowski, *Main Currents of Marxism: The Founders - The Golden Age - The Breakdown* (New York: W. W. Norton & Company, 2008), pp. 1102-3.

90.　Hannah Arendt, *The Human Condition*.

91.　Walter Benjamin, *The Arcades Project*, p. 13.

92.　Byung-Chul Han, *The Crisis of Narration* (Oxford: Polity, 2024).

93.　Gramsci, Antonio, *Selections from the Prison Notebooks* (New York: International Publishers Co, 1971), p. 9.

94.　John Berger, *From A to X: A Story in Letters* (London: Verso, 2008).

95.　John Berger, *Hold Everything Dear: Dispatches on Survival and Resistance* (London: Vintage, 2008).

96.　借用解殖生態學者費特南 (Malcom Ferdinand) 的講法，這現代性的人類中心觀 (anthropocentrism) 至少產生的兩種認知斷裂：自然與人的斷裂 (environmental fracture)，還有帝國殖民的斷裂 (colonial fracture)。自然的斷裂意味著人從自然世界分隔開，成為一個擁有特殊存在論地位的物種。不管是否真的擁有這超然於萬物的神的能力，但現代性的人類中心觀令人擁有一種管理控制萬物的高等權力。這人－自然之對立，顯然將自然世界加以物化 (reification)，掩蓋了自然跟人的各樣關係，從生物學層面到文化層面上的共生，人和非人的自然世界邊界都是難以劃開。不管是作為家庭中的主子（即被受寵幸的寵物）、生產活動的同事伙伴、軍事打仗的工具，還會作為神明、娛樂、食物之類，動植物在人的世界佔據著各式各樣的位置，與人之間也產生各式各樣的社會關係，以至人和非人之間的交雜根本難以分割。想想筆者認識的不少人，不管是來香港工作還是去英國避秦，也要帶著至愛貓狗甚至愛車飄洋過海，當中的情義自然是難以抽象地分析，也反映了人跟自然和物之間的互構相連，如兩束蘆葦，互倚不倒。詳看 Malcom Ferdinand, *Decolonial Ecology: Thinking from the Caribbean World* (Oxford: Polity, 2022).

97.　Hannah Arendt, *The Origins of Totalitarianism* (New York: Mariner Books

Classics, 1973).

98. Chris Buckley, "Why Parts of Beijing Look Like a Devastated War Zone," *New York Times*, Nov 30th, 2017.

99. Giorgio Agamben, *Homo Sacer: Sovereign Power and Bare Life* (Palo Alto: Stanford University Press, 1998).

100. Elizabeth DeLoughrey, George B. Handley (eds.), *Postcolonial Ecologies: Literatures of the Environment* (Oxford: Oxford University Press, 2011), p. 6-8.

101. Theodor Adorno & Max Horkheimer, *Towards a New Manifesto* (London: Verso, 2018).

102. John Bellamy Foster, *The Dialectics of Ecology*, pp. 74-81.

103. Jonathan Pugh, "Island Movements: Thinking with the Archipelago," *Island Studies Journal* 8, no.1 May 2013): 9-24.

104. David Chandler & Jonathan Pugh, *Anthropocene Islands*, pp. 10-11.

105. David Chandler & Jonathan Pugh, *Anthropocene Islands*, pp. 10-14.

106. David Chandler & Jonathan Pugh, *Anthropocene Islands*, p. 60.

107. 所謂的一階,代表作者運用基本素材來創作出具原創性或者辨別性高的敘事故事,而二階則是帶有高度的詮釋或闡述性,如果以藝術為例,前者可以用藝術創作的角色來理解,而後者則是藝術欣賞,但兩者都屬於不同階的敘事,並沒有誰高誰低之別。但後者的存在才真正體現基進民主的平等參與和共構敘事,打破創作者動機至上的階級論。

108. 鄂蘭著名於反駁這種高舉真理貶低意見的二分法,反認為意見的多元衝突才是民主的體現。但我這裡不從思辯性知識出發,而是視敘事作非思辯的實踐知識,所以這二分法的參考作用不大。詳見 Hannah Arendt, *The Promise of Politics* (London: Schocken, 2005), pp. 14-19. Corinne Enaudeau, "Hannah Arendt: Politics, Opinion, Truth," *Social Research: An International Quarterly* 74, no. 4 (Winter 2007), pp. 1029-1044.

109. 出自 Walt Whitman 的詩作〈O Me! O Life!〉最後一句,"That the powerful play goes on, and you may contribute a verse." Walt Whitman, *The Complete Poems* (London: Penguin, 2005).

110. Ashwini Vasanthakumar, *The Ethics of Exile*, p.92. 另參 Kwame A. Appiah, *The Ethics of Identity* (New Jersey: Princeton University Press, 2007).

111. Jacques Ranciere, *The Politics Of Aesthetics: The Distribution of the Sensible* (Oxford: Continuum, 2004). 另參 Jacques Ranciere, *Aesthetics and Its Discontents* (Oxford: Polity, 2009). Jacques Ranciere, *Dissensus: On Politics and Aesthetics* (London: Bloomsbury, 2015).

112. Julia Kristeva, "Word, Dialogue, and Novel," in *The Kristeva Reader*, ed. Toril Moi (New York: Columbia University Press, 1986), pp.35-61.

113. McKenzie Wark, *Molecular Red: Theory for the Anthropocene*, (London: Verso, 2015), 26-29.

114. 這倫理性所指向的關係存有，跟解殖思想家貝爾‧胡克斯（bell hooks）一生提倡的愛的政治是不無相關的。詳看 Athena Tam，〈畢生以愛書寫──悼 bell hooks〉，《燃燈者》，2021 年 12 月 21 日。另參 bell hooks, *Communion: The Female Search for Love* (New York: William Morrow, 2002). bell hooks, *All About Love: New Visions* (New York: William Morrow, 2018).

115. 謝馥伊，〈離散者言：為什麼堅持孩子學粵語？在文化傳承和落地生根間的共學之路〉，《報導者》，2024 年 6 月 12 日。

解殖與國際主義

任何傷痛只有能放在故事中敘述，
或是以故事加以描述，
才能變得可以承受

——伊莎·丹尼森

離散不同於移民，後者帶有一往無前的決心跟故鄉割捨，捨棄前塵往事，擁抱新生命；但前者卻難免依戀，交困在既此亦彼，難捨難離的糾結。而這糾結正好象徵著離散非但不是公民身份的選擇，反而是進步政治的先聲，呼喚著後主權（post-sovereign）世界的來臨。

　　所以，當香港社群被歷史形勢所困，被逼加入全球離散人口一份子，我卻不願稱作悲劇的誕生，或者民族立國的必經之路。相反，歷史的條件驅使我們接上了離散的時代。離散政治，將是我們這世代形成新政治形態的希望。

　　如何離散，怎樣進步，創造著怎樣的新世界[1]，正是拙作最終部份的提問。畢竟敘事理論在當下的解殖思想界開始重新盛行[2]，但我們仍遠未能有效回應敘事論在廿一世紀的種種挑戰。尤其當我們看到政治經濟條件和環境限制，如何馴化了講故事的革命力量，使之成為當下政經秩序的反舌鳥時，敘事之重新導向便倍加重要。不論是監控資本主義、資本金融全球化、氣候的極端變化，還有正光速發展的人工智能、深度學習和電腦計算能力，加上處身意識形態日漸兩極的世界，假資訊和深度偽造（deepfake）不單愈發普遍，更是對社會大眾接受資訊和政治權力操作有深遠影響[3]。

我們必須在政治思想的重構，正視這些當前的條件限制。因為這些條件，才是我們重建離散視野的新起點。同時，為了能讓離散主體得以連結其他進步群體和力量，離散之敘事更需要擴展至國際主義發展史之中，讓離散成為國際主義的新一面向，並且在民主、公共和社群等面向上，得以更新和超越舊有主權國家的框限，摸索更豐富的可能性。這正是敘事政治所能貢獻給離散主體，以至全世界抗爭者的寶貴資源。

一、故事技術的馴養化

敘事作為政治的技術[4]，終究長期都作為馴養（taming）人類的重要意識形態工具。這馴養的意義接近葛蘭西所稱之為的「文化霸權」（Egemonia culturale）[5]，即生產著一種排他的文化意識，視某種服務當前政治經濟階級秩序的價值，服從當前世界觀並認定是唯一合理可行的選擇。然而，「馴養」比「霸權」在概念上更豐富的地方在於，前者在字面上也包含對帝國的種植園經濟（plantation economy）式的社會經濟殖民宰制。通過同一物種的大量人工種植，殖民地之土地、人力和資源被管治者視作盈利資源來壓榨，藉此滿足秩序上層的既得利益階級。因此，在這節我們必須正視，敘事在當代世界到底怎樣成為馴養的工具，同時為何敘事仍具備革命力量，不可能完全被化約為規訓管

治的生命政治工具。

首先，馴化敘事主要來自兩個重要的秩序，國家帝國和資本力量[6]。如同我在《主權神話論》所言，兩者雖然有著密切關係，但終究都處於既合作又競爭的狀態[7]。

一如前幾章所述，不論是城邦、國家還是帝國，都會通過敘事來生產政治體的起源故事，作為國家底下所有人擁有相近甚至同一的公共記憶，並通過這記憶的塑造來生產同一的跨個體的政治主體（若借法國結構主義左翼學者阿圖塞（Louis Althusser, 1918-1990）的講法，這是以意識形態詢喚（interpellated）個體的身份[8]）。而領導這政治主體的政治架構頂層，如議會、市長或者總統，自然能夠得到敘事所帶來的權力證成效果。這也是為何社會學家韋伯（Max Weber, 1864-1920）在討論到合法性來源時，領袖的個人魅力會跟戴奧尼索斯式的酒神精神相契合，同樣是要求人繞開理性而在意志上順服[9]。

但是，喚回柏拉圖的哲學主張。若然我們以為他對古希臘神話觀的批判，等同於抗拒一切神話化的政治體敘事的話，那可是大錯特錯了。柏拉圖雖然不喜歡宙斯式敗壞德行的神話傳說，作為教育公民其城邦之由來，但他並未一刀切全盤世俗化，敵視所

有政治體的神話來源。在《蒂邁歐篇》（*Timaeus*）或者《克提拉斯篇》（*Critias*）當中，依舊充滿阿特蘭蒂斯和古代雅典神話起源的描述，可算是以新神話化敘事取代舊的神話[10]。

若然進一步從模式上細緻區分，政治體敘事可至少分成三類，第一種是城邦、國家或者帝國管治朝代或皇族的神話起源；第二種則是國家人口的神話化，即是國族的歷史來由；最後一種則是相對現代的產物，那是普世權利價值的敘事。雖然看似三者有著一定的時序關係，即最早的王權秩序多傾向第一種、現代民族國家多傾向第二種，而啟蒙世俗化後的新式帝國則傾向第三種，但其實例外情況有許多，所以我會從形態而非時序來逐一論述。

柏拉圖所討論的雅典起源，可算是第一種的政治神話敘事。而我在《主權神話論》所討論過的民族國家的民族史書寫，如愛爾蘭或者比利時立國時，以重新著史追溯其族群歷史源起[11]，或者當代中國相當流行的「中華民族復興論」[12]，都可算是第二種。當然，在當前的民主退潮和威權政治當道的年代，民族敘事自然比起世界主義（cosmopolitanism）或者全球公義更有市場了。不論是印度的印度教民族主義[13]、俄羅斯的東正教民族主義[14]、土耳其的伊斯蘭民族主義之類[15]，還有歐洲愈發高漲的脫歐和民族

右翼抬頭，或者美國的基督教右翼保守力量 [16]，都成為如今牽動無數人情緒和政治忠誠的敘事。

至於第三種，則屬於世俗化的普世文明觀如何通過敘事來加以證成政治力量擴張，不論是十八、九世紀的英、法帝國擴張的文明教化論 [17]，或者自二十世紀末以降，美國北約所領導的全球反恐救世論 [18]，以至習近平上臺後高舉的「生態文明觀」[19]，都屬於這一行列。文明教化論的敘事操作，往往是通過各種歷史陳述、記錄、展覽和文化傳播之中，描繪一個二元對立的世界面貌，即一方是傳統歐洲的文明先進，另一端則是野蠻落後的部落習俗，以帝國擴張來惠及萬民，將財產制、民主和法治以殖民方式教育未開發地區的道德基礎 [20]。而在二戰後雖然近來解殖潮流，無數前殖民地紛紛獨立，但普世價值論的帝國意識仍遠未衰敗。不論美蘇在冷戰時代的全球軍力部署，還是在後冷戰時代的全球打擊力量，也是借助反恐怖主義之名的世界文明觀，藉詞打擊與人類文明為敵的邪惡組織頭目或者設施來將恐怖主義撲殺於萌芽狀態，以期無限延續其跨地域的軍事經濟支配力量 [21]。

而國家的管治力量，當然會滲透到深具文化影響力的流行文化生產工業之中，通過後者對敘事的生產和傳播，鞏固前者的統治合法性和排他性，形成所謂互利共生的「軍事─娛樂工業」

（Military-entertainment complex）。為了在輿論上得到更大支持，國防部與美國執法單位老早與電影電視圈合作，生產文化符號和敘事。打從一九二七年，美國國防部早已有協助電影公司拍攝戰爭場面的合作，以資源提供換取審核修改劇本的權力，讓電影成為美國軍方的最佳宣傳片。而在二戰期間更成立了正式的荷里活對口單位，作為統籌軍方和電影圈合作的辦公室[22]。自此，從國防部到聯邦調查局，從中情局到太空總署，從國土安全部（DHS）到特工處，紛紛成為電影圈的緊密合作伙伴[23]。

在這些軍事娛樂工業中，合作的方式有很多，例如在電影《壯志凌雲》（*Top Gun*）、《黑鷹十五小時》（*Black Hawk Down*）或者《珍珠港》（*Pearl Harbour*）中，軍方可借出裝備、軍事基地、派出顧問協助拍攝或更新遊戲資料，但同時軍方或者各大執法機關也會相應地享有修改電影內容的權利，確保故事是符合國家利益和需要[24]。例如拍攝《壯志凌雲》的電影公司可獲享美國軍方借出軍機、航母和基地進行拍攝，前題是軍方能夠修改電影部份情節內容，以便符合軍方需要。美國海軍甚至會在播放《壯志凌雲》的戲院門外擺放招募軍士的攤位，足見其相互結合的緊密程度[25]。這當然是為了加強美國軍方英雄主義的形象，並通過刻劃美軍和敵方或恐怖主義的二元對立，進一步肯定美軍加強武力和擁有全球任意打擊的權利[26]。即使沒有直接的瓜葛，

但近年雄霸票房冠軍的英雄電影如漫威電影宇宙，同樣緊隨主旋律，大力強調大美國主義的世界觀，證成美國軍工業的利益網絡[27]，強化美國和中東或者不友善世界的對立關係（如充滿東方主義色彩的「滿大人」角色設計）。

　　而談起流行文化和國家意識的結合，這跟當代資本主導的流行文化工業也有著密切關係。資本主義藉生產故事來追求龐大利潤，大概是不難理解的。畢竟在資本主義下的文化工業（culture industry），故事作為大多數人能理解和投入的文化生活媒介，以至是他們的身份價值的塑造方式，自然也最能吸引大眾參與其中進行消費的商品形態。一如批判理論哲學家阿多諾（Theodor Adorno, 1903-1969）的《文化工業》（Kulturindustrie）所言，「在工業中的文化商品，都是由經濟價值實現的原則來支配的，而非由其個別的內容或者和諧的構建。因此整個文化工業的操作都是赤裸裸地通過文化形式來滿足累積利潤的動機。」[28] 因此，即使文化商品不斷推陳出新，吸引觀眾消費，但這些藝術生產卻是早跟現實社會結構和條件脫節，沒法成為社會批判和革新的力量，徒然作為商品來盛載經濟交換價值[29]。

　　由是觀之，即使荷里活近來都愛拍弱者反抗強權的故事，不論是《V煞》（*V for Vendetta*）、《飢餓遊戲》（*Hunger*

Game）或者《分歧者》（*Divergent*），即使電腦遊戲界的熱門遊戲像《GTA》、《賽博朋克 2077》（*Cyberpunk 2077*）、《荒野大鏢客》（*Red Dead Redemption*），不乏高舉叛逆和革命的主題，或是講述同情犯罪者或者叛逆者為視覺的故事，都沒有在現實社會帶來相似的革命或者叛亂活動。這似乎呼應了古希臘哲學家阿里士多德（Aristotle, 384-322 BC）的美學想法，即悲劇中帶有的「淨化」（catharsis/κάθαρσις）作用。只是當代不再通過悲劇的舞臺，而是由遊戲或電影角色代替觀眾經歷和蒙難，讓觀眾得以通過虛構人物和故事來投射和抒發自身的情緒感受，最終得以舒懷[30]。因此，現實效果是電影角色替觀眾反抗暴政了，德福一致已在虛擬世界得到彰顯，大家也心安理得，在離開電影院後繼續忍受現實的不義與壓迫。

但要點明的是，主體性並不單純存在於藝術作品或者敘事的生產位置上，所謂接收一方的觀眾的能動性，才正是敘事論需要關注和加以理論化的地方，或借用法國文化批評家羅蘭巴特的「作者已死論」講法，作者失去了絕對的權威詮釋位置[31]。這正是為何拙作如此強調敘事的詮釋空間。一如文化研究學者霍爾所言，文本的意義往往都是有待詮釋的，而非由內容創這者所控制。這也是為何他在八〇年代所談及的「編碼／解碼」式的政治詮釋關係。有別於傳統以來主流理解的「編碼—傳遞—解碼」溝

通模式，即訊息或意義完全源自創造者的用意和目的，霍爾認為在合乎現實脈絡的解碼處境中，敘事的溝通解碼其實至少有三個不同可能：一是全然接受編碼者的訊息或意義，二是相對的接受，但又在一定程度上抗拒著所得到的資訊方式，三是全面拒絕或者將其轉化成其他的意義[33]。顯然地，第二和第三種可能，更貼近我所謂的敘事的解放性結構。而站在拙作的詮釋視野角度，我甚至會說第一種是不可能存在的，即是說編碼者的訊息不可能完整而不受影響地完美被解碼者所接收，取消了後者的能動性位置[33]。

敘事的詮釋可能總是開放的，容讓觀眾讀者通過其自身的角度和文化視野，解碼出新的意義，成為再編碼或者敘事行動。文本或故事永不會是封閉的意義世界，因為凡是以文字來堆疊出來的世界，都會因文字本身的模糊性，或是個體自身認知偏見的文化視域（horizon）所過濾，不存在上帝視覺（view from nowhere）的可能[34]。

站在香港抗爭運動的脈絡下，我想提出兩個文化商品再編碼的實踐例子，作為敘事逃逸出資本馴化的經驗。佩佩蛙（Pepe the Frog）作為虛擬角色，最初是由 Matt Furie 在二〇〇五年所創作出來，後來經不同的網上平臺火熱傳播，成為一個非常有名

的圖案。但在後來，這原來算是非政治化的青蛙角色，先是被英語世界的極右組織吸納了，成為宣傳極右排外口號的工具。尤其在二〇一六年美國總統大選上，特朗普及其派系的粉絲不斷利用佩佩蛙作為其文宣的工具[35]，以至其對手希拉里（臺譯：希拉蕊）直接把佩佩蛙等同於白人優越主義[36]。但在香港二〇一九的社會運動中，佩佩蛙的意義再一次被轉化或再敘事。這次符號變成抗爭者的圖像，作為對抗極權的標誌。所以在不同抗爭現場的牆壁，或者在網上空間，都會見到許多人以佩佩蛙，變成鼓勵示威者永不放棄的圖騰[37]。

另一個有趣的再編碼政治實踐，是漫威宇宙的美國隊長（Captain America）。話說美國漫畫大師 Joe Simon 跟 Jack Kirby 在四〇年代創作動漫角色人物時，最初的創作念頭是作為美國軍方的英雄代表，美國隊長是對抗德國納粹擴張的文化符號，也充滿了大美國國際主義的文化象徵[38]。因此，美國隊長不僅是從創作起點開始便充滿了政治動機，更是美國政府對抗二戰反戰論述，推動參戰意識形態的重要軍事動員工具。而有別於廿一世紀的漫威電影，將美國隊長的沉睡與甦醒的時期大幅拉長，漫畫中的美國隊長早在六〇年代已醒過來，且曾參與美軍的越戰行動，以便把這二戰時期的角色賦予新的政治任務和意義，使其能夠在二戰之後，繼續作為支持美軍擴張和打擊敵人的理

想形象 [39]。

　　然而，在很多觀眾眼中，美國隊長所代表的忠誠、堅毅、不畏強權，卻又不能或不應被政權或意識形態所吸納。在文化符號入口到香港的過程中，這動漫角色的形象受到轉化，變成許多街頭抗爭者的自況。有趣的是，在香港的語境中，抗爭的對象變成了政府本身，而這點剛好違反了美國隊長的設定。但我想美國隊長的故事，鼓勵了許多弱小的公民。因為他們眼中的美國隊長，仿如《史記‧刺客列傳》中的義士故事，為了忠於自身的正義理念，敢於跟強權惡勢力對抗。因此，早在二〇一四年香港的雨傘運動，一些示威者便已穿上了美國隊長服飾，守在對抗警方的防線前，作為抗爭的精神符號 [40]。在接下來幾年的社會運動中，類似的角色扮演一再在香港出現，足以印證這廣受歡迎的漫威宇宙角色，如何在香港的語境下被再詮釋和敘事，成為通過再敘事挪用改造文化符號的有趣例子 [41]。

　　若用前章所談的身份多層觀，美國隊長或者佩佩蛙原是虛擬角色，各有其獨特的數碼「生命軌跡」，但在新的敘事下，香港人的公共社群、穿插美國隊長服飾的社運人士如容偉業或者馬俊文，在新的詮釋敘事中扣連在一起，成為香港的新歷史故事，也成為了香港離散社群所共同擁有的記憶。他們的個體命運雖或遭

到政權的打壓，但這些敘事將如史詩般有著自身的生命，成為香港人的傳奇故事，一代又一代地傳誦下去。

二、如水的連結

　　個體之不幸，卻又成就著群族或人類之發展步伐，正好和應著德國大哲學家黑格爾所談的觀念——「理性詭譎」（cunning of reason）。這理念源自他的著作《精神現象學》（*Phänomenologie des Geistes*）與《歷史哲學》（*Philiosophie der weltgeschichte*），意思是微觀個體的際遇與動機，跟歷史發展和理性的自我開展過程之間，未必有直接明顯的關係 [42]。像是馬其頓王國的亞歷山大大帝（Alexander the Great, 356 - 323 BC）、羅馬帝國的凱撒大帝（Julius Caesar, 100 - 44 BC）或者法國拿破崙（Napoléon Bonaparte, 1769-1821），各自為了其利益和權勢而爭奪天下，且以結果論而言似乎不太成功，畢竟一個被刺殺、一個英年早逝、一個被判終身流放，全都談不上幸福人生，也為當世帶來數不盡的戰事和殺戮。但黑格爾卻認為，他們都不自知地推動著普遍歷史的發展，世界精神（Geist）的自我認識和彰顯，即便他們在個人層面上並沒有相應的歷史意識。但客觀的歷史，正是因著他們的自利事業而改變，現代社會也一步步誕生 [43]。

香港抗爭者的命途多舛，或許也體現著歷史的理性詭譎。不得不說，若以成敗論英雄，二〇一九年抗爭運動被無情挫敗了，中共和親建制份子成為大贏家，在警察治港的新治世能夠更肆無忌憚地踐踏人權，包庇同謀或者掩藏真相，警察出身的保安局長李家超更水鬼升城隍，在鎮壓社運有功後直升行政首長。相反，無數抗爭者被捕下牢，有些甚至在獄中慘遭性侵[44]、有些被國安日夜騷擾，不得已只得逃到異鄉[45]；有些甚至因理想破滅，在魚與熊掌之間不惜以死明志[46]。站在個人的生命軌跡看，我們很難說這些遭遇不是巨大不幸，也不能純粹因為他們選擇承受這革命失敗的終局，因此理解為「求仁而得仁」，怨不得人。在這歷史的關頭，無數義士付上了巨大的代價，既有身體自主或者人生自由、或者工作和出版機會、或者參政和政治理想，全都在中共的打壓下成為玉碎。即使今天再以文字輕描這些年的抗爭下場，依舊擺脫不了深沉的悲憤。

　　今天，數十萬港人避秦而移民流散，還有無數仁人志士身陷囹圄，如水之哲學似乎抵抗不了帝國的「社會主義鐵拳」[47]。但我卻認為，只有當香港陷於離散的遭遇，當一國兩制的鳥籠民主普選終於顯露其虛幻之真身，當主權在民不能再化約為民族主權國家模式時，解放與希望才真的出現。這希望不在於固守在一時一地的立國夢，而是如何與千百年來的離散潮流融合，成為推動

歷史變革的新力量，在民族國家之外尋求政治的新可能。

因此，離散思想在今天香港政府宣稱「由治及興」的後社運世代，算是進入下一階段的發展。要顧後必須瞻前，在討論今天的如水原則還能如何打開新的可能性和想像時，或者首先應該回顧一下近幾年的如水哲學，怎樣啟發社運走向所謂 2.0 的新層次，同時又遇上甚麼樽頸位（編按：瓶頸）[48]。只有這樣，我們才能有效地克服局限，真正實現如水哲學所潛藏的解放力量，讓離散主體政治可走得更遠。

如水聚散，如水漲退，是社會運動利用如水戰述的特色，宛如《孫子兵法》的遊擊戰略，「夫兵形象水，水之形，避高而趨下；兵之形，避實而擊虛；水因地而制流，兵因敵而制勝。故兵無常勢，水無常形；能因敵變化而取勝，謂之神。[49]」其中在過去幾年的香港語境中，從溝通方式到抗爭策略、從全球和應到在地反擊，全都體現出不一樣的社會運動與抗爭模式。

不同於二〇一四年前後的社運，抗爭總是被動的、硬碰硬衝撞警察防線，或是留守在金鐘、旺角或者銅鑼灣作陣地據守[50]，如水的戰線講求彈性，正是遊擊式的「敵進我退，敵疲我追」。因此在二〇一九年的抗爭運動中，不再見到上萬群眾佔地長期

扎營留守的情況（除了兩間大學之戰），反而是高度流動遍地開花，以不送頭（編按：即白白犧牲）不硬碰的策略，在全港十八區進行作戰。不論阻塞過海隧道或者火車路軌，癱瘓交通來達到三罷效果、在商場上讀《七一宣言》，在行人天橋設連儂牆來政治化公共地方[51]、「和勇不分」共同支援在各處做路障或者被警方包圍的手足，從香港機場「和你飛集會」的「鄧寇克大撤退（dunkirk）」，到理工大學的萬人圍魏救趙集會[52]，再到佔領立法會的共同進退[53]，每一幕都反映到香港人如何自發地互相溝通互相協作，以化整為零的方式來打遊擊，以圖將政府管治的代價和成本拉至最高，以破局的方式尋求歷史轉機[54]。

除此之外，海外港人和友好團體群族的支持也至為必要，二〇一九年的這場社會運動從一開始便不純然是停留在香港地理範圍的抗爭。因此經歷過二〇一四年後的經驗，更多人明白港府在憲政和諸多重要政策上，並無太多的自主空間，如何在國際社會上合縱連環，拉攏更多盟友來孤立中國和香港，從而產生最大的政治壓力，成了海外群體的重要貢獻。因此，當時趁著 G20 在日本大阪開會時，在全球各大報章刊登政治宣言，將香港人的政治訴求直接放在全世界的面前，以便使與會各國代表可以向中國施壓。最終，登報行動非常成功，從英國、美國、德國、日本、韓國、臺灣、西班牙、澳洲都有主要媒體刊登訴求稿件[55]。作為

一個完全自發的全球行動，這充份體現了如水的跨國度位置，讓更大的結構得以施力，改變歷史的巨輪。後來，也有參與者走進壓力團體的路上，成為如今新的政治組織「香港民主委員會」(Hong Kong Democracy Council) 的中堅份子，繼續在美國政壇推動對香港有利的法案[56]。

這些具體的部署得以可能，既在於溝通上的技術發展，也由於金融系統完善下的多元化資金流動渠道，使得眾籌或者黃色經濟圈，成為推動抗爭運動持久發展的物質基礎。過去在二〇一四年運動中，由於群眾之間沒有甚麼有效的溝通方式，不單謠言和假消息滿天飛，而且不同抗爭者之間也因疑慮監聽而欠缺足夠足夠溝通，自然難以合作和互相信任。但一九年便不再一樣，保障私隱的溝通平臺如 Telegram、Discord 或者 Signal 大行其道，成為彼此素未謀面的抗爭者互通消息或者調配資源的方法。這些媒介不單安全性相對高，隱藏電話號碼，同時可以選擇短期內自動刪去對話、加密措施也很出色，因此廣為抗爭群體所應用[57]。周冠威的電影《時代革命》，正正講述不少當時 Telegram 如何被使用的故事，藉此組織為數眾多互不相識的抗爭者，分流處理分析不同地方的「形勢」和「資訊」，從而「調動」不同救兵或者識別臥底警員身份之類[58]。這也因此令中國政府也要作出應對，指揮網軍來攻擊這些平臺[59]。香港政府也大為提防，以檢控打壓

來應對這些難以被監視控制的溝通媒體[60]。後來為了加強網上審查，香港前所未見的封網行動慢慢零星地出現，如「香港編年史」網站便遭到封鎖[61]。

同時，錢銀的流動也更加隱性、高速和便利，令資源更好更便捷的調配到所需的戰場上。原本這些都倚賴集權式的、由上而下的指揮系統，甚至是國家所掌控的銀行貨幣秩序，但靠著如今愈發成熟的互聯網和網上匯款交易技術，作為資本主義數碼化的表現，不用再需要等市民在七一示威上才在捐款箱表達心意。如同上述 G20 的登報行動，三百萬的行動費用只需六小時便達標了[62]。不單跨地域的政治集體行動更加容易進行，而且抗爭群體能夠以經濟力量長期地互相支持著理念相似的商家、出版物和組織，使之可以持續地經營，這些都是二〇一九香港社會運動中經濟抗爭的其中一些面向。[63]。

從此，凡是支持國家與政府壓迫公民運動的，便會主動杯葛罷買，而理念上接近社運的商鋪則予以大力支持（或戲稱懲罰黃店）[64]。作為如水戰略之一，從特殊的街頭巷戰，轉戰至更日常更需要長期參與的消費戰或者經濟戰，作為政治抗爭的延伸[65]。社運經濟圈也不是單純講求籌款或者區分商戶的政治立場，其實也有延伸到其他更細緻和基進的面向，如怎樣去中心化地區

分藍店和黃店，以至於審視企業的親中程度或者企業內部的素質監察[66]、是否應建立黃色消費圈之上的「黃色地產圈」[67]，或者會否用區塊鏈（blockchain）加密貨幣如抗爭幣，取代傳統國家貨幣成為黃色經濟交易單位之類，都可見到抗爭運動的前瞻和進步。

同時，抗爭的多維度也代表了空間政治的新意識。以前在自由主義公私分野的空間觀下，往往視為私人領域的社會關係。但如今我們明白到，這些空間或者社會關係其實充滿了政治潛能，而這些經濟活動的政治操作，也使得抗爭得以細緻、生活性和可持續，並能在微細管道的權力關係上進行抵抗[68]。

然而，我不認為這是社會運動的敗退，反而是敵進我退的表現，或如孫子所曰，「不知軍之不可以進而謂之進，不知軍之不可以退而謂之退，是為縻軍」[69]。知所進退，謀定而後動，才是上策。過去的如水信念，主要從戰術上實踐，從街頭到國際支援，動如雷震。但道不行之時，我們需要在實踐經驗中提煉更深刻的如水哲學，揭示更深刻的世界政治經濟結構，還有離散者身份所打開的跨物種維度，跳出主權政治的框限，重尋更具革命性和世界性的政治主體。這才是如水哲學所蘊含的新視野和可能。

四、如水敘事與國際主義

作為革命性的視野，離散主體思想不是以建立國族，重回數百年主權共和之路作為政治理想。如果張黎的電視劇《走向共和》，象徵著百年來中國和香港的政治願景，那麼杜琪峰《黑社會》中某幫會選老大的民主傳統在中港政治角力下之消亡，可說是最好的回應。離散政治思想指向的是下一輪的國際主義運動，上承著幾波國際主義的發展，為行星政治和主體帶來更深遠的改革和希望。

在上文中，我不斷提及敘事論指向的是新式國際主義的政治理想，是超脫國族獨立和普世主義的政治新形態，但是到底這跟傳統理解的國際主義有何關係或者分別？為何今天我們仍然需要回到新國際主義的角色來理解離散邦聯？我想，作為後主權的新政治形態，離散邦聯不僅從技術上超脫舊有的政治體方式，也是在相應的物質政經基礎上承襲和發展過去的國際主義。只有透過左翼史梳理，才能更精準地把握離散政治在進步政治系譜中的位置和角色，才能更好地連結離散政治以外的其他進步力量，更有效地體現倫理性的連結互助。

── a. 國際主義的先驅

　　具名為國際主義（Internationalism）的運動，最早或可追溯至十九世紀的第一、二國際，試圖以階級為綱，連結一切工人階級，對抗資本階級的世界革命，從而推倒資本主義的政治經濟組織和分配秩序，建立更理想的世界[70]。但一如筆者在《主權在民論》所言，左翼對解放和自主的理解，終究離不開共和主義（republicanism）和民族國家的發展背景，而這發展背後同樣來自對帝國擴張的排拒，對地方自主的追求[71]。國際主義通過不同面貌，一直或明或隱地導引著政治史和政治思想史的發展，也始終在對抗著跨地域的政治經濟支配秩序。因此，或者馬克思說得並不準確，不單是共產主義的幽靈，而且是國際主義的幽靈在纏擾歐洲，共產不過是在現代性脈絡下的云云幽靈之一，或作為其中一種存在方式而已。因此，我會傾向把啟蒙時代的共和世界觀，視之為國際主義運動以前的國際主義理想，即第零波國際主義，而第一、二共產國際或者無政府主義則為第一波國際主義。

　　共和革命的國際主義，至少有幾個明確的面向，首先是共和理想指向的是世界共和秩序，其中最有代表性的自然是康德（Immanuel Kant, 1724-1804）的世界政治想像。其中，共和世

界觀有兩個階段的組成，第一階段是共和革命先在每個民族和國家爆發，使得舊世界的王權天下被消滅，國家機關成了人民意願的展現，主權在民成了主權國家的權力合法性來源。接著在全球共和國家的基礎上，共建共和國之聯邦，以法治作為締結方式，這便是實現「永久和平」的終極可能[72]。

　　民族革命的國際主義面向，以共和世界作為共和理念跟共和國家的終極實現，同時在歷史上，當時的國際主義也體現在民族運動跟國際社會的緊密關係中。畢竟，民族運動從不是一國之事，一如民族獨立所對抗的帝制一樣。作為共和主義運動的先聲 —— 法國大革命，更是代表了共和革命史自第一天以來，早已充滿了跨國合作和國際主義精神。我們都知道打著「自由、平等、博愛」的普世精神（cosmopolitanism）[73]。儘管大革命高舉著新式的法蘭西國族，但這國族基礎全憑對革命信念的擁抱，而不是血緣或者祖上世家。因此，當時大革命發表的《人權和公民權宣言》（*Déclaration des Droits de l'Homme du Citoyen*），當中對於公民和外國人之界線，也不是今天般國族中心。至少在革命後頭幾年，所謂的外國人的異邦性（foreignness）純粹源自對大革命精神的不服從，其出身地反而並不重要。一如時人所言，「只有在法國的壞公民，才是外國人」，正正道出當中的世界主義精神[74]。

這波國際主義的理想是從共和革命建立民主國家，再一步步走向共和世界的理想。這共和革命的重要前設之一，是民族國家的政治根本在於人民意志之統一，整個國族有著一致的利益和追求，最終在國家體系內得到完滿的幸福。簡而述之，如果共和革命的核心精神在於以主權在民來轉化傳統王權的神權—王權中心，將人民等同於國家整體，而國家的權力合法性則是來自整體人民的共和意願，藉此證成新形成的民族國家。但當中隱含了一個重要前提，即人民有著共同的利益，能夠以國家作為載體來使得所有人受惠，那麼左翼便是站在這一基礎上，對於「人民同一利益」的前設提出巨大的質疑。所以在十九世紀的後拿破崙時代，歐洲重建秩序之時，民族共和的國際主義和左翼階級國際主義可謂同時代的兩條極為分歧之路[75]。

所謂共和思想內的利益一致，按亞當・史密斯（Adam Smith, 1723-1790）的社會分工框架下，經濟增長帶來國家財富，最終令整體國族受惠[76]。而黑格爾更進一步討論工作的社會意義，在於賺取生活所需之外，教育公民學習分工勞動，以及國家作為工人整體的超越性。因此，工作是通向更高的解放，像個體的工人能夠在勞動過程中，體認到集體的主體性，國家是一切幸福與自由的條件，是歷史終結之所在[77]。但從商品交易到資本主義經濟發展，人不止是跟全人類分工和勞動，參與各樣生產和分

配活動，且更是陷入一個商品拜物的世界，成為了無限追逐更大利潤的奴隸。在這拜物的資本秩序裡，金錢本為方便商品交易而創造出來的商品，卻在資本主義成為商品交易追求的主要目的，利潤為的是更大的利潤，為了在競爭的市場中不被淘汰。至於勞動力和商品本身，倒成為資本無限增長的工具，人也只能在這系統中不斷被壓榨和支配，從而滿足經濟增長的需要，即使後者並沒有令前者的生活得以改善，走向美善的人生。

　　而在馬克思的經濟政治分析之中，階級是極為核心的身份，也是其國際主義的主要載體。在這全球的分工經濟體系之中，不管大部份人的國族歸屬，最終都是服膺在這全球資本主義秩序下，被跨國企業的資本家所控制和剝削，賺取微薄薪酬來維持生計。其生產勞動的大部份價值被用作供養資本無限增長的大怪物。不管是工人還是國家都得服務經濟發展，真正的大海怪是這無形的資本增長壓力。所謂「工人無祖國」，階級必然是國際性的，因為分工體系跨越全球，簡單如一顆蘋果，複雜如 iPhone 或者 Tesla 電動車，從原料到設計，從生產、組裝到運輸再到零售，均牽涉成千上萬的工人直接或間接地參與其中。若再加上其他社會再生產（social reproduction）所必須的一切社會條件供應，即一個工人得以參與生產所需的衣食住行和教育醫療，更是涉及了全球無數人的努力，才能生產任何一樣用品或者服務。這

是催生了第一波具名的國際主義運動，也便是第一、第二國際。

—— b. 蘇共國際主義

到了下一波，即第三、四共產國際，時代條件已經發生鉅變。國際主義運動不再單靠各國工人組織聯合行動，共產國家與冷戰陣營已經出現，計劃經濟成了全所未見的實踐模式。加上第一次世界大戰後，美國時任總統伍德羅‧威爾遜（Woodrow Wilson, 1856-1924）的十四點和平原則，牽起了全球解殖獨立的呼聲[78]。蘇共內部隨之面臨一個極重要問題，便是跨國的工人革命跟國族共和革命的關係。畢竟在馬克思的體系之中，人民首先在現代化的過程中，從封建走進國民國家，建立國家市場並釋放出最大的勞動生產力，然後現代意義的廣大勞工階層才真正出現，在下波國際主義中成為歷史的主人。那麼對於大部份還未進入現代化的國家和國民，甚至還停留在舊世界殖民與帝國的對抗之中，蘇共應該先支援殖民地的民族革命，建立現代法治跟市場，滿足了現代化的階段才能發動工人世界革命嗎？這所謂歷史階段論還是後起國家現代化理論，兩者有著相當不同的結論。蘇聯共產國際領袖列寧（Vladimir Lenin, 1870-1924）傾向前者，認為應該先支援革命性民族革命（revolutionary nationalism）再搞工人革命。這研判使得孫中山得到蘇共的支援，越共也得到

巨大幫助才能統一全國[79]。當然受益的還有廣闊的殖民世界，這使二戰後的世界一分為二，紅色共產成了半壁江山的旗幟。

　　從歷史上回看，許多國家的共產革命，最終都是在共產和國族的結合下，行出另一條路來，像中國、北越或者古巴，階級政治慢慢讓渡成集權的生命政治，卻更少出現跨地域的工人運動，從建立人民自主的民族國家再到跨地域國際工人運動之間，當中有著難以跨越的大鴻溝。而且，不時出現工人自發組織抗爭，反遭共產黨國打壓的情況，這從西班牙內戰到共產蘇聯中國，以至東南亞都有類似的情況[80]。主張全球不斷輸出革命的第四國際，或稱為托洛斯基主義，縱然上百年來都持續存在，但內部分裂不斷發生，國際連結性愈發薄弱，反而孕育了諸如南美的莫雷諾（Nahuel Moreno）工人運動、美國的社會主義工人黨（Socialist Workers Party）、英國的工人國際委員會（Committee for a Workers' International）之類。

　　共產國際作為二十世紀上半葉的國際主義，在幫助廣大前殖民者地區對抗帝國尋求自主獨立的面向上，有著很大的貢獻，但同時左翼心中所想像的世界工人大團結，冷戰的紅色陣營基本上困在黨國國際秩序之中，民族國家的群體自主精神，並無法如計劃中那麼輕易由全球工人階級所取代，工人可以跨地域聯合行

動，但又不能徹底的無祖國。

　　原因之一，我猜想是工人的團結感和身份意識，很大程度來自工作環境和條件，且在這些條件下產生的同儕關係和想像。十九世紀中的歐洲，二十世紀初的美國和世紀末的中國的工人運動，同樣是工廠密集勞動，工人朝夕相對下產生的強大階級紐帶，從而在適時導引和組織下，產生地動山搖的工人運動，撼動著一時之天地。但在全球北方的後工業時代，新自由主義隨之而來。集體生產模式愈發罕見，職位零散化和高度流動性成為主流，工人與僱主，甚至工人之間都是將不知兵，兵不知將。加上市場競爭極為劇烈，同一階級的工人成了比較和競鬥的對象。工作不再如黑格爾所寄予的教育功能，令勞動者了解公共大我的存在和意義，反而一切都是獨我欲望標準下的工具或威脅。工人階級的身份失去舊日的認同感，以及隨之而來的政治形態和力量，大概也是正常不過的事。這發展趨勢當然不是偶然出現，像大衛・哈維所論，應該視之為資產階級而非無產階級的階級鬥爭成果[81]。當然這也不能描述所有工作場所或者生產模式，如國際連鎖咖啡店星巴克（Starbucks），或者美國亞馬遜公司（Amazon）廠庫的工人，便是近年組織工會工運，對抗大財團的著名例子。二〇二四年公映的紀錄片《工會》（Union），正是記錄亞馬遜公司其中一個在紐約的廠房 JFK8 的工人，組織工

運對抗大財團剝削的起跌過程。這不禁令人深思，當前後工業時代的抗爭如何可能。

── c. 身份政治的國際主義

　　若然在冷戰時代的物質條件下，國際主義的主體不能再是共和國族或者無祖國工人，若然工人大團結再沒有從前的吸引力，國際主義還可以如何進化呢？自六、七〇年代開始冒起的「基進身份政治」（identity politics），尋求新的跨國跨界合作，正是當前最有活力的跨國群眾運動範式（paradigm），也成為第三波國際主義的主要推動力。我認為，這波國際主義也應是離散邦聯能並存和連結的新政治形態。藉各種身份認同連結更多社群，凝聚最大的群眾力量能推動進步政治。且在彼此的信任和支持下，創造新的政治形態，持續地衝擊和改造當下的帝國／主權秩序，重建共同行動和生活的可能與條件。

　　雖然命名為身份政治浪潮，但也不必自限於性別與種族運動。生態與人類世的全球關懷，同樣是當下極富政治能量的抗爭運動，即使當中的身份性未必那麼那麼明顯。但在近廿年生態運動中，對於物種身份（即人與物種和物體技術的先天分野，甚至是早期馬克思所關注的「作為物種的存在狀態」〔species-being〕）的反省和後人類身份與關係的重構，或者也可以歸類到基進身份政治之中。在過去的國際主義浪潮中，始終沒有處理傳統自由主義預設的公私領域分野，或曰政治哲學與公共討論只應針對公共層面或議題，而私人領域屬於個人管轄的範圍，外人無權置喙。自由主義思想家穆爾（J. S. Mill, 1806-1873）的名言，在非公共的世界「只關乎於其個人之身體和心靈，個體即其自身的主權者」[84]，無疑是財富擁有者堆砌出來的隱蔽區域，是法人概念（legal person）產生的政治效果自有永有。如思想史家Larry Siedentop 所言，個人觀念正是現代性和資本主義發明出來的產物 [85]。

到了二戰後的反戰、性別到生態運動，第三波國際主義的勢頭浩浩蕩蕩。女性主義運動以「個體即政治」（The personal is the political）的宣言口號劃破長空，為國際主義新時代揭開序幕 [86]。無數人開始敢於直面社會關係中潛藏的各種壓迫暴力，並在解放運動中進行批判與對抗。單是從議題上看，性別、種族跟生態運動，各自在那年代急促爆發和演變。

性別一如其他身份政治運動，通過揭示性別結構背後所預設的一套支配秩序體系，即男性支配女性，兩性之間處於長期不平等地位，然後酷兒運動進一步回看作為他者的女性，以及解放性

別的多元與流動，跳出純粹的性別二元的對立上，尋求更豐富的性別想像[87]。由第二性到現在 LGBTQIA，人的性別認同愈發仔細，愈發了解和鼓勵人綻放自身的獨特性，不用再在宏大的性別支配場域中，逼於把一個陌生的，甚至是壓迫性的標籤往自己身上掛。

回想在二〇二一年，我曾跟第三波性別運動領軍人物巴特勒（Judith Butler）做過訪問。其中我提到近廿年，跨國左翼運動看似減弱了不少，在新自由主義的時代再談推動國際主義似乎倍感艱難。但巴特勒不太認同這個研判，並分享許多她在南美性別運動的觀察。有別於傳統以工人為中心的工運社運，性別運動帶有明顯的身份政治，支援跨國的性別解放，撞擊父權與牢固性別階級。但與此同時，從南美的性別運動經驗看，談性別也不必排拒非身份政治的社運，酷兒組織也會支持地區的勞工或者族群權利，追求進步政治的連結和共同抗爭[88]。從南美到臺灣香港，酷兒遊行（pride parade）成了世界性的大型慶典，也使得性別權利跟同性婚姻成了進步政治的新標準。性別思考近年重新跟無國家主義（anarchism）有所交疊，非常令人期待往後更豐富的無政府—性別思想討論[89]。

連結著性別運動的，自然還有近幾年在歐美風起雲湧的種族

運動，尤其是「黑命貴」（black live matters），更是象徵著近廿年黑人國際運動的主要標誌。但正如性別運動早在十九世紀甚至更早前，已經有相應的女權先聲（但相對跨國的女權運動依然較少），黑人運動也是其來以久。若不論久遠的古羅馬時代奴隸抗爭的斯巴達克斯（Spartacus）大革命（法國啟蒙思想家伏爾泰〔Voltaire, 1694-1778〕曾稱之為歷史上的唯一義戰[94]），那麼一七九一年在海地爆發的黑人革命，尋求自主反抗帝王與奴隸制，擁抱大革命的平等博愛，大概是震撼世界，充滿黑人意識的政治運動[91]。只是站在國際主義史而言，這些歷史先聲的具體政治想像和實踐僅是剛剛發芽生長[92]。畢竟在時期上仍屬於早期第一波國際主義的開端，民族國家共和化已是前衛的政治理念，而對抗的是整個歐洲舊世界的不同龐大殖民帝國和王權森嚴秩序，海地革命自然沒有太大勝算。

真正有當代國際主義視野和行動力的黑人運動，還得待到二十世紀後才發生。黑豹運動（black panther）揉合著馬列國際革命，國際主義以及黑人民族主義，結合著地方和跨國組織的民間力量，對抗著政權和帝國的壓迫。在六〇年代中，黑豹運動領袖如鮑比・西爾（Bobby Seale, 1936-）與休伊・牛頓（Huey Percy Newton, 1942-1989）早已意識到，民權運動缺乏經濟自主的想像，徒令黑人群體走向形式上的政治平權，經濟支配和剝削

仍遠不能結束。因此在早期的黑豹文宣中，已經多番討論政治和經濟自主之必要，如何連結第三世界的貧窮群眾，共同對抗跨國的政商體系，重奪歷史的主體性。因此，從越南的代理人戰爭，中國被蘇聯奪去大片邊境領土，到拉美地區被美國大企業瓜分等，都是黑豹運動所關注的共同體問題 [97]。若套用國際主義的分類，這正是第三波對第二波的批判與超越，藉此真正連結全世界受苦的人（The Wretched of the Earth），實現人民的政經自主 [94]。黑豹運動解殖與國際主義面向，無疑是對應著六、七〇年代在非洲地區的跨國解殖運動，以身份喚醒跨越國族地域的人，共同抗擊全球系統地帝國支配，最終卻不用指向著某個終極統一的王國，作為集體政治意志的共同載體或歸宿 [95]。

第三波國際主義的另一面向，便是生態運動。在英語世界，早期生態批判自然可追溯至美國海洋生物學家瑞秋‧卡森（Rachel Carson, 1907-1964）的《寂靜的春天》（*Silent Spring*），對於農業污染如何傷害人體的革命性著作 [96]。而一九八零年生態女性主義思想家 Carolyn Merchant 的《自然之死》（*The Death of Nature*），更是重新把生態和性別批判連成一氣，恰如一眾黑人女性主義思想的連結一樣，藉基進思想呈現更豐富和多維的世界觀，使得不同弱勢得以彼此理解和串連，或者被雙重身份剝削的底層群體（Subaltern）得以被看見，不致

在二元對立的世界中被時代和價值觀所活埋 97。然而，物種主義（Speciesism）卻不是那麼容易可以跨過的框架。科學地討論物種，視物種作為固定，客觀的存有論基礎，然後再按此來理解人與其他物種，與自然和世界的關係，似乎是鐵定的實然真理框架。你可以喜歡講生態或者不喜歡，環保或者不環保地生活，但接受物種作為去意識形態之單位，似乎是全世界的共通語言。這絕對的論述尤如自然事實一樣，看似是無可置疑的。

只是早在八〇年代中，技術理論研究先鋒唐娜・哈拉維（Donna Haraway）已經在《賽博格宣言》（*A Cyborg Manifesto*）中，試圖宣告「賽博格」（cyborg）作為後人類人文社科時代的開端，人類和技術跟其他物種有著現代明確分界線的時代，也早已過時了。人不應理解為孤立的物種，反而總是與技術物相交，而賽博格正是這相交的結果，並沒有所謂全無技術物改造馴化的純正人類 98。正如人與動植物之間，萬年來一直互相馴養和倚賴 99。而後人類主義思想家布雷朵蒂（Rosi Braidotti）曾在講座提過，「人文主義」（humanism）一詞的虛偽一直令她感到噁心。這不（只）是因為許多人文學者不是言行一致，活得真誠，更是因為人文主義所預設的人類作為合一群體的理想，無視甚至證成在歷史上大多數時間，大多數人都被排除在所謂「人類」的類別之中，成為標籤以外的孤魂，任由文明宰制。

即使女人、同性戀或者有色人種，在二十世紀仍然被排拒在所謂「完整公民」，或曰正常人的行列之外[100]。因此，把十九世紀發明出來的生物演化學概念，替代成彷彿自有永有的政治觀念，實質無視了觀念的歷史維度中如何擔當著支配壓迫的論述工具。

因此，從記憶重塑到身份待認，從敘事結構到跨界物種，離散政治的連結性和倫理性，其實正是承繼自第三波國際主義的幾十年經驗和思考，累積下來的寶貴知性和實踐資源。因此，離散聯邦不是平地一聲雷的新天新地，而是站在一波波國際主義的行列中，把敘事和連結帶到更遠更邊陲的地方，讓更多人得以連結和充權，改變行星的政治秩序和權力關係。

五、代表性、公共紐帶和民主

在本章頭幾節闡述主體性時，都是主要從幾個倫理關係性的層次出發，思考離散敘事如何呼應倫理政治的集結世界。但如何由此延伸至不同政治面向的討論，包括代表性、社群紐帶和民主等，這些理論空間仍然有待填充。因此在最後一節，我會分別從這幾個政治概念出發，更仔細地述說敘事論的一些重要面向和想法，以便在最後一節的具體實踐分析前，讀者能夠對敘事政治理論有深入而完整的把握。

──A. 政治代表性

自十七世紀英國思想家霍布斯以降，哲人早已意識到政治代表性（representation）作為政治問題，詰問的是公共主體或者國家統一行動時，國家或政府如何獲得有效的人民授權[101]。因為國家若為一個非由自然關係如家庭組成的群體，如何化約成一個意志一個行動，以代表著人民整體的決定和行動，這是無比重要的。後來盧梭設立整個社會契約的概念系統時，也是嘗試解決這問題[102]。

國家雖在概念上理解成一個大我（persona publica），但這大我由千千萬萬人組成，如何能集體思考和行動呢？主權在民的代表性，便是以某種選舉或投票方式，把千萬人的意願由代表者（元首或者外交官）代表出來，後者既是個體，自然便能自由行動了，只是其行動便代表著全個國家的利益和決定。因此，代表性作為代議民主的核心，正是由代表者（議員）在政治秩序代表全國選民進行立法和商議國事[103]。

一如我在《主權在民論》所言，左翼的一些主張，不難在早期資產階級主導的政治思想中找到端倪[104]。而社會契約（social contract）進路所意圖證成的代議民主（不論民主程度有多高）

的政治秩序合法性問題，後來也轉變成關於左翼內部關於工人自主和革命黨的角色問題。也便是說，若然我們需要推動工人的階級鬥爭運動，可以單純倚賴工人自身主動意識到階級意識，然後進行反抗嗎？工人作為歷史革命主體，也需要通過代表才能行動嗎？對列寧來說，工人自主肯定是不足夠的，這在他的革命著作《怎麼辦？》（*What is to Be Done?*）已有明言，工人的社會民主主義意識只能由外部灌輸，也便是革命黨中的知識份子的責任。同時，工人運動也必然靠先鋒黨來領導，這也是為何工人運動需要馬克思與恩格斯的深刻政治經濟思想。通過革命黨以知識把握歷史，再以此教育廣泛的工人群體，領導工人進行階級鬥爭，革命才真以實現 [109]。但在第三國際後，這工人革命觀受到很大的批評。意大利馬克思主義者葛蘭西（Antonio Gramsci 1891-1937）便改為提倡有機知識份子，而這些知識份子並不等同於學者，他們既來自人民，也是以實踐作為綱領 [106]。當代法國思想家洪席耶同樣認為這進路低估工人的自發學習力量，削弱其主體能動性的傾向 [107]。這也是為何他也非常討厭以代議民主來代表民眾，或視之為民主的唯一體現形式 [108]。

　　而拙作一直書寫的的離散主體，雖然也可像瓦桑塔古瑪論及流亡者作為苦難者的代表 [109]，跟國際社會的中介，建立組織跟傳遞資訊或各樣資源，以致在不同全球北方的國家中參與聽證，向

世界講述和印證威權國度的種種不堪 [110]，但是卻又不止於此。離散主體作為受難群體的一份子，敘事和記憶成為每個人能夠做的低門檻工作。因為公共記憶是規範著個體的記憶，但前者卻不能壟斷和清除後者的一切相異性。相反，每個人的敘事，尤其是離散者的敘事，都是記憶與遺亡的戰爭中的重要一筆，也必將構成公共記憶的一部份，改變著大我的身份和價值 [111]。

因此相比起瓦桑塔古瑪的政治主張，拙作無疑更接近洪席耶的觀點，即始終抗拒著代表性的核心位置和角色，以至背後所預設的整套政治神學。但必須注意的是，雖然洪席耶一往無前地認可工人的自發組織，但他也沒有認真設想代表性的問題。即使是由下而上，聯邦式（federation）甚至邦聯式（confederation）的離散組織社群，到底是否需要有統一的平臺代表，作為對口單位來跟其他政治體制代表談判對話，爭取認同或者保障呢？這不是容易回答的事。畢竟再民主的聯邦秩序，再自由地容許加入和退出的群體，終究都會有集權的傾向，以至大我約束和規訓小我的發展。

如果法國哲學家巴利巴爾（Étienne Balibar）用主動（active citizenship）或被動公民（passive citizenship）的身份區別，理解公民在抗爭時與國家的關係，即當認同國家秩序時屬於主

動，而不滿或抗爭時將理解為被動身份[112]；那麼我會更進一步，用文化公民（cultural citizenship）和政治公民（political citizenship）來區分在政治體內外的代表性需要。政治公民代表著我作為參與政治體之一員，認可政治體的體制來代表自己。代表性在這意義下是有效且必須的。另一方面，文化公民是單純基於敘事的相似而互相認可，成為群體身份之一部份，如香港離散者之身份記憶。文化公民是人的身份認同，記憶和信念之獨特性（singularity），不用亦不能追求同一，因此也談不上代表性。雖然在實際操作上，兩者在現實未必分得清，但至少在概念上是可以分開的。因此，一個人可以既認可類似的群族身份記憶，同時不參與或加入這身份主導的政治體。例如你可以是臺灣人，有著臺灣中心的意義敘事，但同時在美國生活，甚至擁有別國國籍。這不是心念忠誠，或者虛偽假裝之問題，而是兩者不必然等同的。在美國、臺灣之間，固然可以有許多具體條件因素需要考慮，如生活或生計。同時，在離散的世代，身份與故土不一定或不再能以國族政治作載體的背景下，意識到文化和政治公民身份之不同是無比重要。

而在拙作中，我希望論證的是，敘事者形成之跨國社群，不必通過國族政治來實現其政治主體性，即通過國家之代表性代而行之。反而在第四波工業資訊革命的世代，如何擺脫文化政治公

民之同一，指向超國族跨地域之文化社群，互助互倚，不化約為另一個國族政治體，才是當為之事。因為這樣能夠使文化公民和政治公民間產生張力，前者之自發和不集權會對後者形成壓力，以至能逼使當前主權秩序產生改變。

　　站在離散主體的語境下看，似乎離散群體不可能沒有一些共同的文化特質，如語言或者宗教價值作為同一群體之標記，也是使得他們同受苦難的原因。這也是為何瓦桑塔古瑪不能單純用規範式原則（normative reasons）來理解離散連結，而是要回到身份和敘事對於離散政治的關係和重要性，這點我是認同的。瓦桑塔古瑪認為，唯有身份意識相連，特定社群身份對其人生和個人認同有重大影響，才會擁有比陌生人更大的社群連結，其關切之責任也隨之增加。這跟普世主義之中，一般國際社會的公民所擁有的基本「協助責任」（duty to assist），在程度上全然不同 [113]。公民國族若只強調普世主義下的共同價值追求，而沒有更深刻的共同經歷或者身份詢喚，其團結的基礎只會非常薄弱（一如當代的民族分析政治哲學面對著地方國族主義的論述，往往是非常無力）。換句話說，他們之間欠缺真正能提供豐富意義的敘事，以公共記憶和身份之名連繫彼此。故事，比起抽象價值更能打動人心。

但在拙作對於離散主體的討論上，似乎離散成員之間最大的關係，並不是在於其文化身份何在，畢竟在全球化城市如香港，大家不論飲食、宗教、喜好、語言都可以非常獨特多元。故人梁繼平曾講過，「真正連結香港人的，在語言、價值之外，是痛苦[114]」。然而，痛苦連結的不止是香港人，而是更大的世界。一如香港大學過去曾長期擺放著丹麥藝術家高志活創作的國殤之柱（Skamstøtten），這藝術品在二〇二一年因被投訴違反國安法而遭到移除，再在二〇二三年被國安署帶走作為危害國家安全案件的證據。高志活的文化身份，大概跟港人甚至華人沾不上邊，但因為彼此有著共通的公共記憶，也便是六四的血腥鎮壓。如今又因為成了國安法下的打壓對象，使得高志活以至所有關心的公民都分享相似的公共記憶，因此，由敘事和記憶所帶來的苦痛，不單連結著香港人，也是天下的人可以共有的基礎，正如我們也能理解和同情遠在地球另一方的庫爾德人或是藏族人。

　　因此，離散哲學必須談敘事理論，因為離散主體正是分享著公共記憶而存在的群體，且個體不斷以新的敘事，豐富大我的公共記憶，邀請著更多人了解和參與敘事過程，且在其中與離散主體緊密相連。丹麥作家伊莎・丹尼森（Isak Dinesen）曾有言，「任何傷痛只有能放在故事中敘述，或是以故事加以描述，才能變得可以承受」[115]，我想是因為放進敘事一方面令敘事者能以第

三身角度抽離自身的真實體會，同時敘事也是與全世界連結的最好方法，令自己不再孤單地面對痛楚。

如何在大我無法包納一切的剩餘空間（excess）中，找到離散主體理論打開的可能。尤其當離散者不是固有的整體，有著清楚的邊界和固定的成員，離散主體自然不是指向或化約成由上而下的管治結構。借助敘事和公共記憶的流動，離散主體抗拒著本體論式的存有概念，指涉的是任何擁有相近公共記憶而互相連結的人。由此看來，香港之離散者可與獄中或者其他國家的聲援者，共同擁有二〇一九年後香港社會運動和公民社會被打壓的記憶，共同因為被剝削主權在民之權利的不義與忿恨，天涯若比鄰，彼此連起一氣。這種主體產生在記憶之詢喚中，又會持續跨地域流動，且為了抗拒代表性的同一性而不以建國作為最終目的。

同時，離散者也能在視野上看見全世界無數的苦難者，不論是基於政治、經濟、文化還是生態原因而離散，彼此在苦難中相見和相連，這也是進一步豐富公共記憶和身份的過程，一如水滴與山川大海相融，島嶼生態與眾島相連，與天地相連。故此，離散主體實現的不是國族政治，而是將臨的國際主義。

── b. 普世主義還是離散聚合

因此，若然文化素質（除卻記憶以外的廣義文化特質如語言、文藝創作和品味之類）不是離散主體身份的必要條件，那麼這群體的存有性還可以如何理解呢？我們可以設想沒有共同基礎的社群嗎？

這聽起來有點像語言哲學家維根思坦（Ludwig Wittgenstein, 1889-1951）在其後期作品中談的家族相似性（family resemblance），講述同一範疇內不必然需要同一的本質的主張[116]。但放回政治的領域上，二十世紀初政治學家鄂蘭談的政治行動，作為政治場域最重要的特質，也內含了超越文化國界的共同性[117]。也便是說，這不同於新康德式的普世主義（cosmopolitanism）般，先預設了一套普世公民的道德理論，主張全球人都處身同一個道德社群之中，對彼此都擁有共同的責任或道義[118]，或是像共和主義（republicanism）般強調公共生活對於人的幸福的必要性[119]。

鄂蘭言及的政治行動者，是基於行動的連結而產生的政治主體，而非先於行動而存在的。這也是為何她總是理解人作為行動者（vita activa），以言說與行動來表現自身，而政治行動便是

由人的多元性體現所組成。因此，城邦便是人的多元性展現的場域，「我在哪兒，城邦便在哪兒」的豪情壯語。這既是鄂蘭心中希臘民主精神的核心，也是她所認定的公共世界的理想 [120]。更重要的是她將社群或城邦跟一般政治活動對立起來 [121]。如果後者一般是以立法和建立政治秩序作為目的，那麼前者則不然。社群生活講求的不是管治，而是平等地發言和表達自己，這才是鄂蘭心中的真正政治場域。這也是為何她會在強調集體行動的力量（power），乃是有別於管治上的支配力（domination）[122]。

但顯然，鄂蘭的政治場域論對於社群並沒有太多的著墨，以致城邦與外面世界的界線其實是模糊的。這種現象學式的行動敘事，雖然對拙作談及敘事作為行動與主體方法有非常大的啟發，但同時她對經濟生活的非政治化處理，對於國家政治集權的無視，使得其論述忽視了資本跟國家對政治場域的權力支配，變相令這種政治社群懸空在現實政治經濟結構之上。結果，這往往是默許當下帝國秩序而不自知。例如鄂蘭常常把雅典之公共討論跟雅典之公投區別開來，且認定前者才是政治場域（praxis），後者頂多是政治法令的生產活動（poiesis）[123]。但這種割裂反而令我們忽略了公共討論之空間和可能條件的物質基礎。例如雅典之公投和政治參與得以可能，全賴雅典的提洛聯盟（Delian League）對於地中海周邊城邦的血腥支配和壓迫。其政治討論之

結果及其相應之立法行動，往往是維護和強化著這帝國的存在，生產著無數的苦難事件，如著名的米洛斯屠城（Siege of Melos）正是雅典公民社會決議後的結果[124]。這帝國宰制跟鄂蘭鍾愛的城邦公共生活和多元體現條件，有種根本性的矛盾。

而深受解構主義和西方馬克思主義影響的當代新左翼學者，大多沒有跟隨鄂蘭的現象學還原進路，無視權力關係與帝國結構，單純在人的生活世界中理解社群和政治多元性。哈爾特（Michael Hardt）和內格里（Antonio Negri, 1933-2023）提出的諸眾（multitude）算是一例。其中他們特別將諸眾和階級作對比來論證，非常有趣。在傳統馬克思主義的世界，歷史主體必然是階級，而階級只能是作為一個集體而存在，因此集體和個體，特異性（singularity）和共同性（commonality）有著難以調和的二元對立。這對立仿佛定義了新時代的左翼憂鬱，必須在魚與熊掌之中二擇其一。但在後工業世界，他們認為諸眾成了「無可化約的多重性（multipicity）」，也便是「集體行動的特異性（singularities that act in common）」[125]。另一方面，諸眾也因而抗拒著存有性的定義，這群體並不能定義，不能框限也不能界定內外，反而重要的是諸眾能成為甚麼，可以做些甚麼能對應當下的權力關係。

這特異性和共同性的結合，體現在諸眾的肉身面向上。一如前述，肉體不同於身體，在於後者只是在知識系統中產生出來。相反，前者的物質性不單不是作為某種物質局限，反而總是溢出知識的概念框限，作為某種意義的溢出（excess）。借用巴特勒的「性別即表演性」（performativity）的觀點 [126]，他們用以說明「集體行動的特異性」的意義所在。肉身的性別其實在於每個肉身呈現出來的獨特性別現象，如何為大眾所理解，因此性別之流動，在於如何演出男性、女性或者其他性別的衣著表現上並沒有固定的界線，反而是在不同表演如何化成受眾的新慣性，再以此理解新的性別演譯。因此特異性和共同性，個人的性別特質跟社會的性別理解是互相影響的，當中並無預設了某個牢固的性別本質或者內容 [127]。

　　因此，諸眾生產著的是公共性（common），只是這共同性不止是法律上有別於私人空間或者用途的公共概念，而是擺脫國家的生命政治宰制，以公共之名奪回（re-appropriate）更多社會經濟生活面向，建立更大的合作和資訊共享空間，最終產生更多的諸眾作為對抗帝國宰制的主權者 [128]。這也呼應著離散社群的邦聯關係網，著重於自發、在地的組織，拒絕集權的生命政治，在不同集結網絡中尋求新的經濟社會合作，而不單純服從國家與市場之邏輯。這不同於南希（Jean-Luc Nancy）的「社群」理解，

在於後者是從現象還原來理解社群的給予（givenness），並不經由行動產生[129]，而前者則視之為主體性的政治實踐條件和目的。

這樣看來，哈爾特和內格里的主張，顯然著力批判強調階級路線至上的正統馬克思主義，理解歷史主體必須要回到集體主義的道路，也便是壓抑個體的特異性才有政治力量。在這點上，其實有點像鄂蘭所談的政治領域，只是鄂蘭不是從經濟生產模式的轉型中發展出政治行動體的想像，而是回到古典城邦的公共想像。但對他們而言，諸眾似乎是後工業時代的生產方式作成新歷史條件下，才得以可能的事。相較於工業社會中講究集體生產的工廠模式，後工業消費社會的生產崗位更零散更講究跨企業合作，且勞工、資本和資訊的全球流動也是前所未有的高，生產網絡很可能是全球分配，因此商品和勞動的流動性都愈發提高[130]。這些因素也使得諸眾能替代階級，在歐美世界作為新的歷史主體[131]。

哈爾特和內格里對於政治帝國早已衰落的研判顯然是有問題，這導致他們忽視諸眾如何對抗當前新帝國主義的問題。諸眾所建基的後帝國研判[132]，在二十世紀末只單純視帝國與殖民作為經濟結構，無視了新的政治帝國形態及其帶來的軍事政治與文化生態壓迫[133]，這些都是離散主體所關注的重要面向。但以公共

性理解離散主體性的社群關係，在一定程度上仍接近我所設想的方向，不管是歷史條件還是抽象的概念化，都十分準確地捕捉到離散主體的許多特質。只是離散主體更強調敘事的作用，對自身的記憶和身份的重構，以此重塑主體和生態與虛擬技術世界的連結，這些無疑都是諸眾可以包含但沒有討論的部份。而諸眾另外一個重要面向，即對於超越生命政治的民主實踐上，也可以更加豐富我們對離散主體的討論。

── c. 民主

另一個對於主體性至關重要的討論，便是民主的理解和實踐問題，這在當代的左翼思潮中尤其重要。說到底，在長二十世紀的世界，幾波解殖民主浪潮此起彼落後，民主國家的數量是史無前例的新高，因此特別在右翼再度抬頭之時如何深化民主，成為一些左翼學者念茲在茲的事。而主體性所追求的自主和自由，何嘗不是民主理念中的核心精神？因此，主體性和民主討論，理應是互為表裡。只是在非以領土主權國家跟生命政治系統為政治目的的離散群體而言，民主又可以詮釋成甚麼意義呢？

其中一種重要進路，便是通過擴大左翼群眾來在民主國家爭取政治權力，如墨菲（Chantal Mouffe）跟拉克勞（Ernesto

Laclau, 1935-2014）便提倡以左翼民粹式的聚合壯大親左翼的民眾基數，作為重奪民主權力的新操作 [134]。這既是吸收了意大利左翼思想家葛蘭西的「位置之戰」（position of war）的論點，不再視階級之間可以有一勞永逸的歷史決戰，或者期盼著歷史終結的可能；同時也融入了德國法學家施密特的政治概念，從敵友之間重新組織左翼的政治操作，並以此來大力抨擊近幾十年來相當流行的商議式民主（deliberative democracy），其中自然又以哈貝馬斯作為主要批判對象 [135]。但由於在這些民主的討論中，主要指向的對象都是某領土國家內的民主制度安排與權力角力，與離散—帝國的框架相去甚遠，所以先在此打住，不再深究。

另一邊廂，也有不少學者認為當代代議民主根本無法體現工人階級和勞動人民的民主主體性，因此兩者是有根本的張力。而真正的民主，是應該跳出代議政制來重新設想的。除此之外，還有不同層次範圍的民主反省，同樣關乎到民主之主體該如何確立的問題。在大半本拙作中，我一直沒有多用民主來理解離散與主體，在這節將會嘗試借這些進路來加以反思，到底廣義的民主概念還是否適用，在甚麼條件或角度下可以幫助我們理解離散主體的作用和價值。

前文提及的洪席耶，顯然是強調民主和治理之對立的重要

代表。有別於哈貝馬斯或者墨菲，他不認為民主應該理解為政體或者證成當下管治秩序的工具[136]。同時他跟阿班樞（Miguel Abensour 1939-2017）所認為的「民主作為跟當前政體產生巨大批判的政治理想」不同[137]，他們觀點之歧在於洪席耶認為民主的本義在於平等，且不是作為追求權利上的平等，或者社會民主主義的福利平等，而是某種實踐時體現平等的時刻，令在平日秩序中備受忽視的弱者重新出現，令社會的能見度（visibility）差異的階級制度得以打破，這才是民主和政治顯現的狀態，也是他所稱之為「感性配享」（Partage du sensible）的民主美學操作[138]。

因此在洪席耶的眼中，民主時刻總是短暫的，每當被新的警法秩序接管後便再次消失。但有趣的是，在某次訪問中，洪席耶強調自己不是高舉事件的斷裂性而捨棄歷史維度。他同樣認同解放是有其歷史演變，只是演變之解放不等同於歷史命定的觀念而已。這演變路徑是通過故事的敘述而展現，因此是敘事令歷史有了解放的傳統，而不是歷史本體是非如此不可[139]。

同樣地，拙作不將民主放在政體的追求或者政治價值的理想層面，而是作為實踐的起點。而且，這平等性也不是基於人的普遍特質或者本性，而是單純在於講故事，聽故事或者活在故事的普遍可能。抽象價值理論屬於知性上的技術活動，且往往是生產

作為區別階層和建立秩序的工具。敘事則是至為貼身，是人還未啟動批判腦袋前已經存在的狀態，也是人的身份、記憶和意義之所在。

因此，人與萬物都是棲居在敘事世界之中。這也如鄂蘭所論，人的獨特性首先在於其言說和行動的面向，而不是制度和秩序建立上，後者不僅是時序上較後出現，也不一定有助於前者作為多元性的展現。因此，這民主的平等體現在於敘事的關係，而不是其可能帶來的政治體制與管治角色。每當我們為世界敘事時，便已是體現著民主精神。這也呼應了洪席耶的美學政治觀，但他將焦點放在視覺上的感性分享，而我則是側重於敘事上，不管是採取圖像、聲音還是語言文字，同樣都是產生著新的意義和社會關係。

但是，若然資本是關於社會關係的異化，那麼從敘事觀看則會理解資本與經濟觀作為社會關係的二維平面的敘述，把一切豐富多樣的關係都化約省略成交換價值和買賣關係。所以，我很喜歡哈貝馬斯將資本的壟斷性價值觀稱作生活世界的殖民化 [140]。換句話說，視交換價值作為一切價值之價值的言論，都可理解為殖民性敘事。而前述的四層敘事架構，本意為提供方向性的引導，使說故事的人可以有路徑和指引地擺脫殖民的排他敘事，而是從

更多向度和層面上，講述我們的各種社會關係，如生產關係或者跨物種倫理關係 [141]，這些層面其實就是串連著職場民主或者生態民主之類 [142]。

以生態民主為例，如何在跨物種關係上體現非支配性（non-domination）或者非剝奪性（non-exploitation）的關係呢？敘事作為超脫現代性的支配秩序，能夠呈現著主體的行星社會關係網，抗拒著自我中心的物種主義，這是走向批判和超越跨物種生命政治的重要元素 [143]。

然而，故事還須說故事的人，拙作論及敘事者多時，也應該回到敘事者自身的脈絡之中，述說自己的故事。離散的思想，如何在香港近十年的社會運動信念中，找到在地的知性資源，再轉化成離散者所需要的主體思想，正是拙出最後一部份必須講述的故事。

第五章　解殖與國際主義

1. 關於世界創造（worldmaking）如何成為如今政治理論及不同跨界的新思考方向，可參考 Adom Getachew, *Worldmaking after Empire: The Rise and Fall of Self-Determination* (New Jersey: Princeton University Press, 2020).

    Yuriko Saito, *Aesthetics of the Familiar: Everyday Life and World-Making* (Oxford: Oxford University Press, 2020).

    Silvia Schultermandl, *Affective Worldmaking: Narrative Counterpublics of Gender and Sexuality* (New York: Bielefeld, 2022).

2. 若從當代藝術介入史角度看，可參考 Joanna Page, *Decolonial Ecologies: The Reinvention of Natural History in Latin American Art* (New York: Open Book Publishers, 2023). 如果關於生態與解殖敘事，可參考 Kiu-wai Chu, "Ecocinema," Oxford Bibliographies Online, 28 th NOVEMBER 2022 Doi: 10.1093/OBO/9780199791286-0252.

    Elizabeth DeLoughrey, Renée K. Gosson & George B. Handley (eds）, *Caribbean Literature And the Environment: Between Nature And Culture* (Virginia: University of Virginia Press, 2005).

    Elizabeth DeLoughrey & George B. Handley (eds.), *Postcolonial Ecologies: Literatures of the Environment* (Oxford: Oxford University Press, 2011).

    Arran Stibbe, *Econarrative: Ethics, Ecology, and the Search for New Narratives to Live by* (London: Bloomsbury Academic, 2024).

3. Kate Crawford, *Atlas of AI: Power, Politics, and the Planetary Costs of Artificial Intelligence* (New Haven: Yale University Press, 2022).

    Henry A Kissinger, Eric Schmidt & Daniel Huttenlocher, *The Age of AI: And Our Human Future* (London: Little, Brown and Company, 2021).

    Nick Srnicek, *Platform Capitalism* (Oxford: Polity, 2016).

4. 我會認為政治技術跟管治技術（governmental apparatus）是重要的分別，這也體現在技術的個體性（individuation）之討論上，即技術不完全能夠被管治秩序來壟斷，一如 Deleuze 跟 Guattari 談到 war machine 也不完全能夠為國家所

控制，敘事性於我而言，也能逃逸於國家管治所需的內容上，變成了反抗的重要工具。詳看 Gilles Deleuze, Felix Guattari, *Nomadology: The War Machine* (New York: Semiotext(e), 1986).

5.　Joseph V. Femia, *Gramsci's Political Thought: Hegemony, Consciousness, and the Revolutionary Process* (Oxford: Oxford University Press, 1987).

　　Benedetto Fontana, *Hegemony and Power: On the Relation Between Gramsci and Machiavelli* (Minneapolis: University Of Minnesota Press, 1993).

6.　Byung-Chul Han, *The Crisis of Narration* (Oxford: Polity, 2024).

7.　李宇森，《主權神話論》，頁 29-30。

8.　Louis Althusser, *On The Reproduction Of Capitalism: Ideology And Ideological State Apparatuses* (London: Verso, 2014).

9.　Thomas E.Dow, "An Analysis of Weber's Work on Charisma," *The British journal of sociology* 29, no.1(March 1978): 84-5.

10.　Plato, *Timaeus and Critias, trans. Robin Waterfield* (Oxford: Oxford University Press, 2009).

11.　李宇森，《主權神話論》，頁 109-112。

12.　李宇森，《主權神話論》，頁 156-157。

13.　Christophe Jaffrelot & Cynthia Schoch, *Modi's India: Hindu Nationalism and the Rise of Ethnic Democracy* (New Jersey: Princeton University Press, 2021).

14.　Serhii Plokhy, *Lost Kingdom: The Quest for Empire and the Making of the Russian Nation* (New York: Basic Books, 2017).

15.　Jenny White, *Muslim Nationalism and the New Turks* (New Jersey: Princeton University Press, 2014).

16.　Jason C Bivins, *Religion of Fear: The Politics of Horror in Conservative Evangelicalism* (Oxford: Oxford University Press, 2008).

　　Axel R. Schäfer, *Countercultural Conservatives: American Evangelicalism from the Postwar Revival to the New Christian Right* (Wisconsin: University of Wisconsin Press, 2011).

17. Carey A. Watt, "The Relevance and Complexity of Civilizing Missions c. 1800–2010," in *Civilizing Missions in Colonial and Postcolonial South Asia: From Improvement to Development*, eds. Carey Watt and Michael Mann (Cambridge: Cambridge University Press, 2011), pp. 1-34.

18. David Harvey, *The New Imperialism* (Oxford: Oxford University Press, 2005).

19. 中共中央文獻研究室編，《習近平關於社會主義生態文明建設論述摘編》（中央文獻出版社，2017）。

20. Ariella Aïsha Azoulay, *Potential History: Unlearning Imperialism* (London: Verso, 2020).

    Laura Raicovich, *Culture Strike: Art and Museums in an Age of Protest* (London: Verso, 2021).

21. 要注意的是，這反恐活動和全球打擊並不算是主權國之間的戰爭，即使參戰雙方也是主權國家，也因而不受戰爭法而限。反恐戰因為打著全球和平與反恐怖組織的旗號，因而能繞開戰爭的規則和限制。為了能有效保護美國（或者更多的）民眾，美國有必要在受到攻擊前先發制人，以主動攻擊外國敵人作為保護國土安全的必要手段，哲學家阿甘本或稱之為「全球內戰」。詳參 Giorgio Agamben, *Stasis*. 另參 Samuel Moyn, *Humane: How the United States Abandoned Peace and Reinvented War* (New York: Picador, 2022).

22. Matthew Alford, *Reel power: Hollywood cinema and American supremacy* (New York: Pluto, 2010), pp. 9-10.

23. Matthew Alford, *Reel power*, p. 11.

24. Theo Zenou, " 'Top Gun,' brought to you by the U.S. military," *Washington Post*, May 27, 2022.

25. Nicholas Slayton, "Yes, the Navy is trying to recruit at 'Top Gun: Maverick' screenings: It is happening again,", *Task & Purpose*, May 29, 2022.

26. Matthew Alford, *Reel power: Hollywood cinema and American supremacy* (London: Pluto Press, 2010), p. 10.

27. Alex Roland, *Delta of Power: The Military-Industrial Complex* (Baltimore, Maryland: Johns Hopkins University Press, 2021).

28. "The cultural commodities of the industry are governed⋯by the principle of

their realization as value, and not by their own specific content and harmonious formation. The entire practice of the culture industry transfers the profit motive naked onto cultural forms." Theodor Adorno, *Culture Industry* (London: Routledge, 1991), p. 99.

29. 李宇森，〈阿多諾論真理和美學的救贖：訪 Lambert Zuidervaart〉，《燃燈者》，2024 年 3 月 5 日。

30. John C. Lyden, *Film as Religion, Second Edition: Myths, Morals, and Rituals* (New York: NYU Press, 2019), pp. 88-90.

31. Roland Barthes, *Image-Music-Text* (New York Times: Hill and Wang, 1978).

32. Stuart Hall, "Encoding/Decoding," pp. 128-38.

33. 這點是受詮釋學者高達美的詮釋視野（horizon），或曰理解活動所預設之「偏見」（prejudice）所影響，詳看 Hans-Georg Gadamer, *Truth and Method*, p. 317.

34. 這用詞是戲仿哲學家內格爾（Thomas Nigel, 1937- ）的名著書名，但這裡非借用其概念。另參 Thomas Nagel, *The View From Nowhere* (Oxford: Oxford University Press, 1986).

35. Jessica Roy, "How 'Pepe the Frog' went from harmless to hate symbol," *LA Times*, Oct 11th, 2016.

36. Hanna Kozlowska, "Hillary Clinton's website now has an explainer about a frog that recently became a Nazi," *Quartz*, Sept 13th, 2016.

37. Emma Grey Ellis, "Pepe the Frog Means Something Different in Hong Kong—Right?," *Wired*, Aug 23rd, 2019. Katrien Jacobsa, Degel Cheunga, Vasileios Maltezos and Cecilia Wong, "The Pepe The Frong image-meme in Hong Kong: Visual Recurrences and Gender Fluidity on the LIHKG Forum," *Journal of Digital Social Research* 4, no.4 (2022): 130-150. Daniel Victor, "Hong Kong Protesters Love Pepe the Frog. No, They're Not Alt-Right," *New York Times*, Aug 19, 2019.

38. Matthew Wills, "Captain America and Wonder Woman, Anti-Fascist Heroes," *Jstor Daily*, Nov 11th, 2020.

39. Dominic Tierney, "Did Captain America Really Sleep Through Vietnam?," *The Atlantic*, July 26th, 201.

40. Chris Pleasance, "Captain America protestor who wielded comic book character's

shield during pro-democracy demonstrations is jailed for six years in Hong Kong," *Daily Mail*, Nov 11th, 2021.

41. Kelly Ho, "Hong Kong protester 'Captain America 2.0' wins appeal against national security sentence, jail time reduced to 5 years," *Hong Kong Free Press*, Aug 3rd, 2022.

42. Robert C. Tucker, "The Cunning of Reason in Hegel and Marx," *The Review of Politics* 18, no. 3 (1956): 269-295.

43. G. W. F. Hegel, *The Philosophy of History* (London: Dover, 1956), pp. 45-47.

44. 麥燕庭，〈香港監獄接連被揭有少年犯被性侵 一人致永久傷害〉，《rfi》，2024 年 1 月 26 日。

45. 黃思琪，〈周庭棄保流亡後接受 BBC 採訪 稱香港已成「恐懼之地」〉，《BBC News 中文》，2023 年 12 月 8 日。儲百亮，〈香港活動人士鍾林流亡英國，稱面臨警方巨大壓力〉，《紐約時報》，2024 年 1 月 2 日。

46. 〈反送中黃衣人身亡近 2 年 梁凌杰遺言曝光：對香港心灰意冷〉，《自由時報》，2021 年 5 月 11 日。

47. 社會主義鐵拳，成了中外媒體影響中國威權政體高度打壓公民社會的另類稱呼，另參蔡娪嫣，〈「社會主義鐵拳」之下，中國各領域前景如何？一篇看懂權威機構預測〉，《風傳媒》，2022 年 1 月 2 日。

48. 中央通訊社，〈受香港反送中「Be water」啟發，法國反年改抗爭改採靈活聚散策略〉，《關鍵評論網》，2023 年 3 月 23 日。

49. 孫武，《孫子兵法‧虛實篇》。

50. 黃舒楣、伊恩，〈撐起雨傘的非常城市：遇見他者的閾限空間〉，《考古人類學刊》83 期 (2015)，頁 25-56。

51. Katherine Li & Mike Ives，〈動漫、好萊塢與藍儂牆：香港抗議中的流行文化〉，《紐約時報中文網》，2019 年 8 月 6 日。

52. 〈香港理大圍城戰：晝夜惡戰 24 小時，港警不留活路的十面埋伏？〉，《轉角國際》，2019 年 11 月 18 日。

53. 〈2019 年 7 月 1 日：示威者佔領立法會〉，《香港獨立媒體》，2024 年 7 月 1 日。

54. 呂凝敏、楊婉婷、黎靜珊、彭愷欣，〈從夏至冬示威不斷 街頭及大學屢爆激烈

衝突〉，《香港 01》，2019 年 12 月 9 日。

55. 區禮城，〈眾籌全球登報 -g20 團隊成員 - 整件事無領袖〉，《香港 01》，2019 年 8 月 17 日。

56. 胡凱文，〈郭鳳儀公開匿名眾籌登報經歷 擬政庇留美延續抗爭星火〉，《自由亞洲電臺》，2022 年 5 月 9 日。

57. Chris Chao Su, Michael Chan & Sejin Paik, "Telegram and the anti-ELAB movement in Hong Kong: reshaping networked social movements through symbolic participation and spontaneous interaction," *Chinese Journal of Communication* 15, no.3 (2022): 431-448.

58. 古莉，〈Telegram 採取保護措施 掩藏香港抗議者電話號碼〉，《rfi》，2019 年 8 月 31 日。

59. 孟建國、艾莎，〈反「送中」抗議與一場「貓抓老鼠」的信息戰〉，《紐約時報》，2019 年 6 月 14 日。

60. "Hong Kong student gets five-years for Telegram 'secession' messages," *France 24*, Apr 29, 2022.

61. 〈國安警首封網 本地 IP 禁瀏覽「香港編年史」〉，《東方日報》，2021 年 1 月 8 日。

62. 區禮城，〈眾籌全球登報 -g20 團隊成員 - 整件事無領袖〉，《香港 01》，2019 年 8 月 17 日。

63. 劉修迅，〈黃色經濟圈的理想和掙扎：紅藍之外，他們要重掌經濟自主〉，《端傳媒》，2020 年 5 月 5 日。

64. 歐陽翠詩，〈黃色經濟圈一：「黃店」現人龍 消費戰能否落實至各層面？〉，《香港 01》，2019 年 12 月 18 日。歐陽翠詩，〈黃色經濟圈二：從生產商——製作到消費者——構建同路人社群〉，《香港 01》，2019 年 12 月 18 日。

65. 李若如，〈「黃色經濟圈」已劃句號？〉，《自由亞洲電臺》，2023 年 7 月 14 日。

66. 〈手機程式幕後主腦 如何分辨黃藍〉，《大學線》，2020 年 3 月 4 日。

67. 《時代革命》阿爸，〈黃色經濟圈」的最大效能〉，《rti》，2023 年 3 月 28 日。

68. 劉修迅，〈黃色經濟圈的理想和掙扎：紅藍之外，他們要重掌經濟自主〉，《端

傳媒》，2020 年 5 月 5 日。

69. 孫武，《孫子兵法・謀攻第三》。

70. G. M. Stekloff and Eden Paul, *History of the first International* (London: M. Lawrence, 1928).

71. 李宇森，《主權在民論》。

72. Immanuel Kant, *Toward Perpetual Peace and Other Writings on Politics, Peace, and History* (New Haven: Yale University Press, 2006).

73. Christopher Hibbert, *French Revolution* (London: Penguin, 2001).

74. John C. Torpey, *The Invention of the Passport: Surveillance, Citizenship and the State* (Cambridge: Cambridge University Press, 2018), p. 35.

75. G. John Ikenberry, "The Nineteenth-Century Origins of Internationalism," *Yale University Press Blog*, Jan 12, 2021.

76. Adam Smith, *The Wealth of Nations: Books 1-3* (London: Penguin, 1982).

77. Georg Wilhelm Fredrich Hegel, *Elements of the Philosophy of Right* (Cambridge: Cambridge University press, 1991), pp. 224-6.

78. Lloyd E. Ambrosius, *Woodrow Wilson and American Internationalism* (Cambridge: Cambridge University Press, 2017).

79. Salar Mohandesi, *Red Internationalism: Anti-Imperialism and Human Rights in the Global Sixties and Seventies* (Cambridge: Cambridge University Press, 2023).

80. Max Mark, "Nationalism versus Communism in Southeast Asia," *The Southwestern Social Science Quarterly* 33, no. 2 (1952), 135-147. C. M. Chang, "Communism and Nationalism in China," *Foreign Affairs* 28, no. 4 (July 1950), pp. 548-564.

81. David Harvey, *A Brief History of Neoliberalism* (Oxford: Oxford University Press, 2007).

82. Alex N. Press, "The Starbucks Workers' Union Has Finally Broken Through," Jacobin, Feb 29, 2024. Alina Selyukh, "Amazon's struggling union joins forces with the Teamsters," *NPR*, Jun 18, 2024.

83. Eric Dirnbach, "Union Gives a Close Look at the Historic Amazon Labor Union

Win," *Jacobin*, Mar 9, 2024.

84. J. S. Mill, *On Liberty* (New Haven: Yale University Press, 2003), p. 81.

85. Larry Siedentop, *Inventing the Individual: The Origins of Western Liberalism* (Cambridge: Harvard University Press, 2014).

86. 當然,這句宣言其實在六、七〇年代在女性主義運動被廣泛使用,也不一定跟西蒙波娃有關,另參 Theresa Man Ling Lee, "Rethinking the Personal and the Political: Feminist Activism and Civic Engagement," *Hypatia* 22, no. 4 (2007): 163-179.

87. Judith Butler, *Gender Trouble: Feminism and the Subversion of Identity*, (London: Routledge, 2011). Judith Butler, *Who's Afraid of Gender?* (New York: Farrar, Straus and Giroux, 2024).

88. 李宇森,〈從女性主義到非暴力抗爭(下)〉,《燃燈者》,2021 年 11 月 16 日。

89. 關於以前的性別無國家主義運動,可參考 Margaret S. Marsh, *Anarchist Women, 1870–1920* (US: Temple University Press, 1981). Emma Goldman, *Anarchism and Other Essays (3rd ed.)* (New York: Dover Publications, 1969). 至於新近的討論,可參考 Chiara Bottici, *Anarchafeminism* (London: Bloomsbury, 2021).

90. Bruce S. Thornton, "Almost an imperator: A review of The Spartacus War by Barry Strauss," *The New Criterion*, May 2009.

91. C.L.R. James, *The Black Jacobins: Toussaint L'Ouverture and the San Domingo Revolution* (London: Vintage, 1963).

92. Leslie M. Alexander, *Fear of a Black Republic: Haiti and the Birth of Black Internationalism in the United States* (Illinois: University of Illinois Press, 2022).

93. Mislan, Cristina, "From Latin America to Africa: Defining the 'World Revolution',"in *The Black Panther The Howard journal of communications* 25, no.2(2014): 211-230.

94. Fanon, Frantz, *The Wretched of the Earth* (New York: Grove Press, 2021).

95. Keisha Blain and Tiffany Gill, *To Turn the Whole World Over: Black Women and Internationalism* (Illinois: University of Illinois Press, 2019).

96. Rachel Carson, *Silent Spring* (New York: Mariner, 2002).

97. Carolyn Merchant, *The Death of Nature: Women, Ecology, and the Scientific Revolution* (New York: Harper, 1980).

98. Donna Haraway, "A Cyborg Manifesto Science, Technology, and Socialist-Feminism in the Late Twentieth Century,"*Simians, Cyborgs and Women: The Reinvention of Nature* (New York; Routledge, 1991), pp. 149–181.

99. 物種間的互動對物種邊界產生巨大的影響，這不僅徹底改造了人類周圍的動植物，而在互動的過程中，人作為人也有相應的變化。畢竟人對環境的改造，源自人既有的技術和知識，而知識技術對生態的調控，最終改造了人類自身，最顯然易見的是火的技術的普及，使得飲食質素大幅改善，人得以烹熟肉類食用，吸收更豐富的營養。最終，人的大腦慢慢變大，可以消耗更大的能源，而大腦的增大意味著處理更複雜事物和發展技術的能力增加，人類組織和溝通能力也得以相應改善，使得更複雜的多物種政治社會秩序得以可能。因此，人、技術、物種、事物之間，有著剪不斷還亂的互倚互動的關係，但這共生不必然是靜態生物學的生態平行系統，而是在互動的過程中相互馴養，衝擊著所謂物種邊界，產生無可估量的質性變化，再帶來新一波的未知因果關係。所謂的人種，並非靜態的原生單位，而是在論述中嘗試把握自身在生態系列中的宰制位置，因此演化論和社會演化論（social Darwinism）之並生，大概也是其來有自。這不是武斷地判定科學演化論的不足，甚至要回到創世論云云。而是演化論作為科學知識，一如物種之觀念生產，無法在政治社會的脈絡中保持所謂科學中立性。因為知識和技術，從來都是定義和改造人的力量，是跨物種的後人類生態一部分，人所生產的前衛觀念自然都會吸進這些關係和牽絆之中。

100. 關於布雷朵蒂對人文主義的敵視以及其後人類主義的特點，可參考其近年幾本重要著作。Rosi Braidotti, *Posthuman Feminism* (Oxford: Polity, 2022). Rosi Braidotti, *Posthuman Knowledge* (Oxford: Polity, 2019). Rosi Braidotti, *The Posthuman*, (Oxford: Polity, 2013). 另參 Cary Wolfe, *What Is Posthumanism?* (Minneapolis: University Of Minnesota Press, 2009).

101. 關於當代對代表性的思考，可參考 Hanna Pitkin, *The Concept of Representation* (LA: University of California Press, 1972). Monica Brito Vieira & David Runciman, *Representation* (Oxford: Polity, 2008).

102. Hobbes, *Leviathan*.

103. Carl Schmitt, *Constitutional Theory* (Durham, North Carolina: Duke University

Press, 2008).

104. 李宇森，《主權在民論》，頁 134—144。

105. Vladimir Lenin, *What is to be done?* (New York: International Publishers, 1969), pp. 16-7.

106. Valeriano Ramos, (1982), "The Concepts of Ideology, Hegemony, and Organic Intellectuals in Gramsci's Marxism," *International Marxist Archive*, https://www.marxists.org/history/erol/periodicals/theoretical-review/1982301.htm. 李宇森，〈知識人的公共責任〉，《燃燈者》，2017 年 1 月 29 日。

107. Jacques Rancière, *The Ignorant Schoolmaster: Five Lessons in Intellectual Emancipation* (Alto Palo: Stanford University Press, 1991).

108. Éric Aeschimann, "Representation Against Democracy: Jacques Rancière on the French Presidential Elections," *Verso*, March 20, 2017.

109. Ashwini Vasanthakumar, *The Ethics of Exile*, pp. 144-57.

110. Ashwini Vasanthakumar, *The Ethics of Exile*, p. 77.

111. Maurice Halbwachs, *On Collective Memory,* trans. Lewis A. Coser (Chicago: University of Chicago Press, 1992), pp. 38-40.

112. Étienne Balibar, *Equaliberty: Political Essays* (Durham: North Carolina: Duke University Press, 2014), pp. 288-289.

113. Ashwini Vasanthakumar, *The Ethics of Exile*, p. 97.

114. 何桂藍，〈梁繼平：真正連結香港人的，是痛苦〉，《立場新聞》，2019 年 10 月 20 日。

115. Hannah Arendt, *The Human Condition*, p. 175.

116. Ludwig Wittgenstein, *Philosophical Investigations*, pp. 32-6.

117. Hannah Arendt, *The Human Condition*, pp. 176-7.

118. Kwame Anthony Appiah, *Cosmopolitanism: Ethics in a World of Strangers* (New York: W. W. Norton & Company, 2010). Seyla Benhabib, *Another Cosmopolitanism* (Oxford: Oxford University Press, 2008). 近年自由主義對普世主義的批判，可參考 Martha C. Nussbaum, *The Cosmopolitan Tradition: A Noble but Flawed Ideal*

(Cambridge: Belknap Press, 2019)

119. Philip Pettit, *Republicanism: A Theory of Freedom and Government* (Oxford: Oxford University Press, 1999).

120. Hannah Arendt, *The Human Condition*, p. 199.

121. Hannah Arendt, *The Human Condition*, p. 64.

122. Hannah Arendt, *Crises of the Republic* (New York: Harcourt Brace Jovanovich, 1972), pp. 143-155.

123. Hannah Arendt, *The Human Condition*, pp. 194-5.

124. Victor Davis Hanson, *A War Like No Other: How the Athenians and Spartans Fought the Peloponnesian War* (London: Random House, 2006). Donald Kagan, *The Peloponnesian War* (London: Penguin, 2004).

125. Michael Hardt & Antonio Negri, *Multitude*, p. 105.

126. Judith Butler, *Gender Trouble: Feminism and the Subversion of Identity* (London: Routledge, 2011).

127. Michael Hardt & Antonio Negri, *Multitude*, pp. 203-4.

128. Michael Hardt & Antonio Negri, *Multitude*, p. 206.

129. Jean-Luc Nancy, *Community: The Inoperative Community,* trans. Peter Connor, Lisa Garbus, Michael Holland & Simona Sawhney (Minneapolis: University of Minnesota Press, 1991), p.35.

130. Michael Hardt & Antonio Negri, *Multitude*, pp. 133-5.

131. Michael Hardt & Antonio Negri, *Multitude*, p. 105.

132. Michael Hardt, Antonio Negri, *Empire* (Cambridge: Harvard University Press, 2000), pp. xii-xiii.

133. Glen Sean Coulthard, *Red Skin, White Masks: Rejecting the Colonial Politics of Recognition* (Minneapolis: University Of Minnesota Press, 2014). David Vine, *Base Nation: How US Military Bases Abroad Harm America and the World* (New York: Metropolitan Books, 2015).

134. Chantal Mouffe & Ernesto Laclau, *Hegemony and Socialist Strategy Book* (London:

Verso, 1985). Ernesto Laclau, *On Populist Reason* (London: Verso, 2005). Chantal Mouffe, *For a Left Populism* (London: Verso, 2018). 另參李宇森，〈左翼民粹與基進民主一墨菲哲學提綱〉，《燃燈者》，2019 年 12 月 5 日。

135. 陳朝政、曾志隆，〈論穆芙對審議式民主的批判〉，《東吳政治學報》30 卷 1 期（2012 年 3 月），頁 80-133。

136. Jacques Ranciere, *Disagreement: Politics And Philosophy* (Minneapolis: University of Minnesota Press, 2004). Jacques Ranciere, *Hatred of Democracy* (London: Verso, 2014).

137. Miguel Abensour, *Democracy Against the State: Marx and the Machiavellian Moment* (Oxford: Polity, 2011), p. 49.

138. Jacques Ranciere, *Dissensus: On Politics and Aesthetics* (London: Bloombery, 2015). Jacques Ranciere, *The Politics of Aesthetics* (London: Bloombery, 2013).

139. Jacques Ranciere, "Democracies against Democracy," in *Democracy in What State?*, eds. Giorgio Agamben, Alain Badiou, Daniel Bensaid, Wendy Brown, Jean-Luc Nancy, Jacques Ranciere, Kristin Ross, Slavoj Žižek (New York: Columbia University Press, 2010), pp. 80-1.

140. Felipe Gonçalves Silva, "Colonization of the Lifeworld," in *The Cambridge Habermas Lexicon*, eds. Amy Allen & Eduardo Mendieta (Cambridge: Cambridge University Press, 2019), pp. 36-9. Mattias Iser, "Colonization," in *The Habermas Handbook*, eds. Hauke Brunkhorst, Regina Kreide & Christina Lafont (New York: Columbia University Press, 2018), pp. 494-498.

141. Cynthia Willett, *Interspecies Ethics* (New York: Columbia University Press, 2014).

142. Isabelle Ferreras, Tom Malleson & Joel Rogers (eds.), *Democratizing the Corporation: The Bicameral Firm and Beyond* (London: Verso, 2024).

143. Alice Crary & Lori Gruen, *Animal Crisis: A New Critical Theory* (Oxford: Polity, 2022).

Joseph Pugliese, *Biopolitics of the More-Than-Human: Forensic Ecologies of Violence* (Durham, US: Duke University Press, 2020). Anna Lowenhaupt Tsing, *The Mushroom at the End of the World: On the Possibility of Life in Capitalist Ruins* (New Jersey: Princeton University Press, 2015).

如水的離散政治

漂泊無根天注定

是人是獸皆由心

——杯渡禪師

離散不單是數十萬外流港人的處境，其實也是所有抱著主權在民願景的抗爭者的共同精神面貌。畢竟物是人非，滄海桑田，面對著的是早已翻天覆地的美麗新香港（編按：戲仿反烏托邦小說《美麗新世界》），怎能不算是另一種意義的精神離散呢？

但是，在每個微觀個體的悲劇之中，我們或能找到更大的意義，找到歷史發展的方向，作為群體銳變的契機。這歷史的普遍性，便是我一直想書寫的離散時代，一個跳出國族甚至人類為中心的行星遷徙適應史。怎樣如水，聚水成涓，在前幾章，敘事論始終以方法論方式示人，但走進具體的脈絡之中，香港人近年高舉的「如水」思想，我認為是重要而備受忽視的敘事。這敘事對當下的思考和想像有著重要啟迪。甚至可以說，正是香港社會運動的如水哲學啟發著拙作的誕生，啟發我必須從香港走出去，從群族自決的政治方向走出去，把離散重新如水地連結成更迫切的跨族群視野，重新為離散帶來新的政治力量和想像可能。

不過，若要更進一步地觸及實踐問題，我當前的初步想法是可以從三方面著手，分別是身份重塑、團結互助和創造生態公義的世界。當然，這三點是作為離散政治離邦的第一步，第二步指向的則是進步政治之連結可能，即離散政治如何能串連其他國際主義的運動與群體，共同推動世界性的政治改革，衝擊當前的主

權秩序，在運動中不斷重新改寫我們對於烏托邦的想像，並予以實踐的能量。這才是我在《主權神話論》所提及的烏托邦辯證的精神[1]，也是當下批判理論提倡的世界改造過程。

一、何謂如水

這一切都是來自二〇一九年。那年香港爆發反送中社會運動時，吸取了前十年的運動失敗經驗，抗爭者這次自發地形成了各種突破既有局限的抗爭原則，以圖在無大臺無領導的情形下，能夠盡可能強化彼此的認同信任，將團結力量盡可能放大，對抗廿一世紀極龐大的威權國家機器——中國共產黨及其香港之爪牙。這些抗爭原則包括「和勇不分」、「兄弟爬山，各自努力」、「核爆也不切割」，還有「be water」（如水）。其中又以「如水精神」最為精妙，既可統貫前三者的具體操作，卻又不落策略俗套，自成一家極為深刻的哲學思想原則。而這原則，正好在離散的形態下才能充分體現。

如水一詞，源自香港已故武術家李小龍（1940-1973）的名言，「be water, my friend」[2]。據說這想法可再追溯至其詠春師父葉問，甚至是武術理念背後的老子思想，尤其是《道德經》中對水的種種討論。

自此，香港人廣泛追求自發、團結、互信、柔韌而剛烈的新社會運動模式，不再留守和死戰，抗爭的方法和地點變得彈性浮動，知所進退時聚時散，極大地發揮「水無常形」的兵法優勢[3]，歸根究底便是內含了如水作為指導思想，成為連繫和啟發大家以不同方式和策略，共同追求社會理想的方向[4]。因為這思想十分具影響力，香港甚至能把「革命觀」向外輸出，成為及後法國、西班牙、智利等地方的新抗爭理念[5]，甚至連美國國會預備推出制裁中國、香港官員來回應政府對社運的暴力鎮壓時，最初也是以〈香港如水方案〉（Hong Kong Be Water Act of 2019）為名，足見這抗爭精神受到多大的關注[6]。另外，在今天香港的離散社群，《如水》成了重要港人在海外生產思想和連結彼此的雜誌，也是圍城內外彼此相認的暗語[7]。

但今天社運漸歸沉寂，由《國安法》到《基本法》廿三條之草率通過，民間也不再強烈反彈，只剩留得青山在的沉默。但是，這並不代表如水哲學已然失敗。若如老子所言，「天下莫柔弱於水，而攻堅強者莫之能勝，其無以易之。弱之勝強，柔之勝剛，天下莫不知，莫能行。」[8] 離散如弱水，雖看似不強，卻無堅不摧，滴水足以穿石，繩鋸而終木斷。如何在廿一世紀繼續如水，在離散的時代重新為敘事論喚起新的政治力量，正是本章需要處理的問題。

二、身份記憶塑造

　　身份重塑和知識生產都屬於頭腦上，知性上的活動，畢竟蛇無頭不行，認知還是相當重要的。但我不是取唯心主義的路向，認定概念的發明和傳播，足以拉枯摧朽地改造世界。政治經濟的新條件是敘事得以實現的重要條件，也是離散群體得以形成和持續的極重要因素，甚至這些實踐的經驗也是能倒過來豐富知性上對於自身的理解，對於世界的認識，從而使敘事更具針對性和影響力，使離散群體能建立更堅實的互助網絡。但既然敘事論是拙作的重要焦點，我便優先陳述身份重塑和知識論述生產這兩大部份的作用和重要性。

　　一如我在第四章的討論，敘事作為離散思想的重要功用之一，便是生產著公共敘事，建立共同的記憶、意識和身份認同，呼喚出同情共感的群體，以期互相支援互相砥礪。離散群體作為公共的政治群體，自然也需要相應的記憶敘事才能有效形成，連結香港內外無數抱持著相近政治理念的人，形成跨地域的共同體。

　　香港回歸前的文化政治身份本就相當含糊，九七年回歸後也跟中國史觀糾纏不清，近廿年逐漸在港臺間興起的本土主義或

去中國中心史觀，某意義上也是掙扎地找尋非大陸中心的另類史觀，只是換湯不換藥，本土主義仍是縮小了地域的領土國族中心觀[9]。反而臺灣近年興起的南島史觀，重新串連臺灣跟太平洋島國之間的文化連結和歷史，串起一個五千年的文明發展路徑，不失為頗具啟發的方向[10]。而且不止是歷史書寫和研究，臺灣更有意識地將南島史觀嵌入史學教育[11]，以至作為政治外交上的新視野[12]。另一個面向是亞際史觀，即不以歐洲中心來孤立思考亞洲國家，而是從亞洲間的網絡為本位來研究思考。如二〇一〇亞際文化研究國際碩士開辦[13]，二〇一二年成立的亞際文化研究機構聯合會，近年還開始出版更多以亞際作為方法的研究成果[14]。這都是令人欣喜的新發展路向。

放回香港的處境上，離散敘事如何塑造新的歷史主體呢？如今我在第二章言及離散與香港的關係，所謂香港人與離散之間，從沒有非此即彼的區隔，反而香港的出現，香港回歸前的三十年，以至百年殖民史的繁榮，都是有賴離散群體來到香港落地生根，把多元的文化和價值帶到這地方，同時又把這些關係和文化帶到世界各地，成為一個跨國的連結網絡。不論是水上人、客家人或者潮州人，還是所謂的本地圍村人，其實都是在不同時期遷移到港尋求機會或安定生活的群體。

訴說這些人口流動及其根源的敘事中，我想近十年又以盧亭的神話至為重要 [15]。盧亭近年成為香港愈來愈流傳的都市傳說，特別是經過何慶基在九七後的偽博物館展覽 [16]、黃國鉅撰寫的幾齣相關題材的話劇 [17]，還有周星馳的電影《美人魚》跟陳果的電影《三夫》，同樣取材自盧亭的故事或形象 [18]。甚至香港海事博物館也曾在香港海洋史發展的展覽上或者政府的大館博物館，都有展出過盧亭的雕像或者進行相關展覽，可見這符號早已被官民所接納，成為一個本地傳說 [19]。隨著二〇一九年的離散潮，一些藝術家也將盧亭帶到世界各地，成為香港人相認的共同記憶。例如張嘉莉在英國展出的盧亭系列便為一例 [20]。

另一方面，香港也可以是流散出去的中轉站，即使以後彼此不再以香港人相稱，但仍是有所牽絆，甚至會組成跨國度的人際商品與資本網絡，甚至足以對抗天朝帝國和主權秩序，一如其他廣東族群。例如麥柯麗（Melissa Macauley）在《遙遠的海岸》（*Distant Shores: Colonial Encounters on China's Maritime Frontier*）研究潮州人離散到東南亞一帶聚居，建立種植園經濟，甚至能與英法帝國爭奪鴉片運輸的經濟網絡 [21]；或者清末孫中山和康有為，建立如保皇會或者興中會之類的跨國華僑聯結網絡，作為組織和互通消息，籌集全球海外華人的資本和人力，集結政治經濟力量去推動革命或保皇行動之類 [22]。若然香港群體的出

現，是作為這千年遷移史的其中一頁，如何使得主體在當下之生成能支撐起新一波國際主義運動，我想這是香港所能貢獻給離散時代的重要知性資源。

上述掛一漏萬的故事，正好呈現著香港的身份和歷史，跟其離散關係網是分不開的。通過這些敘事的重塑，我們得以跟更廣闊的群體，甚至不同物種連結，重現一個新的主體意識。這新主體性不以一八九八年英殖香港地域界限所困，而是跳出殖民的史觀，重新以人與物的連結關係，重新訴說一個多元的香港故事。香港總是個有待填充的離散故事，而每當我們能把自身的主觀離散視野加進去，都能使得離散作為香港史觀更為豐富與多義，體現著多重主體的流動和連結關係。而盧亭的半人半獸形象，何嘗不是離散與跨物種的連結體現。

敘事性的離散主體不斷揭露自身和其他物種和生態條件的緊密關係，且自身也是由層層的關係網絡所形成和改造，並沒有優先於關係性的主體存有位置。正如盧亭非人亦非魚，也不應預設了先有人再有盧亭，再次重複現代性對於人和自然的對立上，或者視普遍的人作為世界上唯一純粹的能動主體[23]。在物種間互倚關係的揭示上，抗拒著人類中心價值的必要性和道德優越性，以至整個以人為中心的存有性主宰架構，將萬物置於其下。只有

擺脫現代性的國族人類中心主體觀，改以關係性和敘事重塑身份和意識，才能跳出現代性牢牢劃下的領土民族緊箍咒，蛻變成為跨地域的關係支援網絡，探索未知的新主體可能。這將是下節所言，解殖反帝的跨地域連結的進步主體之核心思想。

三、解殖的跨地域支援

若回到如水的哲學，老子在《道德經》正是以水喻道，「上善若水，水善利萬物而不爭，處眾人之所惡，故幾於道」[24]。古今有無數道家學者對此提出萬千解讀方式，但我更感興趣的是，如何在今日的脈絡下重新詮釋這番話，重新闡述如水之含意。

水作為道之表現形態，體現在兩個重要面向，一是善利，二是不爭。所謂「善利」，便是點明水之不器，不限於一時一地，能夠隨時流動到各地，關心和支援不同物種和群體之抗爭，作為跨地域的流動體來呈現，最終希望能減少不必要的苦難。至於「不爭」，便可以從解殖角度出發，視作為不主宰不壓迫，不以建立層級秩序和集權作為運動的目的。由於缺乏主流文化價值所追求的名利權勢，因此為眾人之所惡，棄如草芥的位置，但這正是如水哲學之激進和理想之所在。因此，這兩部份互為表裡，讓如水哲學能打開新的跨地域解殖想像和形式。即使身在外地，

處身在不同的國家生活，但同時也有著跨地域的社會關係連結，既在地卻又超越一時一地。正如麥柯麗所論，十八、九世紀的潮洲移民，如何在東南亞如馬來亞、越南、泰國等地形成強大的鄉親網絡，互相幫忙和支援，形成由下而上，自足強大的離散社群[25]。同時，這些離散社群也會對母國政治有著重要影響[26]。畢竟身在法令、政令無法觸及的國外，有較大空間散播反動理念和籌集資金人力和武器，同時這對於許多自視為離鄉的遊子而言，支援國家革命或者改良運動也是他們能報效遙遠的家，使沒法離鄉的家人國民能擺脫腐敗政治的機會。

　　以清末的兩個意識形態相左的離散社群為例，康有為、梁啟超所牽頭的中國維新會（Chinese Empire Reform Association），或稱為保救大清皇帝會或者保皇會，在一八九九年在加拿大維多利亞成立。倡議救皇即救國的保皇會，在海外迅即獲得巨大迴響，不僅在溫哥華、西雅圖、三藩市、波特蘭、波士頓等地成立，康有為更派出不同弟子如徐勤、梁啟超、歐榘甲等人去東南亞、南美洲和澳洲一帶建立分部，聲勢浩大。各地分部除了籌集起大量資金，也建立起不同的文宣單位，如澳洲的《東華報》、紐約的《中國維新報》或者緬甸的《仰光新報》之類。除此之外，保皇會的組織能力，還能動員全球各地的華人進行政治行動，不單曾策動自立軍在中國大陸的起義，且在紐約、

芝加哥、舊金山、檀香山等地設立干城學堂，作為海外華僑軍訓的學校，試圖將新革命力量輸入中國 [27]。

同時，另一個由革命黨孫中山所領導的興中會，同樣是在海外成立（甚至現今的臺灣國民黨，在二○二○年居然也打著「海外興中會」之名進行全球募款，足見百年的傳說仍遠未失色）[28]。高舉「驅逐韃虜，恢復中華」宗旨的興中會，首先在一八九四年在美國夏威夷的檀香山成立，之後再在香港成立興中會總會，以利在清廷境外策劃革命工作。同時，興中會也廣泛接觸各地同情革命運動的人，不論其身份是否華僑。因此，在香港成立總會後，興中會也接著在廣州、南非、日本橫濱等地建立分會，聯絡不同組織和志同道合者，籌措資金和物資推動共和革命 [29]。

由此看來，站在東亞抗爭史的角度，數百年來離散群體以政治之名加以連結和組織，互通資源與資訊的網絡一直都存在的，且深遠地影響著地方的政治變革。一如一九一一年辛亥革命爆發之時，孫中山還遠在美國丹佛，為革命籌款而奔波。只是百年以前，技術通訊和金融流通等面向上都相對落後，更加倚賴傳統組織由上而下的統籌，從演說籌款活動到匯款或者成立文教報刊之類，在地者的能動性相對較少和不重視。另外，有別於潮洲離散

社群的經濟連結，不論保皇會或者興中會都是以現代國家為依歸，只是追求的政體有所分別。因此，這組織結構從根本上仍是在強化國家作為現代政治的中心位置，只是通過海外僑民群體，以邊緣位置對其加以撼動，藉以更換國家的主權者。所以即使反映到離散群體有著相當的政治影響力，但基本上沒有挑戰主權國家的秩序。這也是為何離散群體也往往能成為國家吸納的海外資源，甚至作為伸展主權力量到境外的方法，如上述臺灣的海外興中會為總統大選籌款，或者中國政府通過美國紐約唐人街的華僑團體「長樂公會」，作為派駐秘密警察的海外非正式基地等等[30]。

第三，是在欠缺帝國殖民暴力的意識和批判下，離散群體會爭奪新的資本掠奪位置，再生產出殖民秩序的權力操作。這也跟一般學者討論離散時，往往直接將之歸類為殖民暴力受害者的角度有一定落差[31]。值得注意的是，後殖民學者 Ipek Demir 在著作《解殖作為翻譯與解殖》（*Diaspora as translation and decolonisation*），精闢地點出傳統理解離散群體的局限，忽視了離散與解殖的新政治可能[32]。

這個轉向是十分重要，畢竟如同上述的離散例子，潮州客家群在東南亞如暹羅或者馬來亞一帶，都廣建甘蜜跟胡椒的莊園，

例如有位名為劉建發的商家，甚至因莊園致富而涉足英屬殖民地銀行業[33]。這些都是以另一種形式，輸出種植園經濟（plantation economy）的圈地運動，且並無令本地人受惠。反而，部份離散的莊園主更成了殖民力量的有力競爭者，以圖掠奪生產過程的剩餘價值。又例如康有為的保皇會，其中一些會中的投資者也曾嘗試進軍墨西哥市場，大舉投資銀行業和新興的電車公司圖利。他們希望能進入高盈利之資本市場，以賺取巨大利潤來支持保皇會的全球活動。這高利潤之可能，源於美國經濟殖民墨西哥的方式，通過跟當地政府合謀壟斷市場或獲取政府專營權，從而阻礙市場平等競爭而賺取暴利。結果保皇會的計劃令墨西哥民眾甚為不滿，終釀成幾年後的當地連番排華暴力事件[34]。

這些事例都說明了一點：離散的實踐若缺乏相關的解殖反帝理論意識，反而會加強而不是弱化既有的宰制秩序，使得帝國與資本的暴力得以維持下去。最終帶來的只是更多流離與悲劇，更多不必要的衝突和苦難。如果香港離散最終只是在異地遷入李嘉誠在英國的香港城，或者如利世文所言，以智庫方式延續既有資本白手套的角色，無視金融秩序對周邊地區弱勢的支配和衝擊，[35] 離散政治不一定能夠體現「非支配」（non-domination）的解放精神，反而在無自覺下成為暴力關係的幫兇。

故此，若要推動離散社群成為國際主義的新主體，先要放下離散必基於同族互助的想像共同體心態。因為同族不等於政治立場相近，而且古往今來離散政治都涉及著跨種族的合作和支援，如孫中山的興中會便不乏外國人記者商人或者革命同情者的支援幫助，不然根本難以成事。像是香港《德臣西報》（*China Mail*）的編輯黎德（Thomas Reid）、《香港電訊報》（*Hong Kong Telegraph*）的記者鄧勤（Chesney Duncan）、或者西醫書院老師康德黎（James Cantlie）之類，都是跟興中會緊密合作的重要助力，對這跨國之政治連結網路貢獻不少。正如今天前職工盟總幹事蒙兆達在英國，也能串連起英國或者其他地方的總工會，在工運網絡互相支援，把離散化成新的跨國連結。[36]

　　因此，廿一世紀的香港離散社群，如何能夠跳出中華或香港中心的全球北方世界觀，更積極地支持烏克蘭、巴勒斯坦以至其他仍廣受帝國宰制的邊緣群體，正是迫切需要發展出的世界觀。這既涉及到文化教育和論述生產，也關乎到不同離群組織如何理解自身在全球資本帝國秩序中的位置和角色。觀乎過去幾年在美國的觀察，絕大多數香港離散社群都十分缺乏類似的國際主義視野。他們要不是擁抱某種錫安復國主義，希望復興現代化的國族本體，要不便強化自身在全球資本主義的位置，確保在新政治經濟挑戰下，仍能繼續當國際市場的剝削者，掠

奪被剝削者的經濟成果。

由是觀之，離散主體性必須覺察其可能的政治經濟位置，提防自身成為殖民秩序的幫兇。始終流動的離散群體不乏能夠全球流動，擺脫地方國家規限的精英和資本家[37]。他們為了保存自身優越的政經條件和地位，往往都會在各地再生產類近政治或經濟殖民的秩序，延續帝國支配的結構。離散社群若要成為經濟層面的進行力量，則不得不轉化自身在生產關係上的角色和作用。

主宰生產過程的殖民操作大概是不難理解的，問題只在於如何抵抗[36]，例如在生產面向上，簡單如離散工人能如何結合當地工會力量，共同反抗資本的宰制、或者離散商人如何提升工作場所的民主元素和代表性，提升工人參與決策的機會，改善工作環境和待遇、或者能否共同杯葛已知的黑心掠奪型企業，排斥非良心公司所生產的原材料或成品，如新疆棉或者富士康蘋果用品等等。這些都是離散主體在不同地域和位置上，可以持續進行政治行動的可能。同時，這些離散者如何共建資源共享，資訊互通的網絡社群，強化自身組織與行動的力量，增加行動的可能性，也是老生常談卻又無比重要的面向。

至於貨幣經濟，則是遠為隱匿的經濟殖民形式，藏在日常的

經濟生活之中。香港前輩高重建在《所謂「我不投資」，就是 all in 在法定貨幣》中提到，現今的法定貨幣早為浮動的交換商品，其價值也會隨政策或經濟環境而上下，連帶影響到以此法定貨幣儲值的財富，或者一切以此貨幣計量價值的商品[39]。如何擺脫法定貨幣，成了他近年大力研究的對象。從「like 幣」到出版 NFT 書（包括上述的那本《所謂「我不投資」》），都是十分具啟發性的新嘗試。當然，他並沒有細談現今的法定貨幣經濟秩序與全球資本帝國主義的關係，但這在我的《主權神話論》第五章已有提及，不再贅述[40]。

我想，他在著作《區塊鏈社會學：金錢、媒體與民主的再想像》重要之處，在於將民主實踐擴闊至金錢形式和交換的關係上。這才是真正具革命性的政治經濟批判。回到如水哲學中，離散主體的「善利」觀念，若然貨幣生產交易離不開主權國家的集權操作，甚至是美國油元（oil money）的新帝國主義與跨國支配秩序[41]，那麼離散社群能否發展出新的跨國經濟交易媒介，能夠有效地取代國家貨幣，又容讓不同地域的人能互相合作和支持，不用總是服膺於國家貨幣秩序呢？過去在黃色經濟圈依然盛行時，從「密碼穩定幣 USDC」到「黃色代幣」都有學者提議過[42]，只是疑慮者眾，響應者少，錯失了實驗新貨幣自主的機會。

但若要在離散時代，我們要真正建立後主權的政治實體，那麼擺脫法定貨幣的貨幣自主仍是必須思考之方向和可能。區塊鏈貨幣是相對理想的出路，但既要解決消費者和商家的信心問題，也要處理區塊鏈貨幣和法定貨幣的互換需求問題，這些更具體的討論，需要更多學者同路人的集思廣益。

四、 生態公義與新世界誕生

如水之哲學，不應該二元地割裂開主體和水作為截然不同的範疇，反而善利萬物之水同樣也在人身體之中，利及人的身體髮膚，因此人和水是一而二，二而一的關係。但這親密性往往只存在於觀念運動與理性思考前的生活世界，當現代性的自然觀硬生生地殺進來，便無情地切割開人與萬物之關係。這正是法國解殖理論學者費特南（Malcom Ferdinand）在生態殖民討論中，謂之「現代性的環境斷裂」（environmental fracture）特徵[43]。若然如水哲學推崇善利不爭，那麼我們如何能借此觀念，發展出非支配性的生態網絡和關係呢？我們需要的是如水運動的升級，即是相對於反送中運動而言的 2.0 版本。

離散時代所需要的新敘事，不再是沙文主義或者人類中心式的民族利維坦，而是盧亭般的聚合。盧亭的半人半魚，恰好體現

了彼此的關係性和互倚性，同時這不單是作為生態學上常有的互利共生（Mutualism）關係，更是打破了人類作為自足物種的邊界。換句話說，我們需要更多的故事，訴說著香港人或者其他群體本身的跨物種面向，以至於共同克服物種間的籓笆，重尋一個「我們」的主體新可能。這正是敘事比起理性預設的啟蒙主體，更能呈現的複合世界。

但在深入剖析幾個離散生態敘事前，不得不說香港與至華文語境所帶來的挑戰。二〇一九以後爆發的香港移民潮，帶來數十萬的離散人口，但是顯然地，這波離散，一如過去香港的幾波離散，都主要是來自政治經濟壓力，既包括中國大陸的政權易手、香港日漸威權化，還有鄰近地區的戰事之類。相對地，生態壓力似乎相對不那麼顯著。但這無疑是自欺的講法。

單是從香港與離散的角度，生態壓力早已存在，只是如此的無聲無息，像慢性暴力般日漸形成各種看似日常的不便或威脅。但日積月累下，生態危機必然會漸漸顯眼。而離散作為後主權的主體，也必將是對應這全球生態危機的重要主體。物種的滅絕，生態環境的毀壞，還有極端天氣愈發尋常[44]。但這些都過於慢性暴力（slow violence）[45]，沒有如火山爆發或龍捲風暴的巨大震撼，讀者很難有很大共鳴。

物種互倚，生態世界之關係網絡，一直都是天何言哉的四時行萬物生，大家早在其中卻又不以為然。不過有趣的是，動物政治與書寫在香港文學中是愈發普遍，從早一點的西西《動物嘉年華》、吳煦斌《牛》，到近年陳嘉銘的《寫在牠們滅絕之前：香港動物文化誌》、張婉雯的《那些貓們》、謝曉虹和韓麗珠的《雙城辭典》之類[46]。而在海外港人的書寫世界，跨物種書寫更是和離散經驗緊緊纏起一起，梁莉姿《樹的憂鬱》或者蘇朗欣《觀火》都是明顯例子。而我想，動物政治最令人注意的議題之一，便是離散與寵物了。我有一些師友，在移民時也一併把自己的寵物，當成家人般越洋帶到外國生活。雖然寵物並非人類的家人，但彼此的感情有如人與人之間的親密，以至有種更難捨難離的連結[47]。同一時間，想當然有不少人離開時，沒有帶同寵物離開，這可能基於開支、牌照或者各種理由，使得他們最終選擇棄養。棄養不但令遺棄貓狗數量大增，更令部份產生不良的心理狀態，甚至出現貓狗自殘的個案，令人惋傷[48]。

　　若然寵物移民是關乎物種流動，我想更重要的便是這離散與流動的生態面向，如流動過程與生活方式有多消耗和依賴化石燃料的碳足跡，或者在當中生產的各種污染和破壞。例如一次性塑膠的或者石油副產品的使用與丟棄時，同樣會為跨物種世界帶來負面影響。而借用我們在第四章的敘事講法，這些對環境破壞的

無視，對於其他物種或周邊人口生存空間的無視，不正是遠離了關係性的倫理責任和要求嗎[49]？

不僅如此，在這萬年的進化史中，物種中的依賴也已成形，因此家犬家貓棄養了也不會變回野灰狼，這些馴化了的物種是難以在野外求生（反過來說，現代人也是受到動物助手跟技術物所馴化，若論一般都市人的野外求生本能，或者也不如石器時代的先人）。除此之外，棉羊之毛、肉雞（Broiler）之肉也是按人的需要而培養而成，因此棉羊的健康全賴有人定時剃毛[50]，肉雞也是無法擺脫工業生產系統而在野外存在[51]。且工業生產的過程往往也是相當不人道，以講究高效率的生產[52]。更不用說在城市化的發展模式下，居住空間更擠逼，加上氣候暖化和交通頻繁，更有利傳染病的大規模爆發。所以，不管是否離散在外，物種之連結也是無可避免的，問題只是在於這些社會關係有否呈現出來。

若更宏觀地看，全球暖化，海水上升是人所共知的威脅。作為沿海城市的香港，也如歐美的沿海地區般受到海水日漸上升的影響。這不僅代表低窪地區海水倒灌與水浸的情況會愈來愈嚴重，次數愈來愈頻繁，且極端風暴出現次數也會增多[53]。並且，若然政府興建明日大嶼之類的大型填海基建，恐怕更會面對著更嚴峻的水土流失與陸沉威脅[54]。一如印尼首都雅加達，如今也不

得不選擇遷都來應對氣候危機[55]。除此之外，香港作為世界貿易體系中的大都會，大多數商品糧食都得進口而來，因此各大航道和生產地區的極端天氣和氣候轉變，都會直接對不同地方的商品供應造成巨大影響。當巴勒斯坦的種族屠殺導致紅海成為貨運惡夢時，另一邊的巴拿馬運河卻又因為天氣乾旱，令淡水水位降至新低，嚴重影響航道運輸，全球糧食供應有多大影響，仍是未知之事[56]。

談起糧食問題，香港糧食供應當然完全不能自足，因此肉類蔬菜主要從中國入口，而水果則是從美國、中國、菲律賓及泰國等地運來[57]。但是，全球各地的產地何嘗不受到氣候環境急速改變的影響，例如中國雖然在當今世界，論生產粟米、稻米、小麥的數量是全球之冠，但它同時也需要從其他國家大量入口粟米、稻米、小麥等主糧，其糧食自足率早已降至六成多[58]。這既是由於國企品牌口碑不及外國牌子，同時全球暖化帶來暴雨或乾旱，或者大範圍的害蟲衝擊，都使得糧食自足率愈來愈低[59]。二○二三年歐美加的大面積乾旱，也令得小麥供應大受影響（還未算上烏克蘭戰爭對小麥供應的衝擊）[60]。巴西作為另一個世界糧食供應大國，近幾年都持續受寒冷、火災等環境因素的困擾，使得糧食產出率遠遜從前[61]。

因此，當生態災害連連，農作物失收與種植地區減少，還有運輸風險增加等一連串負面因素，既推高國際糧食價格，以至其他商品的價格，帶來更大的通貨膨脹壓力；同時糧食產出減少勢必帶來更多的政治經濟衝突，地緣政治危機會相繼爆發，這不單影響在香港的香港人，不論散居何處，其實都要面對著同樣的全球危機。

　　意識到上述的種種關係與威脅，離散的敘事還應該如何展開，才能真的連結至行星政治的維度，讓離散者可以成為跨地域的生態解殖政治主體呢？從觀念上說，離散的敘事幫助抗拒當前的人／物二分的現代性框架，重建一套新的生態觀與主體性理解。

　　之前所提及的許多物種關係，都是強調彼此的關係性，互相馴化的個案。但天地不仁，共生並非總是樂事，例子之一便是入侵物種。近年許多離散香港人到英國定居，購置物業時卻冷不提防，在新物業內發現日本虎杖（Japanese knotweed）而不自知，結果不單令物業價值大減，且威脅到樓宇安全。日本虎杖本來生長在日本、中國一帶，青翠常綠又看似沒甚麼殺傷力，因此被殖民國家視為理想的移植品種。畢竟在東亞，日本虎杖甚少大規模入侵其他生態系統。但當在十九世紀中被引入英國本土作觀賞植

物，情況便一發不可收拾。因為日本虎杖本身的生長速度極快，生命力極之頑強，在歐美又沒有天敵，結果便成為非常兇猛的入侵物種 [62]。根據《英國獨立報》的統計數字，英國政府每年處理日本虎杖和其他入侵物種的開支便高達四十億英鎊 [63]。

日本虎杖既是隨著人的流動而來，卻又成了異地災難，不期然令我想起大航海時代的物種遷移，歐洲探險者如何將帶有黃熱病的蚊蟲帶到美洲新世界，結果帶來巨大瘟病浩劫，完全沒有相應抗體的美洲原住民集體染病，以致人口大減，十室九空。這也是歐洲人得以輕易征服美洲的帝國，作為第一波殖民擴張的重要生態原因，這被帝國史家克羅斯比（Alfred Crosby, 1931-2018）稱之為「生態帝國主義」（ecological imperialism）[64]。

因此，物種之間如何互倚，怎樣共生，確是個人類共同面向的大難題。離散思想所打破的，正正是單純仰望技術發展或者經濟改善來解決問題的現代性套路，重新打開新的政治想像，重建新的政治主體來面對當前的行星處境。

五、離散時代 如水希望

上述的幾個面向，反映了政治經濟跟物種交雜之複雜性，

並不純然出自人類的抉擇，但卻又會為不同群體的發展帶來深遠影響。同時，這些物種的流動和遷徙，也反映著不同層次上，人與各種物種的交往連結。換句話說，所謂行星性政治主體，並非要建立起一個無所不包的「超級政治體」或者「氣候利維坦」（Climate Leviathan）[65]，以制度力量結集全球一切力量去對抗跨地域氣候危機。反而，離散本身正是抗拒著某種制度化的制約，抗拒以政治法律作為政治行動的歸宿。與其服膺於現代性的國家民族邏輯之中，不如以跨地域之政治連結，建構更進步的政治主體。

讓凱撒的歸凱撒，存在論的歸國族政治。離散主體的革命，正是在於其跳脫出傳統存在論的固有規範，以某一固定領土或者文化身份來區分敵友，而是以動態的「成為」（becoming）取代既定的存有（being），而「成為」也是具備友愛的邀請開放性，迎向著未知的可能[66]。這不是因為解構主義所高舉的建構性他者（constitutive outside）[67]，而是基於離散敘事的世界開放性和倫理連結關係，且以此相連的身份流動。離散主體的身份和界限不單隨著敘事而不斷改變，且開放予任何人與物，涉足加入這赫拉克利特（Heraclitus）之河中，把自身的新敘事和意義，豐富我們既有的世界。

一如我在第四章談及的四層身份論述的維度，敘事既可以在其中一層展開，卻又不會排拒其他的層次，反而在多層次敘事中，才更能貼近世界的多向度和複雜性，權力和社會關係的多重性。拙作呼應著《主權神話論》的烏托邦辯證，講求的開放性，也是行動與願景互相塑造的動態過程[68]。換句話說，烏托邦的政治理想，何嘗不是敘事的實踐呢？只是用上烏托邦一詞，恐怕還是不夠全面。若然烏托邦辯證指向的是群體或個體的模糊未來，無法窺看到敘事和意義，身份和記憶的緊密關係，那麼拙作便更進一步，從敘事論來統貫述之。

　　從社會性到生態性，從虛擬性到行星性，這些都必須加以把握，卻又難以像科學方程式般化約和抽象地理解整全的世界。這掙扎如同柏拉圖談及的愛神（Eros）比喻，它總是生於貧困（Penia）卻不甘於此，不斷趨向富足（Poros）卻又永遠無法達至完滿的生命活動[68]。這愛神比喻著主體在思考中會覺察到自身的有限性，沒有所謂絕對正確的意識形態能夠解答一切，也沒有單一敘事能掃除所有異見。即使完美如柏拉圖之理想國，哲王能盡情使用理想敘事來管治，最終理想王國還是會崩塌，還是會歸於無有[70]。

　　故此，柏拉圖以理型支配敘事的政治觀，反倒說明了永恆

抽象之理型作為後設的反敘事，非但不能達致永恆的美善政治世界，或曰歷史之終結，反而歷史之陷落由此而生。若然我們的政治必須預設人的有限性，敘事之有限性，世界的開放性，這也定義了基進民主之必要，敘事作為實踐之必要。解殖思想家西爾維亞・溫特曾高呼，將「人類看成政治奮鬥的目標」（being human as praxis），重新將人類的觀念歷史化，放回種族和殖民框架下批判 [71]。如果放回離散主體的視覺，何妨將之超譯成「將離散者看成行星式政治的目標」。

我們終究希望使這世界變得合理，終究希望賦予這生活世界應有之意義。只是在命名與敘述之時，再也不需要宏大敘事來拯救我們，我們需要的是彼此的故事。人與人，人與物，構成了敘事的無窮關係與可能，這正是政治希望之根源所在。如水之希望，不是因為徒然等待變局，而是在敘事即實踐中，與世界一同改變。

離散的主體思想，指向的正是後主權和去現代性的新世界想像。希望這本拙作，能夠讓全世界受苦的離散者看到，我們因為共同的敘事，彼此成為一體。

願大家在思考和實踐的路上不再孤單。

第六章　如水的離散政治

1.　李宇森，《主權神話論》，頁 303-350。

2.　李香凝著，廖桓偉譯，《Be Water , My Friend：似水無形，李小龍的人生哲學》（臺北：大是文化，2021）。Shannon Lee, *Be Water, My Friend: The Teachings of Bruce Lee* (London: Macmillan, 2020).

3.　「水無常形，兵無常勢」，出自孫武的《孫子兵法‧虛實篇第六》。

4.　Heike Holbig, "Be Water, my Friend: Hong Kong's 2019 Anti-Extradition Protests," *International Journal of Sociology 5*, no.4(2020): 325-337.DOI: https://doi.org/10.1080/00207659.2020.1802556. 〈香港反送中開啟社運 2.0 奉行李小龍 be water 哲學〉，《中央通訊社》，2019 年 7 月 2 日。Yamamoto Satoshi , " 'Be water': Hong Kong protesters learn from Bruce Lee," *NHK*, Nov. 13th, 2019. Erin Hale, " 'Be water': Hong Kong protesters adopt Bruce Lee tactic to evade police crackdown," *Independent*, Aug. 07, 2019.

5.　張子清，〈Be water 理念影響香港至全球示威〉，中央廣播電臺，2019 年 12 月 23 日。Mary Hui, "Hong Kong is exporting its protest techniques around the *world*," Quartz, Oct. 16, 2019.

6.　"US Senator backs 'Hong Kong Be Water Act' to seize assets of rights abusers," *The Standard*, Nov.1t, 2019.

7.　小山，〈海外香港人創辦《如水》雜誌問世〉，《rfi》，2021 年 1 月 10 日。

8.　老子，《道德經‧第七十八章》。

9.　徐承恩，《城邦舊事》。徐承恩，《香港，鬱躁的家邦：本土觀點的香港源流史》。盧斯達，《如水赴壑──香港歷史與意識之流》（香港：山道出版社，2021）。

10.　劉益昌，《典藏臺灣史》。白樂思著，李壬癸、張永利、李佩容、葉美利、黃慧娟、鄧芳青譯，《南島語言》（臺北：聯經出版，2022）。

11.　謝景岳，〈新的族群認知嘗試：史前館新常設展「南島廳」〉，文化部，2023 年 7 月 21 日，https://museums.moc.gov.tw/Notice/

ColumnDetail/7788d744-350e-4bcf-af76-990cd2a8d884。

12. 林永富，〈蔡喊南島一家親 挨批去中國化〉，中時新聞網，2018 年 8 月 8 日。

13. https://iacs.ncu.edu.tw/en/historical-development/

14. 王智明等著，《文學論戰與記憶政治：亞際視野》（臺北：聯合文學，2023）。林淑芬、葉蔭聰、楊子樵編，《前沿與流動：重探冷戰的亞際連結》（臺北：國立陽明交通大學出版社，2024）。

15. 然而盧亭作為半人半魚，源自香港大嶼山的傳說生物，本來便跟對抗中原政權或者流離逃散到港的群體有關。根據南宋時期《嶺外代答‧外國門下》記載「廣州有蜑一種，名曰盧停，善水戰。」蜑家人便是今日所稱之為的水上人，也是長期在海上生活的邊陲族群。另一名宋人周去非曾言及「以舟為室，視水如陸，浮生江海者，蜑也」，形容中國東南部一帶的蜑家人。若借學者吳永章的研究所得，嶺南蜑家其實有數千年的歷史，可追溯至新石器時代的嶺南貝丘先民，因此他們在廣東一帶生活已有很長時間，只是一直不被中原大陸的政治秩序所承認或吸納。在我以前長大的香港沙田，附近村落便是傳統蜑家人聚居之地，艇戶林立，只是新一輩大多已在陸上生活，不再以舟為室。還有一個講法，是跟盧亭原為盧循（？-411），即西晉時代曾擔任司空的盧諶曾孫有關。相傳於東晉時，盧循曾奪廣州作為根據地造反，事敗被殺，其黨羽逃到香港，盧循也便成了盧亭名字的來由。這是在唐代擔任廣州司馬劉恂，在著作《嶺表錄異》中的記錄。詳參蕭國健，〈灣區舊事／說盧亭〉，《大公報》，2023 年 4 月 25 日。梁君窮，〈中國蜑家：本是浮生江海客〉，海南日報，2023 年 10 月 9 日。《嶺表錄異‧卷上第廿九》記載，「盧亭者。盧循昔據廣州，既敗，餘黨奔入海島，野居，惟食蠔蠣，壘殼為牆壁。」https://ctext.org/wiki.pl?if=gb&chapter=329195。另外，清代的鄧淳在《嶺南叢述‧十一》也有相似描述，「大奚山三十六嶼在莞邑海中水邊巖穴多居蜑蠻種類或傳係晉海盜盧循遺種今名盧亭亦曰盧餘似人非人獸形鳧舌椎髻裸體出投波濤有類水獺往往持魚與漁人換米或迫之則投水中能伏水三四日不死出復如舊率食生物以魚鱉為饗殄其捕魚使人張罾則數人下水引羣魚入罾內既入引繩示之則舉罾并其人以上正德中其人入水時偶值颶風不能起潛游數月至」不知是否出自類似的文本傳說。另參明代顧炎武所撰的《天下郡國利病書》第二千八百〇八冊。

16. 何慶基，〈盧亭／香港文化 搵水散水：港人與海〉，《明報》，2021 年 3 月 28 日。

17. 王菡，〈「盧亭」的香港故事：歷史在民族與民主間如何擺動〉，《端傳媒》，2016 年 3 月 6 日。

18. 何慶基，〈美人魚和盧亭：港人文化身份的隱喻〉，《立場新聞》，2016 年 2 月 22 日。

19. Selina Ho Chui-fun, "Borderscaping Hong Kong: Lo Ting and its Creative Agency," *Third Text* 36, no.5(2022): 513-531.

20. 日巷，〈「點解仲要講香港？」在英香港文化人的掙扎與困境〉，《如水》，2022 年 12 月 1 日。

21. 麥柯麗，〈《遙遠的海岸》：下南洋的潮州人控制了經濟資源，是一種「殖民主義」嗎？〉，《關鍵評論網》，2023 年 8 月 20 日。

22. Wang Dawen, "A Historical Study of Kang Youwei's Reorganization of the Chinese Empire," *The Qing History Journal* 0, no.4(2013): 78-89.

23. Malcom Ferdinand, *Decolonial Ecology: Thinking from the Caribbean World,* trans. Anthony Paul Smith (Oxford: Polity, 2022).

24. 老子，《道德經·第八》。

25. 麥柯麗著，林玉菁譯，《遙遠的海岸：中國海疆上的殖民擴張》（臺北：時報，2023）。

26. Ashwini Vasanthakumar, *The Ethics of Exile*, pp. 33-4.

27. 莊國土，〈論清代華僑與海外保皇派〉，《八桂僑刊》2 期（2012 年 6 月）），頁 6-10。

28. 王超群，〈海外興中會革實院發起全球募款〉，中華新聞網，2020 年 5 月 1 日。

29. 吳倫、霓霞，〈興中會前期（1894-1900）孫中山革命運動與香港的關係〉，《近代史研究所集刊》19 期（1990 年 6 月）：215-234。

30. 麥柯麗，《遙遠的海岸》。

31. 若以英語學界為例，Carmen Teresa Whalen 跟 Víctor Vázquez-Hernández 討論波多黎各離散者跟美國帝國殖民的關係、Helena Schulz 對巴勒斯坦離散的討論，或者 Michael Gomez 所關注的非洲離散，都是在某個帝國框架下思考帝國如何帶來離散。詳參 Michael Gomez, *Reversing Sail: A History of*

the African Diaspora (Cambridge: Cambridge University Press, 2005). Helena Schulz, *The Palestinian Diaspora* (London: Routledge, 2003). Carmen Teresa Whalen, Víctor Vázquez-Hernández, *The Puerto Rican Diaspora: Historical Perspectives* (Philadelphia: Temple University Press, 2005).

32. Ipek Demir, *Diaspora as translation and decolonization* (Manchester: Manchester University Press, 2022), pp. 57-79.

33. 麥柯麗著，《遙遠的海岸》，頁 89。

34. 安梁，〈康有為的墨西哥往事〉，《澎湃新聞》，2021 年 1 月 25 日。

35. 利世民，〈如何發揮離散港人政治影響力　智庫模式會是出路嗎？〉，《如水》，2024 年 1 月 24 日。

36. 〈47 案結案陳詞在即　英國工會與港人聲援〉，《自由亞洲電臺》，2023 年 11 月 26 日。

37. Zygmunt Bauman, *Globalization: The Human Consequences* (New York: Columbia University Press, 1998).

38. Greg Grandin, *Empire's Workshop: Latin America, the United States, and the Rise of the New Imperialism* (New York: Metropolitan Books, 2006).

39. https://ckxpress.com/moneyverse/

40. 李宇森，《主權神話論》，頁 249-255。

41. David M. Wight, *Oil Money: Middle East Petrodollars and the Transformation of US Empire, 1967–1988* (Ithaca: Cornell University Press, 2021).

42. 高重建，《區塊鏈社會學：金錢、媒體與民主的再想像》（香港：天窗出版，2021）。徐家健，〈和理消─黃色代幣經濟圈〉，《AM730》，2019 年 11 月 25 日。

43. Malcom Ferdinand, *Decolonial Ecology*, p. 5.

44. Elizabeth Kolbert, *The Sixth Extinction: An Unnatural History* (New York: Henry Holt and Co., 2014).

    T. Thomas Rathe, *Extinction in a Human World: The Environmental Cost of Human Progress* (New York: Independently published, 2023).

45. Rob Nixon, *Slow Violence and the Environmentalism of the Poor.*

46. 黃宗潔，《倫理的臉：當代藝術與華文小說中的動物符號》(臺北：新學林，2018)。

47. Connie Chan，〈帶 4 寵物移民英國 陪牠走過最後一程 網絡作家珍寶豬當地流浪貓攻略記〉，《Esquire Hong Kong》，2023 年 11 月 29 日。王哲珺，〈香港移民潮：花費 30 萬港幣帶狗狗邁向新生活〉，《BBC News 中文》，2021 年 7 月 3 日。

48. 周美好，〈移民急增寵物遭棄養性情大變 曾有棄貓茶飯不思執意求死明志〉，《香港經濟日報》，2021 年 7 月 22 日。〈港人移民衍生寵物棄養潮 團體籲做個負責任主人〉，《東方日報》，2023 年 3 月 12 日。

49. Alice Roberts, *Tamed: Ten Species that Changed our World*, (London: Penguin, 2017).

50. Mindy Weisberger , "Overgrown sheep 'Baarack' gets epic quarantine haircut, loses 78 lbs. of matted wool," *Live Science*, Feb 26, 2021.

51. Carys E. Bennett, et. al., "The broiler chicken as a signal of a human reconfigured biosphere," *The Royal Society* ,12 December 2018.

52. Elisa Allen, "The environmental impact of wool," *The Ecologist*, Mar 12, 2019.

53. Mercedes Hutton, " 'It's happening to us as well': Hong Kong climate advocates sound alarm at COP27 in absence of city officials," *Hong Kong Free Press*, Nov 20, 2022.

    Jonathan Vit, Alkira Reinfrank & Lea Li, "Central under water in 80 years? Hong Kong's coming climate crisis," *South China Morning Post*, May 21, 2022.

54. 〈林超英：點解要喺海中間起個島等海水浸沒？〉，《香港獨立媒體》，2023 年 3 月 24 日。

55. 〈雅加達人口膨脹 污染嚴重 2050 年恐全市 1/3 沉沒〉，《明報》，2024 年 8 月 18 日。

56. Costas Paris, "Two Canals, Two Big Problems—One Global Shipping Mess," *The Wall Street Journal*, Mar 10, 2024.

57. 〈本港食物供應的常見問題〉，香港醫務衛生局，2010 年，https://

www.healthbureau.gov.hk/download_chs/press_and_publications/ otherinfo/110318_food_supply_faq/c_food_supply_faq.pdf。

58. Zongyuan Zoe Liu, "China Increasingly Relies on Imported Food. That's a Problem," *Council of Foreign Relations*, Jan 25, 2023.

59. Sal Gilbertie, "China Food Crisis? Rising Domestic Prices And Large Import Purchases Send A Signal," *Forbes*, Jul 28, 2020.

60. Tom Polansek, "Weather woes, Russia upend outlook for global wheat suppliers," *Reuters*, Aug 2, 2023.

61. Nayara Figueiredo, "Brazil drought threatening national output potential, southern farmers say," *Reuters*, Feb 14, 2023.

   Peter Millard, Fabiana Batista & Leslie Patton , "The Country That Makes Breakfast for the World Is Plagued by Fire, Frost and Drought," *Bloomberg*, Sept 28, 2021.

62. Samanth Subramanian, "The war on Japanese knotweed, "*The Guardian*, May 16, 2023.

63. Stephen Beech, "Cost of Japanese knotweed on the UK economy revealed," *The Independence*, Jul 5, 2023.

64. Alfred Crosby, *Ecological Imperialism: The Biological Expansion of Europe, 900-1900* (Cambridge: Cambridge University Press, 1993). Alfred Crosby, *The Columbian Exchange: Biological and Cultural Consequences of 1492* (Westport, Connecticut: Praeger, 2003).

65. 這裡有多少呼應一些學者提及的「氣候利維坦」的政治形式可能，詳參 Joel Wainwright & Geoff Mann, *Climate Leviathan: A Political Theory of Our Planetary Future* (London: Verso, 2020).

66. 這點上，無疑是受到德希達的友愛政治的啟發。Jacques Derrida, *The Politics of Friendship* (London: Verso, 2020).

67. 這原為德希達的概念，後來被政治思想學者 Ernest Laclau 和 Chantal Mouffe 所吸引，詳參 Ernesto Laclau & Chantal Mouffe, *Hegemony And Socialist Strategy: Towards A Radical Democratic Politics* (London: Verso, 2014).

68. 李宇森，《主權神話論》，頁 325-342。

69. Plato, *Symposium*, 203B-C.

70. Plato, *Republic*.

71. Katherine McKittrick, *Sylvia Wynter*, p. 11.

國家圖書館出版品預行編目（CIP）資料｜離散時代的如水哲學：
政治主體與國際主義／李宇森作 . -- 初版 . -- 臺北市：二〇四六
出版，一八四一出版有限公司出版：遠足文化事業股份有限
公司發行，2024.11｜320 面；14.8×21 公分｜ISBN 978-626-
98123-8-7（平裝）｜1.CST：政治思想 2.CST：香港問題 3.CST：
中國｜570.92｜113016536

離散時代的如水哲學：政治主體與國際主義

作者｜李宇森 Lee Yu-sum
責任編輯｜樗
執行編輯｜囍
文字校對｜Jan、AC
封面設計及內文排版｜Vincent

出版｜二〇四六出版／一八四一出版有限公司
發行｜遠足文化事業股份有限公司（讀書共和國出版集團）
社長｜沈旭暉
地址｜103 臺北市大同區民生西路 404 號 3 樓
郵撥帳號｜19504465 遠足文化事業股份有限公司
電子信箱｜enquiry@the2046.com
Facebook｜2046.press
Instagram｜@2046.press

法律顧問｜華洋法律事務所 蘇文生律師
印製｜博客斯彩藝有限公司
出版日期｜2024 年 11 月初版一刷
定價｜380 元
ISBN｜978-626-98123-8-7